# やさしい経営学

Foundation of Management

海野　博　［編著］
所　伸之

創成社

## はじめに

　本書は，大学の経営学部をはじめ，商学部や経済学部で経営学を初めて学ぶ学生や，企業経営に興味を持って初歩的知識を得たいと考えている方々に，経営学の知識をやさしくわかりやすく学んでもらえるようにという意図を込めて，編集，執筆されたものである。

　今日，私達は「企業」抜きには生活できない。「生活」という意味では，私達は「企業」と消費者として関わりを持っている場合が多い。その他にも，労働者として関わりを持っている場合もあるし，地域社会との繋がりのなかで関わりを持っていることもある。

　あるいは，所持しているお金の投資先，運用先として「企業」の株式や社債を購入するというような関わり方であるかもしれない。

　いずれにしても，「企業」は私達ときわめて身近な存在であり，大学で経営学を学ぶ学生でなくても，必然的に企業や企業経営に関心が向かう。

　第1章で述べていることであるが，経営学はいまや人が生き働き生活する上での教養科目であるとともに，投資や起業を考える人にとっては，実践科目としての必修科目である。

　本書の特徴をいくつかあげれば次のような点がある。

　①経営学の教科書は，すでに数多くの著作が発行されているが，その多くが内容が優れていても文章表現が難しく，時には過去の経営理論の紹介に多くを費やしているなど，初心者が本を開いた途端，経営学を敬遠することになりがちであったこと。経営学に興味を持つ人々の多くが知りたいのは，過去の経営理論ではなく現実の生きている経営である。

　この点，本書は，実際の企業名をあげたり，図表をたくさん取り入れたり，あるいは Coffee Break を活用して，なるべくわかりやすく，自然と経営学の勉強に興味を持ってもらえるように気を配った。

②新会社法が，すでに平成18年（2006年）5月に施行され，未施行であった「合併等対価の柔軟化に関する部分」も，平成19年（2007年）5月に施行される。

　企業経営は，労働法や大店立地法などさまざまな法律との関わりがきわめて強い。とくに100年ぶりの大改正といわれる新会社法の施行によって企業経営の仕組み等が大きく変わり，したがって従来の経営学の教科書は，内容を大幅に書き直さざるを得ない。本書はこの点にとくに留意しながら叙述している。

③今日，パソコンやインターネットが普及し，日常生活ではごく普通のツールになっている。大学における授業やその予習，復習にもパソコンやインターネットの活用は必要不可欠である。本書では，この点も念頭に，執筆されている。

本書の章構成は，次の通りである。

第1章　経営学を学ぶ（海野）
第2章　会社・企業とは何か（海野）
第3章　経営者と経営管理（籠）
第4章　経営戦略と経営組織（葛西）
第5章　人的資源管理（飯野）
第6章　経営と地球環境（所）
第7章　生産管理（飛田）
第8章　流通とマーケティング（海野）
第9章　企業の社会的責任とCSR（所）
第10章　財務戦略と経営分析（大西）
第11章　企業経営と情報（安積）
第12章　経営の国際化（ラハマン）

　経営学の範疇で学ぶべき領域は，これら12の章でほぼ網羅している。他の経営学の教科書と違う点をあげれば，「経営と地球環境」「企業の社会的責任とCSR」の章をあえておこしている点である。

　経営学は，ともすれば，「いかにして儲けるか」，「いかにすれば儲かるか」の学問であると思われることがある。もちろん儲からなければ，どんなに優れ

た経営理念をかかげて企業経営を行おうとも，その企業は早晩存続しえない。

しかし，これからの企業経営は何にもまして地球環境に配慮してなされなければならないこと，企業経営には常に社会的責任がともなうということを強調している。本書の企業経営者へのメッセージでもある。

読者は本書を読むにあたってまず，各章の冒頭にあげられている Keyword に注目して欲しい。Keyword は各章の内容を理解する上で重要な概念，ポイントを表しており，Keyword に留意しながら本文を読み込むことで内容の理解はより深いものとなろう。

また，章の終わりには Review exercise のコーナーが設けられており，本文の理解を深めるための設問がなされている。設問の解答はもとより一つとは限らない。見方によっては複数の解答が考えられる場合もある。読者は一人で考えるのも良し，また友人と議論を戦わせるのも良し，大いに楽しんで解答探しに取り組んでもらいたい。

さらに，各章の内容に関連して「勉強を深めるために参考となる文献」のリストもあげられており，興味関心が広がったら是非，こうした文献にもアタックしてもらいたい。さらなる知的好奇心が芽生えるであろう。

本書の編者，執筆者はいずれも経営学を専門として，大学で教鞭をとっている。教員歴が長い，短いはあるものの，大学での経営学教育に高い関心を持っているメンバーである。本書が所期の目的通りに執筆，編集できたかについては読者のご批判を仰ぐことになるが，不満足の部分があるとすれば，さらに優れた教科書に早急に改善していきたいと思う。

最後に，本書の企画を快くお引き受け下さった創成社と，執筆から校正，刊行まで遅遅の我々を辛抱強く導いて下さった同社取締役出版部長の塚田尚寛氏に心より御礼申し上げたい。

平成19年2月15日

編著者　海野　博<br>所　伸之

# 目　次
## Contents

はじめに

## 第1章　経営学を学ぶ ——————————————1
　1．経営学はおもしろい ……………………………………1
　　（1）日常生活が教材
　　（2）販売価格から考える
　　（3）生産国から考える
　2．アルバイトで学ぶ ………………………………………7
　3．インターネットで学ぶ…………………………………10
　　（1）企業のWebサイトで学ぶ
　　（2）新聞社やその他のWebサイトで学ぶ
　4．工場見学で学ぶ…………………………………………16
　5．新聞や経済誌，テレビで学ぶ…………………………17
　6．現代人の常識としての経営学…………………………18

## 第2章　会社・企業とは何か —————————— 23
　1．企業形態の分類と会社，企業…………………………23
　　（1）言葉の意味を正確に
　　（2）「企業」の定義と企業形態の分類①
　　（3）企業形態の分類②と会社の特質
　　（4）「会社」の定義と企業の社会的責任

2．会社の形態別法人数と新旧会社法……………27
　（1）会社の形態別法人数
　（2）新会社法制定とその理由
　（3）外国会社と相互会社
3．新会社法と有限会社………………………………31
　（1）株式会社と特例有限会社
　（2）大規模な有限会社，エクソンモービル
4．持分会社とその特徴………………………………34
　（1）株式と持分
　（2）持分会社と社員の責任
　（3）合名会社と合資会社
　（4）合同会社（日本版ＬＬＣ）と有限責任事業組合（日本版ＬＬＰ）
5．株式会社とその特徴………………………………38
　（1）株式会社の設立
　（2）株式会社の特徴
　（3）株式会社の運営と委員会設置会社
　（4）株式会社の分類と種々の機関設計
　（5）株主の義務と権利
　（6）株式の種類
　（7）株式上場と経営権
　（8）Ｍ＆ＡとＴＯＢ
　（9）「合併等対価の柔軟化に関する部分」の施行とＭＢＯ

# 第3章　経営者と経営管理 ———— 53

1．専門経営者の出現…………………………………53
　（1）経営組織と経営者
　（2）株式会社と専門経営者

（3）経営者支配論
　2．経営者の役割と責任……………………………………56
　　（1）株式会社の機関と経営者
　　（2）経営者の役割
　　（3）コーポレート・ガバナンスと経営者の利害調整
　3．経営管理思想の展開……………………………………63
　　（1）経営管理論の特質
　　（2）古典的管理論
　　（3）現代の経営管理論

# 第4章　経営戦略と経営組織 ──────── 74

　1．経営戦略とは何か………………………………………74
　2．企業環境分析と企業ドメイン…………………………76
　　（1）ＳＷＯＴ分析
　　（2）5つの競争要因による市場分析
　　（3）企業ドメインの策定
　3．成長戦略…………………………………………………80
　　（1）製品・市場マトリクス
　　（2）ＰＰＭ（Product Portfolio Management）
　　（3）プロダクト・ライフサイクル（Product Life Cycle）
　4．競争戦略…………………………………………………86
　　（1）競争優位の基本戦略
　　（2）業界におけるポジションの分類と戦略
　5．機能別戦略………………………………………………90
　6．経営組織の諸形態………………………………………91
　　（1）ライン・アンド・スタッフ組織
　　（2）事業部制組織

（3）ＳＢＵ（Strategic Business Unit）
　　　（4）プロジェクト組織
　　　（5）マトリックス組織
　　7．組織の管理原則 …………………………………97
　　　（1）専門化の原則
　　　（2）命令一元化の原則
　　　（3）統制範囲の原則
　　　（4）責任と権限の原則
　　　（5）例外の原則

# 第5章　人的資源管理 ── 101

　　1．企業経営における人的資源管理 ……………101
　　　（1）人的資源管理の範囲
　　　（2）人的資源管理を決める要因
　　　（3）職層別（幹部職層，執務職層）の基本的視点
　　2．求める人材像を明示する「等級制度」……………109
　　　（1）等級制度のタイプ
　　　（2）執務職層の等級制度
　　　（3）幹部職層の等級制度
　　3．適合状況と課題の確認に役立つ「評価制度」……114
　　　（1）評価方式（相対評価と絶対評価）
　　　（2）幹部職層の評価制度
　　　（3）執務職層の評価制度
　　4．求める人材像への到達を支援する「育成制度」…120
　　　（1）職務開発の方法
　　　（2）職務外開発の方法
　　　（3）経営者候補の育成

5．企業経営への貢献度を表す「報酬制度」…………124
　　（1）報酬制度の基本的視点
　　（2）職層別の報酬制度
　　（3）退職金について

# 第6章　経営と地球環境 ─────────── 133
1．公害問題と地球環境問題 …………………………133
　　（1）公害問題
　　（2）地球環境問題
2．国際的な取り組み …………………………………136
3．環境マネジメント …………………………………139
4．グリーン調達 ………………………………………141
5．3R …………………………………………………144
6．環境報告書 …………………………………………146
　　（1）「第1段階」
　　（2）「第2段階」
　　（3）「2003年～現在」
7．環境会計 ……………………………………………149

# 第7章　生産管理 ──────────────── 152
1．生産とは ……………………………………………152
　　（1）生産の定義
　　（2）生産要素と生産条件
2．生産管理とは ………………………………………154
　　（1）生産管理の目的
　　（2）生産管理の個別管理

3．生産管理と改善 …………………………………158
　（1）生産現場における5S
　（2）提案制度と小集団活動
　（3）品質管理とQCサークル
4．生産形態の分類 …………………………………161
　（1）生産時期による分類
　（2）生産品種と生産量による分類
　（3）仕事の流し方による分類
　（4）生産指示による分類
　（5）製品・加工品の流れ方による分類
5．生産システムの進化 ……………………………165
　（1）フォード・システム
　（2）トヨタ生産方式
　（3）セル生産方式
6．これからの生産管理システムおよび生産現場の
　　課題 ………………………………………………170
　（1）ISO認証の取得
　（2）サプライチェーン・マネジメントの構築
　（3）変種変量生産への対応
　（4）生産管理システムの情報ネットワーク化
　（5）企業の社会的責任（CSR）と社会貢献

# 第8章　流通とマーケティング ―――― 177

1．流通の仕組み ……………………………………177
　（1）流通と商流，物流
　（2）商流と卸売り，小売り
　（3）物流と輸送業，倉庫業

（4）卸売業と中抜き，直販
　　　（5）卸売りの役割と変化
　　　（6）製造小売り（ＳＰＡ）
　　　（7）小売業，業種と業態
　　　（8）通信販売
　　　（9）流通関連企業のランキング
　　2．マーケティング …………………………………190
　　　（1）マーケティングとは
　　　（2）市場分析（マーケティングリサーチ）
　　　（3）市場創造活動
　　　（4）ブランドの構築とその崩壊

# 第9章　企業の社会的責任とＣＳＲ ——— 204

　　1．企業の社会的責任とは何か …………………204
　　2．経営者のパーソナリティに依存した社会的責任の遂行 ……206
　　3．コンプライアンスに基づいた社会的責任の遂行…209
　　4．ブランド戦略に基づいた社会的責任の遂行 ……211
　　5．株主主権論に基づいた社会的責任論の展開 ……213
　　6．ＣＳＲの考え方 ………………………………216

# 第10章　財務戦略と経営分析 ——— 221

　　1．貸借対照表 ……………………………………221
　　2．利益とキャッシュフロー ……………………223
　　　（1）損益計算
　　　（2）キャッシュフロー

3．運転資本 ……………………………………………231
4．フリー・キャッシュフローと企業価値評価 ……233
5．財務諸表の分析 ………………………………………236

# 第11章 企業経営と情報 ―――――― 242

1．情報の特性 …………………………………………………242
　（1）データ・情報・知識
　（2）情報の形式的側面と意味的側面
　（3）形式知と暗黙知
2．経営情報システム ………………………………………247
　（1）人間の情報処理活動という視点
　（2）経営情報システム
3．経営情報システムの変遷 ……………………………249
　（1）電子データ処理
　（2）伝統的経営情報システム
　（3）意思決定支援システム
　（4）エンドユーザ・コンピューティング
　（5）戦略的情報システム
4．経営手法と情報技術 ……………………………………256
　（1）ビジネス・プロセス・リエンジニアリング
　（2）サプライチェーン・マネジメント
　（3）カスタマー・リレーションシップ・マネジメント
5．現在の情報技術環境 ……………………………………259
　（1）オフィス系ソフトウェアの活用
　（2）ネットワーク・コンピューティング
　（3）インターネットの活用

6．情報セキュリティと情報倫理 ……………………263
　（1）主な脅威
　（2）情報セキュリティ対策
　（3）情報倫理の確立

# 第12章　経営の国際化 ——————————— 269
　1．世界経済の国際化の過程 ……………………………269
　　（1）国民経済の優位性の過程による国際化
　　（2）流通の機会と手段の発展過程による国際化
　　（3）帝国主義植民地政策や政治経済的要因からの国際化
　　（4）企業の海外進出，海外投資による国際化
　　（5）多国籍企業の定義から見る国際化
　　（6）プロダクト・ライフサイクルの過程から見る国際化
　　（7）国民経済の競争的優位性の過程による国際化
　　（8）経済や市場の自由化とボーダーレス化の過程による国際化
　2．日本経済および日系企業の国際化の過程 ………280
　　（1）日本経済国際化の歴史
　　（2）第2次世界大戦後の再建と政府指導型国際化
　　（3）天然資源の不足から生じる国際化
　　（4）市場を求めた国際化
　　（5）海外直接投資と経営の国際化
　　（6）外国籍企業の対内進出と経営の国際化
　3．課題と結論 ……………………………………………289

索　引　293

# 第 1 章 ▶ 経営学を学ぶ

〈**Key word**〉
- ▶商品の陳列
- ▶販売価格
- ▶生産国
- ▶POS，GOT
- ▶起業家，企業家

このことばに注目！

## 1. 経営学はおもしろい

### （1）日常生活が教材

　勉強をするには，そのための教材が必要である。学問分野によっては，試料や道具，実験室が不可欠だろうし，古文書やフィールドワークが必須となるかもしれない。

　幸い，経営学を学ぶための教材は身の回りにたくさん存在する。日常生活そのものが教材だともいえる。

　例えば，誰でも日常生活品を購入するために小売店に買い物に行く。その小売店は，夫婦で経営している個人商店の時もあるし，スーパー，コンビニ，デパート，ショッピングセンター，生協，駅ビル，あるいは最近はやりの駅ナカの時もあるだろう。

　普段はあまり考えないことであるが，買い物に行く小売店の規模や形態，業態の違いを考えてみることも，経営学の勉強の大切な一歩である。

歴史や現状，他の小売企業との資本関係や提携関係を調べ始めれば，経営学の教材は無限に広がる。

人にも産業にも企業にも，栄枯盛衰は不可避である。小売企業では，昭和55年に小売業初の売上高1兆円を達成したダイエーが今では経営再建途上にあり，他方で，イオングループとセブン＆アイグループが，日本の小売業界トップの座を競っているなど，教材として学ぶべき企業は数多い。

大規模の小売企業が中核となる巨大なショッピングセンター（ＳＣ）が全国に相次いで開店し，他方で各地の商店街が「シャッター通り」と呼ばれる現状（惨状）に目をやれば，ダイナミックな流通小売業の変化の動きを感じるかもしれないし，国や地方自治体の商業政策に問題ありと感じるかもしれない。

小売店の商品売り場を歩いてみると，同種同類の商品が所狭しと陳列されている。商品の選択と配列は，店員が適当に発注して手当たり次第に並べたものだろうか。そうでないとしたら，どのように考えて選択し発注し配列したのだろうか。

商品の選択と配列は，その小売店の経営戦略，販売戦略，競争戦略が具現化されているだけでなく，自社製品を一点でも多く売り，市場占有率を少しでも高めたい各メーカー間の，壮絶な「場所取り競争」の結果でもある。

というのは，まさに買い物中の消費者（来店者）の，視覚に入りやすく手に取りやすい「一等地」に陳列されることは，何よりも宣伝効果が抜群で，実際，バスケットに入れてもらえる可能性が大きいからである。

商品の陳列は，普通は，見やすく整然と陳列するのが基本だが，なかには，雑然と天井まで積みあげてボリューム感を演出している店もある（ドン・キホーテ＝圧縮，山積み陳列法）。

激しい販売競争を展開している商品には，「緑茶戦争」といわれるペットボトル飲料分野，「シャンプー戦争」といわれ新商品ラッシュのシャンプー分野，「ビール戦争」といわれ長年熾烈な競争が続いているビール分野，地上デジタル放送開始にあわせ，薄型，液晶，プラズマで競っているテレビ受像機分野などさまざまあるが（図表1－1），商品売り場を眺めながら，各メーカー

図表1-1　熾烈な販売競争を展開しているシャンプーとビールの商品棚

（イオン佐久平SCで）

で，マーケティング活動，商品開発，商品生産，コマーシャル，小売店への売り込み等に，いかに力を入れ知恵を絞っているか，流されるテレビCMやその他のCMにどのような工夫を凝らしているか，どんな女優や俳優を起用しているか，その狙いは当たっているかなど，考えるだけでも楽しい。

　これらもそれぞれが経営学のテーマである。楽しみながらノートを作り，興味と必要に応じて専門書に挑戦し，正確で広く深い知識を体得していくようにしよう。

## （2）販売価格から考える

　同じ規格商品でも，店によって販売価格が違うことは良くあることである。時には，その日の目玉商品のことも，在庫処分品のこともある。店舗間競争が激しい地域では，他店との競争で値下げをすることが多い。なかにはメーカーの過剰在庫や返品等の商品を，通常より廉価で仕入れ，周辺店よりも安く売るディスカウントストアもある。

　新聞やカタログ，ラジオ，テレビ等の媒体を利用する通信販売はすでに珍しくないが，最近は，インターネットを利用した無店舗型販売（ネット通販）が急激に売り上げを伸ばしている。

　商品が生産者の手から消費者の手に渡るまでの流れ（物流）には，昔は必ず

卸売業が仲立ちをしていたが，今では通販や量販店など大手の小売業者はメーカー（もしくはメーカーの販売会社）から直接仕入れることが多い。衣料品専門店のユニクロのような，企画，製造，流通，販売を一貫して行うＳＰＡ（specialty store retailer of private label apparel：製造小売り）の形態でも，しまむらのような，メーカーから直接買い取りの形態でも，卸売業は介在しない。

インターネットの普及で，消費者が直接，生産者から購入する直販（B to C）も増えているが[1]，この場合には，卸売りも小売りも介在しない。介在が少ないほど，販売価格は引き下げられる。

卸売りや小売りを通さないことを「中抜き」というが，この結果，総合商社を含む卸売業の存立基盤が揺らいでおり，その役割も変わらざるを得ないし，かつて盤石とみられていた総合スーパー（GMS：general merchandise store）を含む小売業も，変化せざるを得ない。

このように商品の販売価格を糸口として考えても，商品が消費者の手に届くまでの流通チャネルの種類はどれだけあり，どのような仕組みになっているのか，販売価格はどのように決定されるのか，卸売業と小売業の種類や役割，歴史，現状など，知りたくなる事柄は多く，勉強すべき領域は広い。

価格に関しては，最近は，購入金額に応じてポイントがつくことが多い。なかでも家電量販店（ヤマダ電機，ビックカメラ，ヨドバシカメラなど）では，販売価格のみならず，ポイントの還元率でも競っている。

ポイントをつける発想は，昔からスタンプ捺印サービスがあったので珍しいことではないが，購入金額を厳密にポイント高に反映させ，その情報をカード（もしくはケータイ）で処理するのが，現在のポイント制度である。

これも，ポイント制度を販促活動の１つととらえ，それがもたらす経営効果，集客力と客の囲い込み効果，購買履歴の活用，企業会計上の処理方法などにつなげていくと，興味深い教材になる。

## （3）生産国から考える

　商品売り場で，商品を手にとって生産国をみると，日本企業の製品でも，made in china など，外国の国名が表記されていることが多い。

　繊維製品は，戦後しばらくの間，輸出品のうちで外貨の稼ぎ頭であったこともあるが[2]，今では逆に，外国からの輸入品が大半を占めている。このことに驚く人はすでにいないが，戦後の高度経済成長を牽引してきた家電製品の分野でも，今ではその多くが日本の外で生産されている。

　家電量販店に買い物に来た外国の旅行者が，「品質の良い日本企業の家電製品を買いたいのに，メイドインジャパンの製品がない」と嘆いた話は，よく耳にする。

　なぜ，日本企業の製品の生産国が日本でなく，中国や韓国や台湾やベトナムなど外国なのだろうか。そもそも日本の企業はいつ頃から海外に工場を設立し始めたのだろうか。そこにはどのような理由やどのような経営戦略があったのだろうか。

　海外の工場設立（もしくは移転）の理由は，製品の種類や個々の企業のケースによってさまざまであるが，日本に比べて，労働力の質と数，人件費，土地，建物，水，電気，税金などを含めた製造コストが格段に安価な場合（理由1），相手国との貿易摩擦が深刻で，その回避をねらう場合（理由2），近い将来，その国で旺盛な消費需要が見込まれる場合（理由3），などがある。

　2枚の写真は，筆者の撮影であるが，図表1－2は，中国の上海市浦東新区にある上海松下微波炉有限公司（平成6年（1994年）設立）で，理由は1と3，図表1－3は，アメリカのカリフォルニア州フリーモント市にある，トヨタ自動車とＧＭ（General Motors）との合弁企業ＮＵＭＭＩ（ヌーミー：New United Motor Manufacturing, Inc. 昭和59年（1984年）設立）で，理由は2，ということができる。トヨタ自動車は，ＮＵＭＭＩの成功後，本格的なアメリカ単独進出を進めていく。

　理由3のケースには，ここ10年ほどの，日本企業を含む各国自動車メーカーの，中国や東欧の工場設立などが該当する。

　他方，海外に工場を設立すると，国内の工場は縮小ないし閉鎖されることが

多い。大企業の工場が海外に移転すると、そこに部品を納入していた協力工場（下請け企業、町工場）は、同時に移転するか、あるいは転廃業を迫られる。これを産業の空洞化といい、働きたくても働く場所がない、仕事が欲しくても仕事がない、という失業問題、転廃業問題が発生する[3]。

　関連して、産業の基礎を支えていた技術（例えば金型技術）が失われ、長い間受け継がれてきた先輩から後輩への技能の伝承（暗黙知、経験知）も絶たれるなど、「技術立国、日本」にとって深刻な問題も起き始めている。最近頻発している、製品トラブルや製品事故、リコール、リコール隠しなどは、この問題の行方を暗示している。

　もちろん、競合する製品であっても海外の工場に負けない工夫を凝らしている工場もある。また、積極的に国内に工場を新設、稼働させている企業（大分キヤノン第2工場、松下プラズマディスプレイ尼崎第3工場など）もあるし、日本の工場を、製造技術を開発する拠点（マザー工場）と位置づけ、国内工場の再編を積極的に進めている企業（ホンダ二輪車工場の浜松から熊本への移転など）もある。

　商品売り場の商品を手にとって、その生産国名をみると、思いは世界へ、そして足下の日本へと広がっていく。企業経営の国際化、グローバル化に関心を向けるとともに、失業問題、転廃業問題、技能・技術の伝承問題、モノ作りの工夫、マザー工場化と国内工場の再編にまで、関心が広がっていく。

図表1－2　上海松下微波炉有限公司

（中国、上海市浦東新区で）

図表 1 - 3　New United Motor Manufacturing, Inc.

（アメリカ，カリフォルニア州フリーモント市で）

## 2. アルバイトで学ぶ

　経営学を学ぶには，アルバイトの経験は役に立つ。労働の対価として賃金を受け取るという経験そのものも貴重であるが，アルバイトの体験は即，経営学の勉強につながる。

　例えば，コンビニでアルバイトをするとしよう。

　客であれば，選んだ商品の支払いをし商品を受け取るだけであり，レジを正面から見ることはないが，アルバイトをすると実際にこれを操作することになる。

　この機器をＰＯＳ（Point of Sales）端末といい，バーコードリーダーで商品のバーコードを読み取るが，このシステムには次の工夫がなされている。

　商品のバーコードを読み取った後，店員は必ず「年齢，性別キーボード」を押す。このキーボードは，セブン－イレブンでは，ブルーとピンク，それぞれ「12」「19」「29」「49」「50」の数字が並んでおり，ブルーとピンクは性別を，数字は年齢層を表している（図表 1 -4，なお，他のコンビニチェーンでもほぼ同様）。

端末は光ファイバー網で本部と直結しており，「サントリー，伊右衛門」のバーコードを読み取り，ピンクの「29」キーを押すと，「サントリー，伊右衛門」が20歳以上29歳以下の女性に1本売れたという情報が，即座に本部に送られる。ちなみに，「12」は12歳以下，「50」は50歳以上となる。

　この情報がすべての店舗から集められると，緑茶飲料のなかでの伊右衛門の売り上げ順位，店舗別，地域別，性別，年齢層別，季節や天気，時間帯での売れ行き等が簡単に集計され，同時に配送センターや店舗ごとの在庫状況も把握できる。

図表1-4　セブン-イレブンの店舗システム

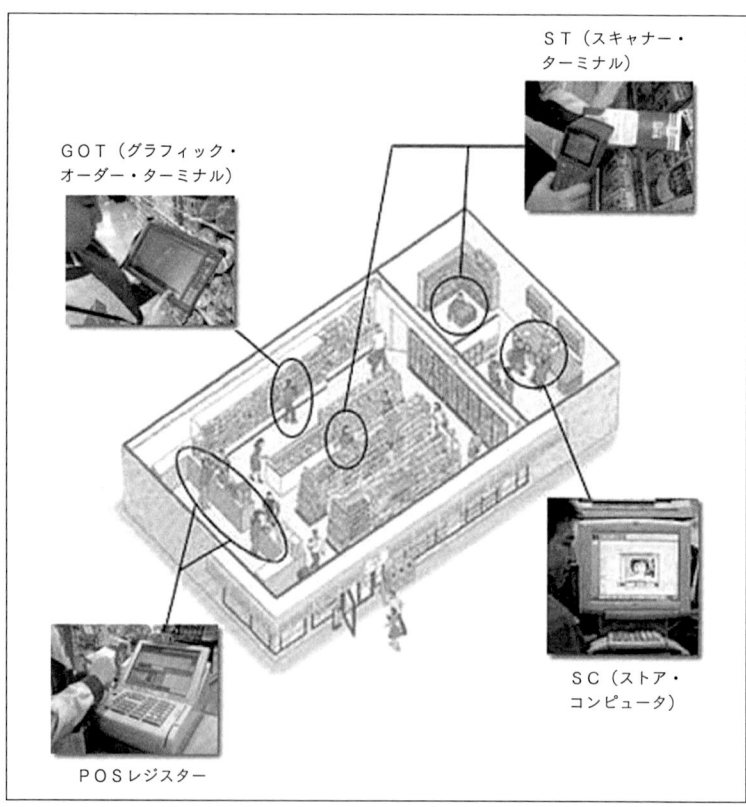

出所：セブン-イレブン・ジャパンのWebサイト（http://www.sej.co.jp/oshiete/kaibou/kaibou062.html）による。

情報は，当該店舗と本部のみならず，メーカーのサントリーにとっても得がたい情報となる。また，レシートの下欄には，年齢層や性別，店舗にあわせた情報が印刷され客への広告に利用される。
　商品の発注についても，店員はＧＯＴ（graphic order terminal：グラフィック・オーダー・ターミナル）端末を操作して，店頭の商品確認と，画面に表示される天気予報や地域のイベント情報等から総合的に判断し，販売予測をしながら発注数量を入力していく。販売予測が正しかったかどうかは，翌日，翌々日には検証され，さらにより正確な販売予測に結びつけられる。
　どのコンビニチェーンでも，商品を「必要なものを必要なときに必要なだけ」店頭に並べることにとりわけ関心を払っている[4]。
　というのは，各店舗に余分な在庫を保存するには倉庫（余分なスペース）が必要となるし，売れ残り品は賞味期限までの日数が短くなり，生もののような商品では廃棄処分にせざるを得ない。反対に，在庫切れは買いに来た客を逃すだけでなく，店の信用にも関わるからである。
　そこで，「必要なものを必要なときに必要なだけ」店頭に並べるには，商品の「多頻度，多品種，少量」配送システムが必要であり，配送センター，トラック，配送ルートと配送回数，運転手の手配等の，総合物流管理システムが不可欠になる。
　コンビニでアルバイトをすると，普通では知らない販売予測と検証のおもしろさや，この小口配送システムについても学ぶはずである。
　この事例は小売業のコンビニの一例であるが，複数のコンビニチェーンでシステムの違いを体験してみるのも楽しい。
　アルバイト先は，飲食業のファミレスや牛丼店であっても，あるいは娯楽業のディズニーランドであっても，どこでも消費者や利用者の立場では知ることのできないいろいろな実体験をするはずである。経営学ではこの体験を勉強の楽しさにつなげることができる。

## 3. インターネットで学ぶ

### （1）企業の Web サイトで学ぶ

　今日では，パソコンとインターネットは，誰でも日常的に利用している手軽なツールになり，大学の授業でもインターネットを利用しながら授業を展開することは常識になっている。

　ここでは，企業の Web サイトを利用して，たくさんの情報や教材を集めながら，経営学の知識を増やしていくことを学ぼう。

　例えば，松下電器産業の Web サイト（http://panasonic.co.jp/）を開く。

　図表1－5は，トップページにある「松下電器について」をクリックした画面である。

　「ごあいさつ」「概要」「事業領域」「ブランド」「役員一覧」「コーポレートガバナンス」「組織体制」「関係会社サイト一覧」「企業理念／ＣＳＲ」「社史」「創業者松下幸之助」「ＩＲ情報」「株価情報」「環境活動」「社会貢献活動」など，興味深い情報が山積みとなって掲載されている。

　どこからでも興味のあるところから読んでいけば良いが，経営学入門的に指摘（指南）すれば，創業者である松下幸之助氏と，創業者の精神や思いを反映している経営理念から読み始めてみよう。

　「創業者松下幸之助」には，「松下幸之助の生涯」「松下幸之助物語」が掲載されており，一読すると，経営の神様と尊敬された氏の生涯とともに，松下電器の誕生と発展の歴史を学ぶことができるだけでなく，氏とともに歩んできた（ともいえる）94年間の，日本経済，日本企業の歩みも読み取ることができる。

　あわせて「社史」を読めば，松下電器は最初は何を製造したのか，終身雇用制度の典型企業といわれたのはなぜか，事業部制を取り入れたのはいつか，海外に販売拠点を設けたのはいつか，海外に生産拠点を設けたのはいつか，社内分社制を導入したのはいつか，などなど興味深い教材が続々と見つかる。

　世界白地図を用意して，年々増えていく販売拠点と生産拠点をしるし，さら

に具体的な販売品目と生産品目等を書き込んでみると、松下電器の（＝日本企業の）、国際化、グローバル化過程の貴重な資料になる。

　企業には必ず経営理念がある。経営理念は、企業を起ちあげた創業者の精神や思いを反映していることが多く、その企業の経営行動の指針、取締役と従業員共通の行動規範、精神的支柱となる。

図表1－5　松下電器産業のWebサイト

出所：松下電器産業Webサイト（http://panasonic.co.jp/company/）より。

松下電器の場合には,「企業理念／ＣＳＲ」のなかに「経営理念」＝「綱領」として「産業人タルノ本分ニ徹シ社会生活ノ改善ト向上ヲ図リ世界文化ノ進展ニ寄与センコトヲ期ス」の一文が示されている。

　一般的に，企業は，経営理念にもとづいて中長期的に達成しようとする経営目標を策定するが，経営理念と経営目標を明確化してはじめて有効な経営戦略を打ち出すことができるし，さらに，その経営戦略にそった，長期，中期，年次計画を策定することができる。

　松下電器の，経営目標，経営戦略，長期，中期，年次計画はどのようなものか，これも整理してみよう。

　次に「役員一覧」をみる。

　代表取締役８名（会長，副会長，社長各１，副社長３，専務２），常務取締役３名，取締役５名，常任監査役２名，監査役３名等，現経営陣の肩書きと氏名が一覧で掲載されている。新会社法では，株式公開会社の大会社は，監査役会設置会社と委員会設置会社に分けられるが，松下電器の場合には監査役会設置会社であることがわかる。代表取締役が８名もいることに驚くかもしれないし，副社長が３名いることに新しい発見をするかもしれない。

　取締役や監査役は誰が選任するのか，経営者の仕事とはどのようなものか，肩書きによる役割の違いなど，考えてみよう。

　また，資本金約2,600億円，従業員数約46,000名（単独）を擁する大企業の経営組織はどのように編成されているのか，従業員の管理はどのようになされているか，本社と工場，子会社，関連会社との相互連絡体制はどのようになされているかなども，経営学の領域である。

　コーポレート・ガバナンス（corporate governance：企業統治）とは，経営者が株主のためにきちんと企業経営を行っているか監視する仕組みのことをいう。「役員一覧」とともに「コーポレートガバナンス」をクリックして，松下電器の企業統治を勉強してみよう。

　次に，「ＩＲ情報」をクリックすると，「株価情報」「年次財務情報」「有価証券報告書」「株主総会」「貸借対照表，損益計算書」などが掲載されている。

第 1 章　経営学を学ぶ　○────13

**図表 1 － 6　松下電器産業の第99期，貸借対照表と損益計算書**

| 貸借対照表 (平成18年3月31日現在) | | 損益計算書 (平成17年4月1日から 平成18年3月31日まで) | |
|---|---|---|---|
| **資産の部** | | **経常損益の部** | 百万円 |
| 流動資産 | 2,136,405 | 営業損益の部 | |
| 現金預金 | 865,431 | 売上高 | 4,472,579 |
| 受取手形 | 5,777 | 売上原価 | 3,603,401 |
| 売掛金 | 553,585 | 販売費及び一般管理費 | 745,960 |
| 有価証券 | 82,001 | 営業利益 | 123,218 |
| 未収入金 | 109,368 | 営業外損益の部 | |
| 預け金 | 3,655 | 営業外収益 | 156,227 |
| 前払費用 | 4,077 | (受取利息及び配当金) | (128,292) |
| 短期貸付金 | 112,253 | (その他の収入) | (27,935) |
| 繰延税金資産 | 195,700 | 営業外費用 | 63,020 |
| 貸倒引当金 | △1,259 | (支払利息) | (6,029) |
| 製商品・半製品 | 89,394 | (その他の費用) | (56,991) |
| 原材料・仕掛品・貯蔵品 | 74,981 | 経常利益 | 216,425 |
| その他の流動資産 | 41,442 | 特別損益の部 | |
| 固定資産 | 2,854,856 | 特別利益 | 106,944 |
| 有形固定資産 | (356,616) | (投資有価証券売却益) | (67,114) |
| 建物 | 145,408 | (子会社株式売却益) | (21,047) |
| 構築物 | 6,511 | (固定資産売却益) | (14,604) |
| 機械装置 | 96,461 | (賞与減額) | (4,179) |
| 車両運搬具 | 131 | 特別損失 | 326,036 |
| 工具器具備品 | 14,615 | (事業構造改革特別損失) | (113,194) |
| 土地 | 84,273 | (投資有価証券評価損) | (1,641) |
| 建設仮勘定 | 9,217 | (子会社株式評価損) | (184,532) |
| 無形固定資産 | (30,809) | (特別市場対策費) | (24,905) |
| 特許権 | 3,442 | (減損損失) | (2,364) |
| ソフトウェア | 25,853 | 税引前当期純損失 | 2,667 |
| 施設利用権 | 1,314 | 法人税、住民税及び事業税 | 9,283 |
| 投資その他の資産 | (2,467,631) | 法人税等調整額 | △32,395 |
| 投資有価証券 | 695,503 | 当期純利益 | 20,445 |
| 子会社株式 | 1,336,392 | 前期繰越利益 | 43,786 |
| 出資金 | 1,340 | 中間配当額 | 22,168 |
| 子会社出資金 | 264,578 | 当期未処分利益 | 42,063 |
| 投資損失引当金 | △108,134 | | |
| 長期預り金 | 9,511 | | |
| 繰延税金資産 | 88,432 | | |
| その他の投資等 | 180,009 | | |
| **資産合計** | **4,991,261** | | |

| **負債の部** | |
|---|---|
| 流動負債 | 1,891,446 |
| 支払手形 | 2,213 |
| 買掛金 | 476,364 |
| 未払金 | 21,173 |
| 未払費用 | 390,126 |
| 賞与引当金 | 57,104 |
| 未払法人税等 | 1,528 |
| 前受金 | 9,440 |
| 預り金 | 743,893 |
| 役員退職引当金 | 6,475 |
| 社債(1年以内に償還) | 100,000 |
| 製品保証等引当金 | 19,706 |
| 販売促進引当金 | 26,608 |
| その他の流動負債 | 37,016 |
| 固定負債 | 361,402 |
| 社債 | 100,000 |
| 長期預り金 | 184,143 |
| 退職給付引当金 | 77,259 |
| 負債合計 | 2,252,848 |
| **資本の部** | |
| 資本金 | 258,740 |
| 資本剰余金 | 569,927 |
| 資本準備金 | 568,212 |
| その他資本剰余金 | 1,715 |
| 自己株式処分差益 | 1,715 |
| 利益剰余金 | 2,102,869 |
| 利益準備金 | 52,749 |
| 圧縮記帳積立金 | 8,337 |
| 配当準備積立金 | 81,000 |
| 別途積立金 | 1,918,680 |
| 当期末処分利益 | 42,063 |
| その他有価証券評価差額金 | 150,475 |
| 自己株式 | △343,598 |
| 資本合計 | 2,738,413 |
| 負債及び資本合計 | 4,991,261 |

出所：松下電器産業Webサイト（http://ir-site.panasonic.com/stockholder/kessan/index.html）より。

　図表 1 － 6 は，松下電器の第99期「貸借対照表と損益計算書」である。

　初めてみると難しそうに思えるが，経営学の勉強にはこれらの読解は必須である。貸借対照表や損益計算書を簡単に読めるようになるには，興味のある企業や，業績が伸びている企業と悪化している企業の数期分を選んで，比較しながら読む練習をすると良い。その後は，株価情報や，さらに難しい有価証券報告書，年次財務情報にも挑戦し経営分析まで進んで欲しい。

　次に，「環境活動」と「社会活動」をクリックする。

　「環境活動」には，松下電器の「社会・環境報告」「環境データブック」がパソコンにダウンロードできるようになっている。希望すれば，それらの小冊子をWeb上で申し込み，無料で郵送してもらうことができる。

　なぜ，企業はこれほど環境活動に熱心なのだろうか。

　それは，今日では，消費者や株主，従業員，地域住民，自治体，金融機関な

ど，企業を取り巻く利害関係者（ステークホルダー）が，企業に地球環境への配慮を強く求めるようになり，企業も積極的に環境に配慮するよう努めているからであり，これからの企業は，環境への配慮なしには生き残れない時代になったからである。

「社会活動」では，「社会貢献活動報告書」がダウンロードできる。この報告書には，松下電器の，芸術と文化，教育学術顕彰，共生社会，地球環境，ＮＰＯ支援，国内と海外の事業場での取り組みなどが，紹介されている。

企業経営は，モノやサービスを販売して，より多くの利潤を獲得することを主目的としつつも，他方で，人々に喜ばれるような社会活動や援助活動をすることも，企業の社会的な責任となっている。

松下電器だけでなく多くの企業が，自社の環境への取り組みについてまとめた「環境報告書」や，社会活動についてまとめた「社会貢献活動報告書」を積極的に公表している。この際，業種や規模の類似した複数の企業の「環境報告書」や「社会貢献活動報告書」を比較しながら読み，それらを評価してみよう[5]。

なお，ここでは一例として，松下電器のWebサイトを利用したが，経営学の教材に役立つWebサイトは今や無数にある。多数の企業のWebサイトをネットサーフィンして，教材を集めてみよう。集めた教材は，パソコンの外部記憶ディスクに，わかりやすく整理して保存したり，プリントアウトして，ファイルに保存する習慣を身につけたい。

### （２）新聞社やその他のWebサイトで学ぶ

新聞社のWebサイトも役に立つ情報や教材が多い。なかでも，日本経済新聞社のWebサイト，NIKKEI NET（http://www.nikkei.co.jp/）は，経済，経営，企業関係の記事やデータが豊富であり，「経済」「企業」「株・為替」「マネー」「ＩＲ」「ＩＴ」「経営」「ウーマン」のコンテンツは必読である。

「企業」には，売上高上位，営業利益上位，経常利益上位，当期利益上位など「各種ランキング」や，小売業調査，専門店調査，コンビニ調査，優良企業

ランキング，環境経営度調査など「日経の調査」が掲載されている。

　例えば，「売上高上位」で，「全国上場，全業種」をクリックすると，トヨタ自動車以下100社が，「全国上場，電気機器」をクリックすると，日立以下100社が，表示される。このような企業情報は，教材として積極的に利用したい。

　読売新聞のWebサイト，YOMIURI ONLINE（http://www.yomiuri.co.jp/）の「マネー・経済」も有用である。他の新聞社のＨＰにも，役立つ記事や特集が多いので自分の興味や関心にあわせて活用しよう。

　その他，有用なWebサイトの一部をあげると，以下のものがある。

* 日経ＢＰ社のWebサイト，NBonline（http://business.nikkeibp.co.jp/）も，経済，経営関係記事が豊富である。無料会員登録をすると，土日を除く毎日，記事が配信される（『日経ビジネス』の年間購読者は，さらに充実したNBonlineプレミアムが利用できる）。
* 財団法人ベンチャーエンタープライズセンターのWebサイト，起ちあがれニッポン DREAM GATE（http://www.dreamgate.gr.jp/）は，起業や独立を目指すには，有用である。会員登録（無料）をすると，メールマガジンが配信される。
* 独立行政法人労働政策研究・研修機構（http://www.jil.go.jp/）のWebサイトは，労働関係の情報収集に有用である。登録（無料）をすると，メールマガジンが配信される。
* 同じく労働関係の情報では，東京都産業労働局の「発行資料・統計」（http://www.hataraku.metro.tokyo.jp/siryo/panfu/）が有用である。なかでも，『ポケット労働法』と『働く女性と労働法』は，必読である。
* 経営学の勉強には関連する法律の勉強が欠かせない。法律を検索したり，条文を読むには，総務省行政管理局の法令データ提供システム（http://law.e-gov.go.jp/cgi-bin/idxsearch.cgi）が便利である。
* 企業の有価証券報告書等の開示書類を入手したい時は，金融庁のEDINET（https://info.edinet.go.jp/EdiHtml/main.htm）が便利。
* 政府統計を調べたい場合は，総合窓口＝統計データポータルサイト（http://portal.stat.go.jp/）が便利。

## 4. 工場見学で学ぶ

　工場見学の経験はあるだろうか。なければ，是非，見学をして欲しい。いつでもどこでも受け入れてくれるわけではないので，身近なところに工場があったら見学できるか頼んでみたり，工場見学が可能な企業をインターネットで探してみよう。

　工場見学の受け入れ体制を常時整えており，かつ製造工程のダイナミックな見学ができるのは，やはり自動車工場であろう。見学の予約ができたら，事前に，生産管理や品質管理の勉強をしてから見学に臨んだ方が，理解も質問もしやすい。

　とはいっても，今すぐ工場見学に行くわけにはいかないので，トヨタ自動車Webサイト (http://www.toyota.co.jp/) 中の「トヨタ生産方式」→「図解でみるトヨタ生産方式」「動画で見るトヨタ生産方式」と，日産自動車のWebサイト (http://www.nissan.co.jp/) 中の「企業情報」→「工場案内」→「日産探検隊」，同九州工場Webサイト (http://www2.nissan.co.jp/AREA/FUKUOKA/) 中の「バーチャル工場見学」を見て，工場見学の雰囲気を味わってみよう。

　自動車の生産では，トヨタ自動車のトヨタ生産方式（ＴＰＳ，ジャストインタイムと自働化）が有名であるが[6]，日産自動車の日産生産方式（ＮＰＷ，出荷に合わせて生産する完全同期生産）も無駄がない。両者の違いについて学ぶこともおもしろい。

　一般に，自動車の生産では，車体組立 → 塗装 → 組立は，製品（車）が作業工程を順に流れながら完成するライン生産方式である。多種多様な工場ロボットとヒトとの共同作業によって，車種やボディカラーの異なった自動車が，ラインを流れながら，販売店（購入契約者）の発注通りに，かつ時間通りに，組み立てられていく様子（多車種混流）は，見ていて飽きない。

　他方，家電生産では，製品によっては今でも少品種大量生産に適したベルトコンベア方式によって生産されているが，最近では，多品種少量生産に適した

セル生産方式や屋台生産方式で生産されることが多い。

　工場内の生産方式，生産管理，品質管理などのハウツーは，工学系の専門科目にまたがることになるが，それらの基礎的知識は経営学の領域でもあるので，これについても興味を持って学んでおきたい。

　工場には，ほぼ無人の工場もあるが，自動車工場のように，工場ロボットとヒトとが共同作業している工場も，あるいは今でもヒトの手にほとんどを頼っている労働集約型の工場もある。

　工場はヒトなしでは操業できない。工場に限らず，企業はヒトなしには経営できない。それどころか，人材を「人財」と表記することもあるほど，ヒト次第で，企業業績は向上したり悪化したりもする。

　そのヒトも，今日では，正社員，パート，アルバイト，契約，嘱託，季節工，派遣，請負などさまざまな雇用形態で働くようになっている。工場内でもさまざまな雇用形態で働いているヒトが混在している。

　一度の工場見学で，雇用形態の違いまでも見てくるわけにはいかないが，それを頭にとどめながら見学をしてくるのが良いだろう。可能であれば質問をしてみよう。

　経営学では，ヒトを経営資源（＝人的資源）ととらえ，これを対象とした管理を人的資源管理という。企業は，人員計画，要員計画にもとづいて，ヒトを最適な雇用形態で募集し，採用し，配置する。ヒト＝人的資源をいかに管理し，ひいては企業業績の向上につなげていくか，これらについて学ぶことも経営学の重要な範疇である。

## 5.　新聞や経済誌，テレビで学ぶ

　経営学を学ぶには，今でも，新聞や経済誌は，オーソドックスな教材である。最近の新聞は，経済，経営，金融，株式，企業欄が充実しているので，まず自宅で購読している新聞を丹念に読んでみよう。さらには，経済関係専門紙

の『日本経済新聞』『日経産業新聞』『日経ＭＪ』なども図書館を利用したり駅売りを購入したりして積極的に読んで欲しい。

　経済誌も今ではたくさんの種類が発行されている。これも図書館を利用したり，書店の雑誌売り場で目を通し，興味のある特集が組まれている時には，購入を勧めたい。なかでも，『日経ビジネス』，『週刊東洋経済』，『週刊ダイヤモンド』の３誌は必読である。

　この章で登場した企業は，いずれも大企業や有名企業であるが，約260万社におよぶ日本の企業のなかには，小規模でもユニークな，あるいは業界でトップクラスの技術力やトップシェアーを維持している中小企業も多数ある。この点，『日経ビジネス』で連載している「小さなトップ企業」「小さなトップランナー」は，中小企業研究には欠かせない。

　テレビも貴重な情報源である。ＮＨＫ「クローズアップ現代」，テレビ東京「ワールドビジネスサテライト（ＷＢＳ）」，同「日経スペシャル，ガイアの夜明け」など，経営学の教材として役立つものが多い。ただし，テレビは，新聞や雑誌と違い，見逃すとあとで見ることができない。番組表をチェックし録画する習慣をつけておくのが良い。

# 6.　現代人の常識としての経営学

　上述のように，経営学の教材は身の回りに多数あり，これらをもとに関連知識を増やしていけば，生きた経営学が学べる。その後は，必要に応じて経営学を体系的に学べば良いし，学ぶべき領域は，第２章以下の各章の通りである。各章のさらに専門的なことは，大学であれば専門科目を履修することになるし，独学であれば専門書の勉強に進んで欲しい。

　そのほか，テイラー（Taylor, F.W.），ファヨール（Fayol, H.）などの経営学の古典や経営理論，近江商人や旧財閥創業本家など江戸時代の商家の研究にも目を向けていくと，なおさら興味が広がる。

ところで経営学を学ぶのは何のためだろうか。
　再三述べているように，経営学の教材は日常生活のあちこちに転がっている。ということは，逆に考えれば，経営学を学んだ方が，より確かなより賢い日常生活を送ることができるし，世の中で起きているさまざまな事象（今日では，企業経営と無関係な事象はほとんどない!!）の理解にも役立つ。すなわち，経営学は，人が生き働き生活していく上での教養科目であるといえる。
　第2は，最近では株式の売買を行うのは，専門の投資家だけでなく，ごく普通の人である場合も多くなっており，しかもパソコンやケータイを用いたネット経由の株式売買も急増している。株式以外の，転換社債型新株予約権付社債等の有価証券を売買することも多い。これらの売買をするには，当該企業の研究や経営分析は必要不可欠であり，ここでも経営学の知識は必須となる。
　第3は，今日の社会は，誰でも経営者になりうる社会であるということである。今では，1円で株式会社を起業することができる時代になっているし，しかもパソコン機能の高度化と廉価，そして高速インターネットの普及で，発想が豊かで優れていれば，手持ち資金が少なくても，パソコンを生産手段として，誰でも起業家（企業家）になれる可能性が大きい。
　もちろん，現に約260万社もの企業が存在しているのであるから，自分で起業しなくても，就職先で，将来的に，取締役以上の経営陣に入ることは，決して珍しいことではない。場合によっては，親族の事業を受け継ぐこともあろう。
　このような場合には，経営学は単なる教養科目ではなく，実践科目としての必修科目となるはずである。

## 【*Review exercise*】

1. 文中，「介在が少ないほど，販売価格は引き下げられる」（4頁）と書いたが，それでは，卸売業はそもそも不要だったのだろうか。それどころか，卸売業は歴史的に重要な役割を担ってきた。このこと

について調べなさい。
2．この約20年間，人件費や原材料費が格段に安い中国で生産し，低価格で日本で販売するというビジネスモデルが定着していた。これらのなかには，100円ショップもユニクロも含まれるが，このビジネスモデルの限界について論じなさい。
3．文中，「競合する製品であっても海外の工場に負けない工夫を凝らしている工場もある。また，積極的に国内に工場を新設，稼働させている企業もあるし，日本の工場を，製造技術を開発する拠点（マザー工場）と位置づけ，国内工場の再編を積極的に進めている企業もある。」と書いたが（6頁），このことについて，日本企業の経営戦略という視点から調べ論じなさい。

考えてみよう！

【注】
（1）電子商取引（eコマース）のうち，企業と一般消費者の取り引きのことをBtoC（Business to Consumer），企業間の取り引きのことをBtoB（Business to Business）という。最近では，企業が部品や原材料を調達する時も，電子商取引が増えている。
（2）昭和25年の，売上高企業ランキング（製造業）では，1位東洋紡績，4位鐘淵紡績，7位大日本紡績，9位呉羽紡績と，上位10社のうち繊維会社が4社を占めていたが，昭和35年には，1位日立製作所，3位東京芝浦電気，7位松下電器産業，10位三菱電機と，上位10社のうち電機（電器）が4社，繊維が0社となった（日本経済新聞社編『ゼミナール日本経済入門（6版）』日本経済新聞社，43頁）。
（3）中小零細企業の廃業は，このような理由以外に，後継者不足や従業員不足でも起こっており，年間約7万社といわれる。いずれにしろ，「もの作り大国，日本」に赤信号が点灯している。
（4）「必要なものを必要なときに必要なだけ」店頭に並べる発想は，トヨタ自動車のトヨタ生産方式（ジャストインタイム：JIT）を物流に応用したものであり，今では世界中の流通業で採用されている。
（5）「環境報告書」や「ＣＳＲ報告書」については，環境goo（http://eco.goo.ne.jp/

env_report/db.html）の「環境報告書，ＣＳＲ報告書リンク集」が便利。それらの報告書を読んだら，感想や評価をその企業に送ると良い。自分自身の勉強になるとともに，企業にとっても参考になるはずである。
（6）トヨタ生産方式については，トヨタ自動車のWebサイトの他に，かつてトヨタ自動車に勤務していた宮本幸雄氏のWebサイト，還暦QPON（http://www2a.biglobe.ne.jp/~qpon/）が役に立つ。

【勉強を深めるために参考となる文献】
日本経済新聞社編『一目でわかる会社のしくみ（第4版）』日本経済新聞社，2006年。
田中陽『セブン－イレブン覇者の奥義』日本経済新聞社，2006年。
岩井克人ほか『会社は株主のものではない』洋泉社，2005年。
週刊ダイヤモンド別冊『法人申告所得ランキング（最終版）』ダイヤモンド社，2006年。
東洋経済『会社四季報』東洋経済新報社，年4回。
『日経ビジネス』日経ＢＰ社，毎週。
『週刊東洋経済』東洋経済新報社，毎週。
『週刊ダイヤモンド』ダイヤモンド社，毎週。

## 《Coffee Break》

### 会社は誰のものか

　平成17年（2005年）2月8日，ライブドアとその子会社が，ニッポン放送株（東京証券取引所，市場第二部上場）の発行済み株式を計35％取得し，筆頭株主になったことが公表された。この時以降，ニッポン放送株をめぐるライブドアとフジテレビの激しい攻防が展開されたのは，まだ記憶に新しい。

　この攻防のなかで「会社は誰のものか」という論争が巻き起こった。「会社は株主のもの」「会社は従業員や顧客のもの」「会社は社会全体のもの」「会社は誰のものでもない」など，さまざまな意見が闘わされてきた。

　株主や投資家の「会社は株主のもの」という主張が，法律論では一番

勝ち目がありそうであるが，他方で，法律上すれすれのやり方で株式を買いあさり，発行済み株式（議決権）2分の1超の取得で，「この会社はオレのもの」といわれても世論は納得しない。

　この論争の決着は当分つかないが，これがきっかけとなって，あたかも万能であるかのようにみえる現在の株式会社制度の危うさ，資本主義社会の落とし穴，法制度の不備などがさまざまな角度から議論できたのは，ライブドアとフジテレビの攻防の唯一の成果であったのかもしれない。頻繁に登場したライブドアの堀江貴文氏と村上ファンドの村上世彰氏が，ともに逮捕，起訴という経過をたどったことの意味も考えてみよう。

# 第2章 ▶会社・企業とは何か

〈**Key word**〉
▶企業，会社
▶新会社法
▶会社の4形態
▶機関設計
▶委員会設置会社

このことばに注目！

## 1. 企業形態の分類と会社，企業

### (1) 言葉の意味を正確に

「私の勤務している会社はトヨタ自動車です。」
「私の勤務している企業はトヨタ自動車です。」

このような日常会話の場合，会社と企業の違いを特に意識せず，ほぼ同義として使っても何の不都合はない。

しかし，「私は会社員です」「私は企業家です」となると，意味は正反対になる。会社員は従業員の意味であるのに対し，企業家は企業経営者のことである。

また，「社員」という言葉は，「私はトヨタ自動車の社員です」のように，日常会話では会社員（従業員）と同義であるが，法律用語では社団法人（＝法人格を与えられた人の集団）の構成員＝出資者，の意味となる。株式会社でいえば株主のことをいう。「社員」に限らず法律用語が経営学で準用されることは多

い。経営学をよりよく学ぶには，日頃使っている言葉であっても改めて問い直し，正確な理解をしていくことが大切である。

## （2）「企業」の定義と企業形態の分類①

　それでは会社と企業の違いを正確に理解することから始めよう（図表2－1）。
　まず，「企業」を定義すれば，一定の目的のために計画的，継続的に事業活動を行う経済単位（経済主体），ということができる。この場合，この経済単位すべてが必ずしも利益をあげることを目指すわけではない。
　次に，企業は，資金を提供する出資者の公私によって，私企業，公企業，公私混合企業に分けられる。
　公企業は，公共の利益のために国や地方公共団体によって出資，経営されるものをいい，例えば，民営化前の日本郵政公社はここに含まれる。
　公私混合企業は，公企業と私企業の中間の形態で，国や地方公共団体と民間が共同して出資，経営するものをいい，公企業（第1セクター），私企業（第2セクター）と区別して，第3セクターと呼ばれる。しばしば話題になる第3セクター鉄道はここに入る。
　企業のなかで大部分を占めるのは，民間が出資，経営する私企業であるが，これは出資者が個人であるか共同であるかによって，個人企業と共同企業に分けられる。
　個人企業は，個人が事業を経営している場合をいい，近所の青果店，鮮魚店，雑貨店など個人商店をイメージするとわかりやすい。「個人」ということから，狭義では出資者が1名の事業経営体，ということになるが，通常は，複数の人々からなる共同経営（例えば，夫婦で青果店に出資，経営している等）であっても個人企業に含める[1]。
　次に，共同企業は，法人格があるか否かで，法人企業と非法人企業に分かれる。
　法人とは，法律の規定により「人」としての権利能力を付与された団体のことをいい，自然人と同様，権利と義務を持ち，住所（本店の所在地）もある。法

人となるような実体を備えている場合でも，法律の要求する形式を満たしていなければ「権利能力なき社団」となる。

　非法人企業には，匿名組合（商法第535条），任意組合（民法第667条），権利能力のない社団等，がある。有限責任事業組合契約法（平成17年（2005年）8月施行）による有限責任事業組合（ＬＬＰ）はここに入る。

図表2－1　企業形態の分類①

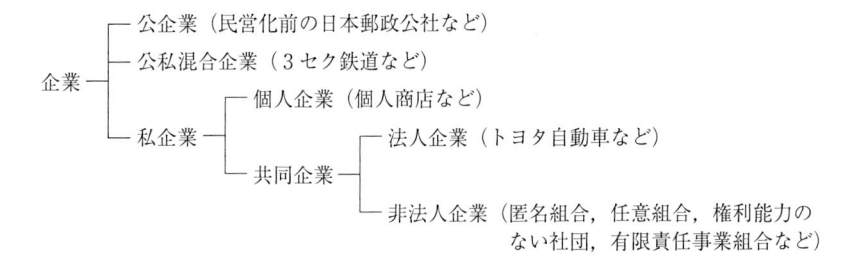

```
           ┌─ 公企業（民営化前の日本郵政公社など）
           ├─ 公私混合企業（3セク鉄道など）
企業 ──┤                ┌─ 個人企業（個人商店など）
           └─ 私企業 ──┤              ┌─ 法人企業（トヨタ自動車など）
                            └─ 共同企業 ──┤
                                           └─ 非法人企業（匿名組合，任意組合，権利能力の
                                                         ない社団，有限責任事業組合など）
```

## （3）企業形態の分類②と会社の特質

　法人企業は，利益をあげること（営利）を目的とする営利社団法人，営利を目的としないでかつ公益に関する事業を行う公益社団法人（民法第34条による社団法人と財団法人），いずれにも属さない中間的社団法人（保険業法による相互会社，協同組合法による協同組合，信用金庫法による信用金庫，共済組合法による共済組合，労働組合法による労働組合，医療法による医療法人，中間法人法による中間法人など）に分かれる（図表2－2）。

　平成18年（2006年）5月1日に施行された新会社法は，会社について，「株式会社，合名会社，合資会社又は合同会社をいう」（第2条1号）と定義し，合名会社，合資会社，合同会社を持分会社と総称している。

　したがって現在では，営利社団法人は，株式会社と持分会社に分けられ，持分会社は，会社を構成する社員の責任の範囲により，合名会社（無限責任社員のみ），合資会社（無限責任社員＋有限責任社員），合同会社（有限責任社員のみ）に区分される。

図表２－２　企業形態の分類②

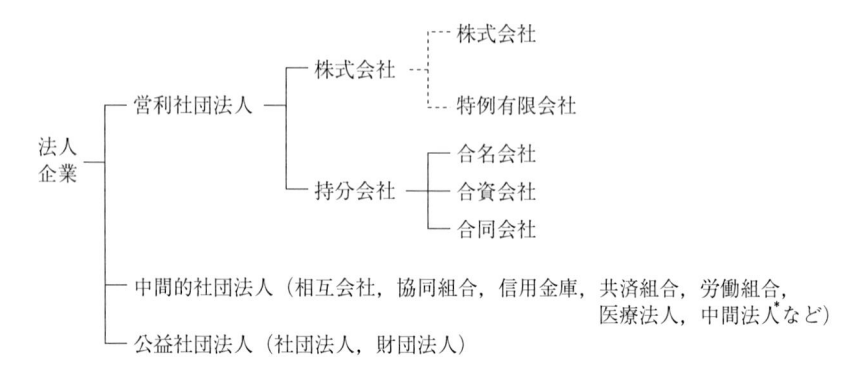

```
					┌── 株式会社
			┌── 株式会社 ┤
			│		└── 特例有限会社
		┌ 営利社団法人 ┤
		│		│		┌── 合名会社
		│		└── 持分会社 ┼── 合資会社
法人		│				└── 合同会社
企業 ┤
		├ 中間的社団法人（相互会社，協同組合，信用金庫，共済組合，労働組合，
		│						医療法人，中間法人など）
		└ 公益社団法人（社団法人，財団法人）
```

＊中間法人法は，一般社団・財団法人法（平成18年（2006年）６月公布）の施行（平成20年（2008年）予定）とともに廃止され，中間法人は，一般社団法人へ移行する。

　この営利社団法人である株式会社，合名会社，合資会社，合同会社こそ，「会社」ということができる。

　次節で詳しく述べるが，会社とは，旧会社法下の平成18年（2006年）４月30日までは，株式会社，有限会社，合名会社，合資会社の４形態のこと，新会社法下の現在では，株式会社，合名会社，合資会社，合同会社の４形態のこと，と覚えておこう。

　こうしてさまざまな企業を分類し，企業形態の全体像を眺めてみると，個人商店などの個人企業から，トヨタ自動車，松下電器産業のような大企業，３セク鉄道のような公私混合企業にいたるまで，「企業」の概念は実に広いことがわかる。

　これに対して，「会社」は，企業のなかでも私企業であり，共同企業であり，法人企業であり，さらに営利社団法人に絞られる。会社の特質として，社団性（出資者である人の集まり），法人性（法人格を有する），営利性（利潤の獲得と社員への分配）があげられるゆえんである[2]。

## (4)「会社」の定義と企業の社会的責任

かくして「会社」を定義すれば，ヒト，モノ，カネ，情報など持てる経営資源を有効に活用し人々や社会の需要に見合った商品（製品，サービス）を提供する，民間出資の，社団性，法人性，営利性を有する経営組織体，ということができる。

なお，会社は「営利性」を有することから，当然，より多くの利潤の獲得を目指すことになるが，ともするとそのために法律を犯したり，利害関係者を欺いたり，自然環境を破壊したり，地域社会との軋轢を生んだりしかねない。しかし，法人としての会社が，将来にわたって発展していくためには，社会から必要とされ歓迎される存在でなければならない。

最近は，コンプライアンス（compliance：法令遵守），ＣＳＲ（corporate social responsibility：企業の社会的責任）がよく語られるが，会社は（そして広義の企業も）自らの社会的責任を自覚し，法律の遵守はもとより，正確な情報提供，職場環境や自然環境への配慮，地域社会への貢献，芸術文化活動への支援等が，強く求められている。


## 2. 会社の形態別法人数と新旧会社法

### （1）会社の形態別法人数

すでに述べたように，会社とは，株式会社，合名会社，合資会社，合同会社のことをいう。これら形態別の統計はまだないので，図表2－3を用いて，旧会社法下の平成16年（2004年）時点の株式会社，有限会社，合名会社，合資会社の4形態別法人数を見てみよう。

この統計は，内国税の賦課徴収を業務としている国税庁の統計であり，法人数のなかに，その他（相互会社，医療法人，企業組合）を含んでいる。

これによると，平成16年（2004年）分の法人数は257万2,088社，形態別法人数の構成比は，株式会社（40.4％），有限会社（55.7％），合名会社（0.3％），合資会

図表2-3　会社の形態別法人数

(平成16年)

| 区　分 | 資本金<br>1,000万円未満 | 資本金<br>1,000万円以上<br>1億円未満 | 資本金<br>1億円以上<br>10億円未満 | 資本金<br>10億円以上 | 合　計 | 構成比 |
|---|---|---|---|---|---|---|
| | 社 | 社 | 社 | 社 | 社 | % |
| 株式会社 | 4,940 | 998,551 | 29,866 | 7,022 | 1,040,379 | 40.4 |
| 有限会社 | 1,346,087 | 85,852 | 896 | 48 | 1,432,883 | 55.7 |
| 合名会社 | 6,590 | 1,168 | 16 | 1 | 7,775 | 0.3 |
| 合資会社 | 40,678 | 2,813 | 12 | 1 | 43,504 | 1.7 |
| その他 | 19,862 | 26,533 | 969 | 183 | 47,547 | 1.8 |
| 合　計 | 1,418,157 | 1,114,917 | 31,759 | 7,255 | 2,572,088 | 100.0 |
| (構成比) | 55.1 | 43.3 | 1.2 | 0.3 | 100.0 | － |

出所：国税庁『平成16年分，税務統計から見た法人企業の実態』による。

社（1.7％）であり，株式会社と有限会社で全体の約96％を占めている。

　国税庁の『税務統計から見た法人企業の実態』は，毎年，調査，公表されているので，同庁のWebサイト（http://www.nta.go.jp）から新データを収集してみよう。

　これら4形態は，法律では，株式会社，合名会社，合資会社の3形態が旧商法（第2編）で，有限会社の1形態が旧有限会社法で規定されていた[3]。

### （2）新会社法制定とその理由

　従来，会社に関する法規定は，「商法（第2編，会社）」「有限会社法」「商法特例法（株式会社の監査等に関する商法の特例に関する法律）」などでなされてきたが，これらは「会社法」に統一化され，平成18年（2006年）5月1日に施行された。

　とくに近年，商法の一部改正が続いてきたのでその集大成といわれるが，商法は明治32年（1899年）に制定された法律で，実に100年ぶりの大改正であった（図表2-4）。

　この法律は新法であるが，通称「新会社法」と呼ばれ，廃止された「商法（第2編）」「有限会社法」「商法特例法」などは，総称して「旧会社法」と呼ばれる。

**図表2−4　会社法制の推移と新会社法の編構成**

| | |
|---|---|
| 1873（明治6）年〜 | 国立銀行設立（株式会社，全153行） |
| 1899（明治32）年 | 商法制定 |
| 1938（昭和13）年 | 有限会社法制定 |
| 1974（昭和49）年 | 商法特例法制定 |
| 1990（平成2）年 | 商法，有限会社法改正（最低資本金制度の導入など） |
| 1993（平成5）年 | 特例法上の大会社における監査制度充実 |
| 1994（平成6）年 | 自社株買いの解禁 |
| 1997（平成9）年 | 合併手続きの簡易化と合理化，ストックオプション制度の導入 |
| 1999（平成11）年 | 株式交換・移転制度導入 |
| 2000（平成12）年 | 会社分割制度の創設 |
| 2001（平成13）年 | 額面株式の廃止，新株予約権制度の創設，監査役の機能強化 |
| 2002（平成14）年 | 委員会等設置会社制度の創設，連結計算書類制度の創設 |
| 2003（平成15）年 | 新事業創出促進法一部改正で「1円起業」可能に |
| 2004（平成16）年 | 株券不発行制度の創設，電子公告制度の導入 |
| 2005（平成17）年 | 有限責任事業組合契約法施行，新会社法成立 |
| 2006（平成18）年 | 新会社法施行 |
| 2007（平成19）年 | 新会社法の「合併等対価の柔軟化に関する部分」の施行 |

| 新会社法の編構成 | |
|---|---|
| 第一編　総則 | （1〜24条） |
| 第二編　株式会社 | （25〜574条） |
| 第三編　持分会社 | （575〜675条） |
| 第四編　社債 | （676〜742条） |
| 第五編　組織変更，合併，会社分割，株式交換及び株式移転 | （743〜816条） |
| 第六編　外国会社 | （817〜823条） |
| 第七編　雑則 | （824〜959条） |
| 第八編　罰則 | （960〜979条） |

新会社法が施行された理由として，次の点などがある。

① 旧会社法は，漢字とカタカナ混じり，しかも文語体で読みにくい。
② 長年のたび重なる改正で，条文に多くの枝番号がつきわかりにくい。
③ 有限会社には小規模な会社が，株式会社には大規模な会社が想定されて

いたが，実際にはこの区分が曖昧になっていた。

会社設立時の最低資本金（出資金）についても，株式会社は1,000万円以上，有限会社は300万円以上という規制がもうけられていたが，平成15年2月にこれを5年間猶予する特例措置（新事業創出促進法の一部改正）が実施され，「1円で起業できる」ようになったので，なおさら垣根が曖昧になった[4]。

④ 昨今の経済，経営環境の変化や経済のグローバル化，IT技術の急速な発達に，明治時代に作られた法律（商法）では不都合が生じてきていた。

かくして新会社法施行により，旧会社法下の株式会社と有限会社の会社類型が1つの会社類型（株式会社）に統合され，かつ新しく合同会社が導入されたので，現在では，かつての株式会社，有限会社，合名会社，合資会社の4形態から，株式会社，合名会社，合資会社，合同会社の4形態に変わったというわけである。

なお，新会社法（本体）のみにすべての事項が定められているわけではなく，付随する整備法（会社法の施行に伴う関係法律の整備等に関する法律）や法務省令等もあわせて学ぶ必要がある。

## （3）外国会社と相互会社

上記の分類法では，会社とは株式会社，合名会社，合資会社，合同会社の4形態を指すが，時には，外国会社と相互会社も，会社に含めて論じられることがある。

新会社法は，外国会社を，「外国の法令に準拠して設立された法人その他の外国の団体であって，会社と同種のもの又は会社に類似するもの」（第2条2号）と定義し，条文によっては，「会社（外国会社を含む）」と記述しているところもある（第5条）。

相互会社は，先の図表2－2では中間的社団法人のなかに含まれるが，法律では，保険業法第2条5項に規定されている法人で，現在では6社の生命保険

会社が存在する(5)。

　保険契約者（加入者）は相互会社の社員（構成員＝出資者）となり，社員の代表者として選出された社員総代が集まる社員総代会が，会社の基本的意思決定機関となる。これは，株式会社でいえば株主と株主総会にあたるが，社員総代の選出方法が不明朗という批判が従前より強い。

　バブル後の長引く「逆ざや（保険契約者に約束した運用利回りを実際の運用利回りが下回る状態）」や保険契約者減による経営不振，外資系生命保険会社の日本市場参入等の諸要因から，相互会社から株式会社へ組織変更する流れが続いている。株式会社化によって株式を上場し，株式市場からの資金調達をとおして経営基盤の安定化，強化を目指すわけであるが，同じ生命保険業界に，営利社団法人の株式会社と中間的社団法人の相互会社が混在しているということになる。

## 3. 新会社法と有限会社

### （1）株式会社と特例有限会社

　新会社法の下では有限会社の新規設立はできないが，すでに設立されている有限会社は，定款変更や登記変更等の手続を行わなくても，新会社法上の株式会社として存続することになり，整備法によって，「特例有限会社」（有限会社の商号を持つ株式会社）と呼ばれる。図示すれば，図表2－2のように，株式会社は，株式会社と特例有限会社に分けられることになる。

　旧有限会社は，出資者の責任の取り方が出資額の範囲内で責任を負う有限責任であったことから，合資会社や合名会社よりも出資者を集めやすく，最低資本金が300万円と比較的少額であったことから，株式会社よりも資本を集めやすかった。また，役員の任期は無期限，決算公告は不要など，同じ有限責任である株式会社よりも利便性が大きかったが，出資者が50名までと限定されていたため資金調達に限界があった。

**図表2-5 株式会社と特例有限会社の違い**

| 会社の形態 | 株式会社 | |
| --- | --- | --- |
| | 株式会社 | 特例有限会社 |
| 出資者の数 | 1名以上 | 1名以上 |
| 出資者の責任 | 有限責任 | 有限責任 |
| 出資者の地位 | 株式 | 株式 |
| 出資の目的 | 金銭その他の財産 | 金銭その他の財産 |
| 最低資本金 | 規制なし | 規制なし |
| 議決権 | 1株1議決権 | 1株1議決権 |
| 会社の内部規律 | 強行規定* | 強行規定* |
| 機関設計 | 種々の機関設計が可能 | 必要機関=株主総会と取締役<br>任意機関=監査役と代表取締役 |
| 役員の任期 | 原則2年<br>非公開会社,最長10年<br>委員会設置会社,1年 | 無期限 |
| 決算公告 | 必要 | 不要 |

＊強行規定とは,法律の規定と異なる場合には効力が認められないルールのこと。
(注)神田将『図解による会社法・商法のしくみ(全訂版)』自由国民社,2006年,292~294頁,浜辺陽一郎『基本からよくわかる会社法』日本能率協会マネジメントセンター,2006年,26~29頁,その他を参照しつつ,図表化した。

　特例有限会社は,「有限会社の定款,社員,持分,出資一口」が「株式会社の定款,株主,株式,一株」とみなされるものの,旧有限会社法に特有の規律については引き続きその実質が維持されるよう特則が置かれ(整備法2条~46条),役員の任期は無期限,決算公告は不要,会計監査人の設置義務なし,という旧有限会社の扱いが続く(図表2-5)。

　ただし,特例有限会社のままでは,株式譲渡制限の定めを変更できないことや,取締役会,会計監査人などの機関設置ができないことなど,不利な面もある。これらを回避するには,特例有限会社から株式会社への移行手続き(定款の変更,特例有限会社の解散登記,株式会社の設立登記)が必要となる。

## （2）大規模な有限会社，エクソンモービル

　有限会社はもともと家族経営を含む小規模の会社が想定されていた。図表2－3でも資本金1,000万円未満の会社が大半を占めているが，なかには資本金500億円，年間売上高1兆8,000億円，従業員1,100名，という巨大な会社もある。それは，エッソ，モービル，ゼネラルの3ブランドで知られる石油製品販売会社，エクソンモービル有限会社（EMYK）である。

　この会社は，図表2－6のように，エクソンモービルアジアインターナショナルSARLが100％出資する日本法人であり，したがって，社員は，エクソンモービルアジアインターナショナルSARL1名，ということになる。

　現在では，新会社法下の特例有限会社に移行しているが，会社形態の選択も企業戦略の1つと考えると非常に興味深い。

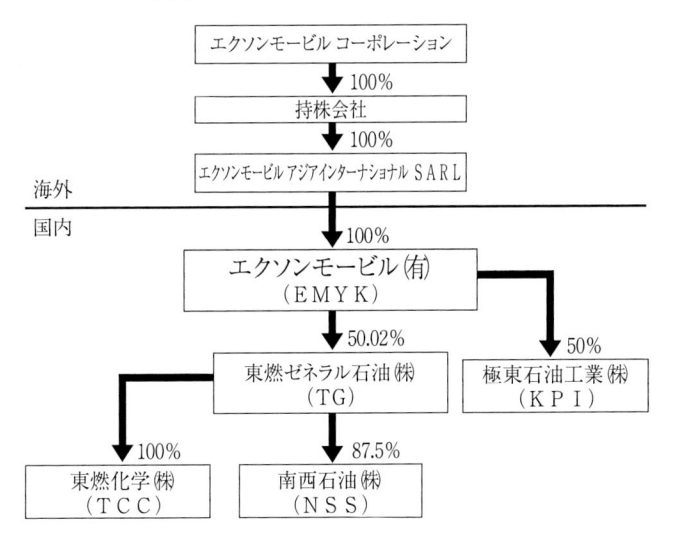

**図表2－6　エクソンモービルグループ**

```
          エクソンモービル コーポレーション
                    ↓100%
                 持株会社
                    ↓100%
          エクソンモービル アジアインターナショナル SARL
──────────────────────────────────────────
海外
国内                 ↓100%
              エクソンモービル㈲
               （EMYK）
            ↓50.02%        ↘50%
       東燃ゼネラル石油㈱    極東石油工業㈱
          （TG）           （KPI）
      ↙100%    ↓87.5%
   東燃化学㈱   南西石油㈱
   （TCC）    （NSS）
```

出所：エクソンモービル有限会社のWebサイト（http://www.exxonmobil.jp/Japan-Japanese/PA/About/JP_About_Capital.asp）による。

## 4. 持分会社とその特徴

### (1) 株式と持分

　新会社法は，会社を株式会社と持分会社に分けており，合名会社，合資会社，合同会社を持分会社と総称している。
　「持分」とは何か。持分とは，日常会話では，「全体の中で各人が所有または負担している部分や割合」という意味で使われる。あるいは，例えば，分譲マンションの敷地の持分では，「共有関係において，各共有者が共有物について持つ権利，またはその割合」という意味で使われる。しかし，新旧会社法で使用されている「持分」は，これらとはまったく違う意味である。
　会社への出資者は，会社との権利義務関係において，会社に出資し配当を請

図表2－7　持分会社3形態の違い

| 会社の形態 | 持分会社 | | |
| --- | --- | --- | --- |
| | 合同会社 | 合資会社 | 合名会社 |
| 出資者の数 | 1名以上 | 各1名以上 | 1名以上 |
| 出資者の責任 | 有限責任 | 有限責任と無限責任 | 無限責任 |
| 出資者の地位 | 持分 | 持分 | 持分 |
| 出資の目的 | 金銭その他の財産 | 金銭その他の財産＋信用・労務の出資 | 金銭その他の財産＋信用・労務の出資 |
| 最低資本金 | 規制なし | 規制なし | 規制なし |
| 議決権 | 1人1議決権 | 1人1議決権 | 1人1議決権 |
| 会社の内部規律 | 定款自治* | 定款自治* | 定款自治* |
| 機関設計 | 社員が業務執行を行う | 社員が業務執行を行う | 社員が業務執行を行う |
| 役員の任期 | 無期限 | 無期限 | 無期限 |
| 決算公告 | 不要 | 不要 | 不要 |

＊定款とは会社の組織や運営などについて定めた「会社の憲法」ともいうべきものであり，定款自治とはそれによって組織運営を行うことをいう。新会社法では，定款の記載事項が自由になり，定款自治が拡大したといわれる。
（注）日本経済新聞社編『一目でわかる会社のしくみ（第4版）』日本経済新聞社，2006年，17頁，神田将，前掲書，183頁，その他を参照しつつ，図表化した。

求し残余財産の分配を請求する等,「社員としての地位(社員権)」を得ることになる。この場合,株式会社における「社員(株主)としての地位」を株式といい,持分会社における「社員としての地位」を持分という。この持分は,分譲マンションの敷地例と違って,社員が直接,会社の財産を処分する権利を持っているわけではない。

　株式会社の株式は,原則として均一の単位に細分化され,これを流通化できるようにしたのが株券である。平成13年(2001年)10月に金額表示がある額面株式は廃止されたが,すでに発行されている額面株式では,額面金額50円が多い。

　株券は,「社員としての地位(社員権)」を表象する有価証券といえるが,持分会社ではこの発行は認められていない。

　持分会社の持分は,その大きさが社員ごとに定められ,定款で「出資の目的及びその価額又は評価の基準」として示される。出資の目的とは,何を出資するのかということで,金銭出資,現物出資,債券出資などのことをいう。

　株式会社の社員(株主)が,持分(株式)を他人に譲渡することは,原則として自由であるが,持分会社の社員は,自分の持分であっても,社員全員の承認がなければ,原則として譲渡できない。

## (2) 持分会社と社員の責任

図表2－8　持分会社の種類の変更

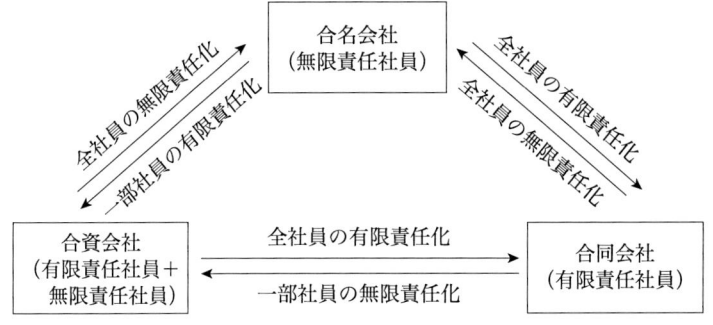

(注) 神田将,前掲書,179頁,浜辺陽一郎,前掲書,237頁,その他を参照しつつ,図表化した。

持分会社は，会社を構成する社員の責任の取り方により，合名会社，合資会社，合同会社に区分されるが，いずれも出資者である社員が会社の業務に携わる（所有と経営の一致）。会社の業務は，社員の一部に委ねることができ，業務執行を委ねられた社員を業務執行社員という。

　持分会社は，原則，社員全員の一致で定款の変更等の決定が行われ，各社員が自ら会社業務の執行にあたるという規律が適用されるので，民法による組合に近い。

　合名会社，合資会社，合同会社の区分は，定款を変えることにより，合同会社から合名会社や合資会社に，合資会社から合同会社や合名会社に，合名会社から合同会社や合資会社に，会社の種類を変更することができる（図表2－8）。

　持分会社から株式会社への変更，またはその逆も可能であるが，新会社法ではこれを組織の変更といい，種類の変更と区別している。

　持分会社の社員は原則として業務執行権と代表権が認められており，定款の変更は原則として総社員の同意が必要であるが，会社の業務執行は，定款に別段の定めがある場合を除き，社員の過半数をもって決定される。

　持分会社の社員がその持分を他人に譲渡する場合には，原則として他の社員全員の承認が必要であるが，業務を執行しない有限責任社員の持分については，他の業務執行社員全員の承諾があれば，他人に譲渡することができる。

### （3）合名会社と合資会社

　合名会社と合資会社は，あわせても約4万7,000社，全体のわずか2％に過ぎない。この形態の会社設立には，会社の債務について社員個人が破産するまで責任を負う無限責任社員を必要としているため，今後も増加することは考えられないが，現在でもこの形態を維持している会社には，酒造会社や醸造会社など創業が古く伝統的な業種が多い。

　無限責任社員のみの合名会社は，旧会社法では，社員が1名になった場合には解散しなければならなかったが，新会社法では，社員1名のみでも存続することができ，社員1名のみでの設立も可能になった。また，法人は無限責任社

員になることができなかったが，新会社法では，法人も無限責任社員になることができる。

合資会社は合名会社と違い，有限責任社員と無限責任社員の各1名，計2名以上が必要である。旧会社法では，法人は合資会社の有限責任社員にしかなることができなかったが，新会社法では，無限責任社員にもなることができる。

合資会社の社員が1名になった時には，残った社員が無限責任社員であれば合名会社となる定款の変更をしたものとみなされ，残った社員が有限責任社員であれば合同会社となる定款の変更をしたものとみなされる。

## (4) 合同会社（日本版LLC）と有限責任事業組合（日本版LLP）

合同会社は，新会社法によって新規に導入された会社形態であり，アメリカのLLC（有限責任会社）の日本版といわれる。

合同会社は，合名会社と同様，社員1名のみでの設立が可能である。会社の業務執行を行うのは業務執行社員であり，法人が業務執行社員になることができる，決算公告は不要であるなど，他の持分会社との共通点を持つ。

他方では，株式会社と同様，社員は有限責任社員だけからなり，会社の債務について無限に責任を負う必要がなく，出資については信用や労務の出資は認められない。

このように，持分会社であっても社員の責任の取り方について株式会社と共通点を持つ合同会社は，少人数のベンチャー企業の創業やそれへの共同参画に向いており，今後の設立の増加が期待されている[6]。

なお，会社ではないが，民法組合の特例としての有限責任事業組合が，日本版LLPといわれ注目されている。これは，新会社法施行の前年（平成17年（2005年））に施行された有限責任事業組合契約法にもとづくもので，合同会社と違って法人ではないこと，組合の形式をとるが出資者の責任は有限責任としたこと，が特徴である。

税金は，有限責任事業組合には課税されず出資者に直接課税される。これを構成員課税（パススルー）という。また，組合の形式をとるので内部自治の範囲

が広く，出資比率と異なる利潤の配分が可能である。取締役会や監査役等の監視機関は設置の必要がなく，意思決定を内部の出資者の総意で自由に決めることができる。

ただし，合同会社と違って，最低2名の構成員（組合員）と，構成員全員が何らかの業務執行に参加することが必要であり，また，法人ではないので合併や組織変更ができない。

この有限責任事業組合は，企業どうしの連携や共同事業，さらに産学連携等の共同起業における活用が期待されている。

## 5. 株式会社とその特徴

### （1）株式会社の設立

4形態の会社のなかで今後最も利用されうる会社形態は，やはり株式会社である。

株式会社の設立には，発起人が，発行する株式をすべて引受けて設立する発起設立と，発起人が，一部の株式を引受け，残りを募集して設立する募集設立がある。発起人は1名でも可能である。

設立の流れは，およそ次のようになる。

① 会社概要の決定
   商号（会社名），事業目的，資本金，発起人（出資者），本店所在地，事業年度などを決める。
   ↓
② 発起人会の開催と原始定款の作成
   発起人が複数の場合，発起人会を開いて商号などを決め，発起人会の議事録や原始定款を作成する。定款には，絶対的記載事項，相対的記載事項，任意的記載事項の3つがある。

絶対的記載事項とは，会社の目的や商号，本店所在地など，定款に必ず記載しなければならない事項。

相対的記載事項とは，発起人が受ける報酬額など，定款に記載することで効果が認められる事項。

任意的記載事項とは，決算期，株主総会の召集時期など，定款に記載しなくても効力には影響のない事項。

↓

③ 定款の認証（公証役場）

作成した定款について，最寄りの公証役場で公証人の認証を受ける。

↓

④ 株式の引受けと出資金の払込み

各発起人は，割り当てられた株式を引受け，株金（出資金）を発起人代表の口座に振り込む。

↓

⑤ 発起人による取締役，監査役の選任と取締役会における代表取締役の選任

募集設立の場合には，創立総会を開き取締役と監査役を選任し，その後の取締役会で代表取締役を選任する。

↓

⑥ 設立登記の申請（法務局）

法務局に，発起人会議事録，定款，設立時代表取締役選定決議書，代表取締役の印鑑証明書等の申請書類を添付して，登記申請をする。登記申請をした日が会社設立日となる。

## （2）株式会社の特徴

すでに述べたように，株式会社の大きな特徴は，1つは，出資者の責任の範囲が有限責任であること，2つは，「社員（株主）としての地位」たる株式が，原則，均一の単位に細分化され，株券という形で売買されうるということ，に

ある。

　とくに，証券取引所の上場会社や店頭登録会社は，株式市場で株式の売買を自由に行うことができ，新たに資金調達をしたい時には新規に株式を発行（増資）し，出資者（投資家）は，会社の経営理念，業績の推移，将来性，株価，配当等を総合判断して株式を購入する。

　会社の実際の業務執行は，株主総会の総意として，専門の経営者（取締役）に委任する。これを，所有（資本）と経営の分離といい，株式会社の発展の原動力となって機能するというわけである。

　ただし現実には，株式会社の多くが株主に対して保有株式の第三者譲渡を制限している。制限している会社を株式譲渡制限会社といい，そのほとんどが出資者自身が業務執行の責任者であり，所有（資本）と経営が分離されていない。

　なお，株券は，もともと紙の印刷物であったが，上場会社を対象に，株券の発行を廃止し電子的な管理におきかえる「株券不発行制度（株券ペーパーレス化）」が実施される。平成21年（2009年）1月から実施予定であるが，株券の電子化にともない，印刷された株券そのものには有価証券としての価値はなくなり，売買される株式は株券のやり取りではなく，コンピュータシステムで管理される。

### （3）株式会社の運営と委員会設置会社

　旧会社法（商法第2編）では，株式会社は，株主総会，取締役，監査役の機関設置は必須であった。

　最高の議決機関である株主総会では，取締役の選任，解任や各種の業務報告，計算書類などの承認がなされる。取締役は業務執行機関である取締役会を構成し，取締役会は，代表取締役の選任，株主総会招集の決定，新株発行の決議など，経営に関する重要事項を審議する。代表取締役は，会社を代表し，業務執行の最高経営者となる。監査機関である監査役は代表取締役や取締役の業務執行と会社財産の状況を監査する。

　このように，株主総会，取締役会，監査役は，それぞれチェックアンドバラ

ンスを目指すものとして，国権の三権分立と重ねあわせて，経営の三権分立と説明されてきた。

　この，経営の三権分立でチェックアンドバランスを目指すという理想は，現実には代表取締役が取締役や監査役等の人事決定権を持っていることが多いため，監査役が独立した立場で業務執行の監視を行うことができているとはいいがたく，従前より，経営のチェック機能と透明性を高める必要性が求められていた。

　平成15年（2003年）4月に施行された改正商法では，資本金5億円以上または負債総額200億円以上の大会社は，社外取締役起用を条件に監査役の廃止が認められるようになった。監査役廃止を選んだ会社は，業務の執行担当役員である執行役（任期1年）を導入，代表取締役は廃止，代わって代表執行役に切り替わる。

　監査役を廃止するには社外取締役起用のほか，取締役会のなかに，取締役候補を決める指名委員会，監査役の役割をする監査委員会，取締役や執行役の報酬を決める報酬委員会の3委員会（それぞれ3名以上，過半数は社外取締役）を設置しなければならない。この会社を，委員会等設置会社（米国型企業統治形態）という（図表2－9，図表2－10）。

　これによって，執行役は，従来，取締役が行ってきた業務執行を担い，取締役会が，基本的な経営事項の決定と執行役の職務執行監督を担う（経営の監督機能と業務執行機能の分離）。

　新会社法では，名称が委員会設置会社に変更され，さらに，定款に委員会をおく旨の定めを設けることで，会社の規模を問わず委員会設置会社となることができる。

　委員会設置会社は，取締役の任期が2年から1年に短縮されるが，取締役会で配当方針を決定できるほか，新株や社債発行など幅広い業務を執行役に任せることが可能になる。

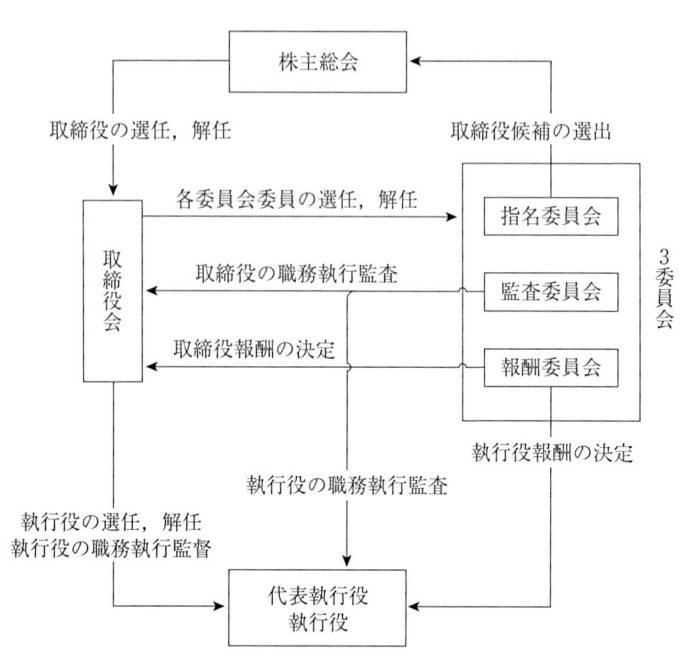

**図表2－9　委員会設置会社制度**

```
                        株主総会
         ┌─────────────┘        ↑
    取締役の選任, 解任          取締役候補の選出
         ↓                              │
    ┌──────┐  各委員会委員の選任, 解任  ┌──────┐
    │      │ ─────────────────────→ │指名委員会│
    │取締  │  取締役の職務執行監査   ├──────┤  3
    │役会  │ ←───────────────────── │監査委員会│ 委
    │      │  取締役報酬の決定       ├──────┤ 員
    │      │ ←───────────────────── │報酬委員会│  会
    └──────┘                         └──────┘
         │              │                   │
   執行役の選任, 解任   執行役の職務執行監査  執行役報酬の決定
   執行役の職務執行監督  │                   │
         ↓              ↓                   │
              ┌──────────┐←──────────────┘
              │代表執行役  │
              │ 執行役    │
              └──────────┘
```

（注）日本経済新聞社編，前掲書，45頁，の図に加筆補正した。

**図表2−10　ソニー株式会社（委員会設置会社）の役員一覧**

| 取締役 | 執行役 |
|---|---|
| ハワード・ストリンガー | ハワード・ストリンガー |
| 中鉢　良治 | 代表執行役 会長　兼　ＣＥＯ |
| 井原　勝美 | 中鉢　良治 |
| 岡田　明重 | 代表執行役 社長　兼　エレクトロニクスＣＥＯ |
| 河野　博文 | 井原　勝美 |
| 小林　陽太郎 | 代表執行役 副社長，コンスーマープロダクツグループ担当 |
| 橘・フクシマ・咲江 | |
| 宮内　義彦 | 中川　裕 |
| 山内　悦嗣 | 執行役 副社長，セミコンダクタ＆コンポーネントグループ担当 |
| ピーター・ボンフィールド | |
| 住田　笛雄 | 大根田　伸行 |
| 張　富士夫 | 執行役 ＥＶＰ　兼　ＣＦＯ |
| ネッド・ローテンバック | 木村　敬治 |
| ヨーラン・リンダール | 執行役 ＥＶＰ　兼　技術戦略，知的財産担当 |
| | ニコール・セリグマン |
| | 執行役 ＥＶＰ　兼　ジェネラル・カウンセル |

出所：ソニー株式会社のWebサイト（http://www.sony.co.jp/SonyInfo/CorporateInfo/Data/officer.html）による（平成19年（2007年）2月1日現在）。

## （4）株式会社の分類と種々の機関設計

　新会社法では，柔軟な機関設計が可能となった。機関とは，株主総会，取締役，取締役会，監査役，監査役会，会計監査人，会計参与，委員会（上述の3委員会）をいい，これらを，会社の実情を勘案して組み合わせることを，機関設計という。取締役と共同で決算書などを作成する会計参与は，新会社法で新設された。

　株式会社は，株式が自由に譲渡され不特定多数の株主がいる公開会社と，株式の譲渡が定款で制限され特定の株主がいる株式譲渡制限会社に分類され，また，大会社（資本金5億円以上または負債総額200億円以上）と，大会社でない会社に分類される。こうした分類にもとづいて，新会社法は概略，次のようなルー

ルを規定している（会社法第326条〜328条）。
① すべての株式会社は、株主総会と取締役を設置することが必須。
② 公開会社は、取締役会を設置することが必須。

**図表２-11　株式会社の分類と機関設計**

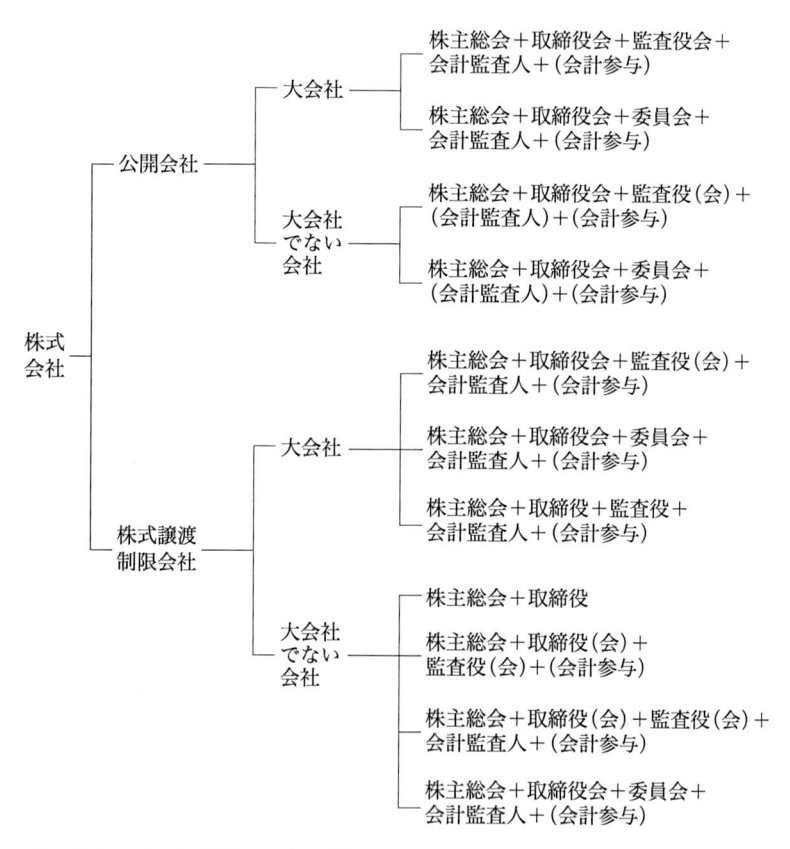

株式会社
├─ 公開会社
│   ├─ 大会社
│   │   ├─ 株主総会＋取締役会＋監査役会＋会計監査人＋（会計参与）
│   │   └─ 株主総会＋取締役会＋委員会＋会計監査人＋（会計参与）
│   └─ 大会社でない会社
│       ├─ 株主総会＋取締役会＋監査役(会)＋（会計監査人）＋（会計参与）
│       └─ 株主総会＋取締役会＋委員会＋（会計監査人）＋（会計参与）
└─ 株式譲渡制限会社
    ├─ 大会社
    │   ├─ 株主総会＋取締役会＋監査役(会)＋会計監査人＋（会計参与）
    │   ├─ 株主総会＋取締役会＋委員会＋会計監査人＋（会計参与）
    │   └─ 株主総会＋取締役＋監査役＋会計監査人＋（会計参与）
    └─ 大会社でない会社
        ├─ 株主総会＋取締役
        ├─ 株主総会＋取締役(会)＋監査役(会)＋（会計参与）
        ├─ 株主総会＋取締役(会)＋監査役(会)＋会計監査人＋（会計参与）
        └─ 株主総会＋取締役会＋委員会＋会計監査人＋（会計参与）

（注１）（　）は、設置が任意の機関。
（注２）新会社法は、大会社を「最終事業年度に係る貸借対照表に資本金として計上した額が５億円以上」であるか、「最終事業年度に係る貸借対照表の負債の部に計上した額の合計額が200億円以上であること」と定義している（第２条６号イロ）。
（注３）中経出版編集部『取締役・監査役の新会社法』中経出版, 2005年, ６〜22頁を参照しつつ、図表化した。

③ 公開会社でかつ大会社は，監査役会（または委員会）と会計監査人を設置することが必須。
④ 公開会社でかつ大会社でない会社は，監査役（または委員会）を設置することが必須。
⑤ 株式譲渡制限会社でかつ大会社は，監査役（または委員会）と会計監査人を設置することが必須。
⑥ すべての株式会社で，会計参与の設置は任意。

これらのルールをもとに図示すると，図表2-11のように種々の柔軟な機関設計が可能となる。

## （5）株主の義務と権利

株主は，株式を引受け出資する義務を負うことで，会社から経済的利益の享受を目的とする権利と，会社経営への参画を目的とする権利を与えられる。前者の権利のことを自益権，後者の権利のことを共益権，という。

自益権には，利益配当請求権，残余財産分配請求権，新株引受権，株式買取請求権などがあり，共益権には，株主総会における議決権，株主総会決議取消訴訟の提起権，株主代表訴訟提起権などがある。

1株の権利は平等であるという株式平等の原則から，株主総会における議決権は1株につき1票与えられる。これを1株1議決権の原則という。

## （6）株式の種類

株式は原則として均一の単位に細分化されること，1株の権利は平等であることなどを述べた。しかし実際にはさまざまな株式の種類がある。

① 株式の権利内容にもとづく分類
　　普通株式：株主の権利に制限のない標準的な株式。
　　種類株式：剰余金の配当や残余財産の分配など，普通株式とは異なる

権利内容を持つ株式。優先株式，劣後株式，議決権制限株式，譲渡制限株式，取得請求権付株式，取得条項付株式，全部取得条項付株式，拒否権付株式（いわゆる黄金株），取締役・監査役選任権付株式（委員会設置会社と公開会社を除く），などがある。

② 株式の取引形態にもとづく分類
　　上場株式：証券取引所で売買される株式。
　　店頭株式：証券会社の店頭で売買される株式。
　　未公開株式：上場も店頭登録もされていない株式。
③ 株式の取引単位にもとづく分類
　　単元株式：銘柄ごとに決められている最低取引単位。単元株式制度を採用している場合は，1単元1議決権。1単元未満の株式しか保有していない株主には議決権がない。
　　ミニ株式：単元株式の10分の1の株数で取引できる株式。

## （7）株式上場と経営権

　起業を考える人々の夢は，（旧会社法の時代では）最初は個人企業を，やがて有限会社を，そして株式会社を，さらに証券取引所に自社の株式上場を，最初は第2部に，次に第1部に…というものであった。

　「法人成り」という言葉は，個人企業を廃し法人と成ることをいうが，経営者の喜びが感じられる言葉である。

　誰々さんの個人経営よりも，（旧会社法の時代では）法人の有限会社の方が，さらに最低資本金の大きい株式会社の方が，社会的信用も取引先の信用も格段と高くなる。

　特に株式上場会社となって，社会的知名度をあげればあげるほど，会社の業績も株価も上昇し，株式市場を通じて必要な資金を調達することができるようになり，経営の裁量が大きく広がることになる。

　ところが，不特定多数の人々に売却された株式は，特定の個人や集団，もし

くは法人のもとに集められると，集められた株式数（議決権）が多くなればなるほど，その個人や集団，もしくは法人の，株主総会における影響力が強くなる。

具体的には，3分の1超の議決権を持つと，他企業との合併など経営の重要事項を決める議案に反対でき（特別決議の否決），2分の1超の場合は，取締役の選任や利益処分などの議案について単独で可決または否決でき（実質的な経営権の獲得），3分の2超になると，特別決議事項を単独で可決できる。

つまり，大量の株式を発行すればするほど，豊富な資金調達が期待できる反面，現経営陣にとって経営権が奪われる危険性が，ますます高まることになる。

## （8）M＆AとTOB

M＆A（mergers and acquisitions）とは，合併と買収の意味である。

平成9年（1997年）に「合併手続きの簡易化」，平成11年（1999年）に「株式交換制度の導入」，平成12年（2000年）に「会社分割制度の創設」など，法的整備が進められてきたので，この10年間，M＆Aの件数が飛躍的に増えている。

M＆Aには，買収を仕掛けられた会社の経営陣が反対する「敵対的M＆A」と，賛成する「友好的M＆A」がある。

敵対的M＆Aでは，TOBを仕掛けるのが一般的である。

TOB（take over bid）とは，株式公開買い付けのことである。会社の買収や経営権取得などを目指して，不特定多数の株主から対象会社の株式を買い集める手法であり，対象会社の合意が得られている場合を「友好的TOB」，得られていない場合を「敵対的TOB」という。

日本の大企業間の敵対的TOB第1号は，製紙業界最大手の王子製紙による同6位の北越製紙に対するケースで，「期間＝平成18年（2006年）8月2日～9月4日，買い付け価格＝1株800円，目標の保有比率＝50.0004％」というものであったが，北越製紙側についた日本製紙と三菱商事の介在により，失敗に終わっている。

## (9)「合併等対価の柔軟化に関する部分」の施行とMBO

株式交換は,買収先の株主に自社株を交付して100％子会社化する,M＆Aの一手法である。日本では会社再編を加速させるため,平成11年（1999年）10月施行の旧改正商法で国内会社どうしに限って解禁された。

その後,新会社法の施行により,買収先の株主に,自社株だけでなく,「金銭その他の財産」を交付することができることとなった（新会社法第749,758,768条）。これを「合併等対価の柔軟化」といい,子会社が他の会社を吸収合併する際に,親会社の株式を対価として交付する合併を「三角合併」,消滅会社の株主に金銭のみを交付する合併を「交付金合併」という。

ただし,この「合併等対価の柔軟化に関する部分」の施行は,敵対的買収に対する防衛策を講じる機会を確保するため,新会社法施行1年後（平成19年（2007年）5月）となる（附則4）。

この「部分」の施行後,憂慮されているのが,外国企業が日本に子会社を作って日本企業を買収する「三角合併」の活発化であり,次のケースである。

外国企業A社が日本に100％の子会社B社を設立。B社は,日本の会社C社の株主に,自社株式ではなく,親会社の外国企業A社の株式を交付する。B社は合併の受け皿会社であり,事実上,外国企業A社が日本の会社C社を買収したことになる。

日本の株価水準が依然として低迷している現在,株式時価総額（株価×発行済み株式数）の点からみると,日本の超優良な大企業といえども欧米の巨大企業に比べると著しく小さいので,今後,三角合併の手法により,欧米の巨大企業に簡単に飲み込まれるおそれがある[7]。

最近,究極の防衛策として注目されているのは,MBO（management buy-out：経営陣による企業買収）である。

経営陣が,自社の株主が持っている株式を買い取り,上場を廃止して株式を非公開にすれば,いかなる他者（他社）が敵対的な買収を仕掛けようとしても,現経営陣側の少数の株主だけで株式を保有しているため,他者による株式の買い占めがきわめて困難となり,買収攻勢を防止することができるというわ

けである。

　通称「村上ファンド」による敵対的な株式大量買い占めが端緒となり，平成17年（2005年）に，服飾メーカーのワールド（東京証券取引所，大阪証券取引所，市場第一部上場）や，飲料メーカーのポッカコーポレーション（東京証券取引所，名古屋証券取引所，市場第一部上場）がＭＢＯを実施し，すでに上場を廃止している。

　上述したように，起業家（企業家）の夢は，株式会社を設立して証券取引所に自社の株式を上場することであるが，すでに知名度があり新たな資金調達の必要がなければ，このようなＭＢＯも，敵対的買収の心配や，株主や株価を気にすることなく，現経営陣が自由な発想で機動的な事業展開をなし得るので，経営戦略上，有効な選択肢の１つ，ということができる。

　国際的大競争時代を迎えて，現在の経営者には，旧来よりも増してますます周囲や数歩先数年先を見通した企業経営が求められている。

## 【*Review exercise*】

1．世界で最初の株式会社は，「オランダ東インド会社」（1602年）であるといわれる。国際化，グローバル化が進んでいる今，改めて東インド会社の誕生やその後について調べる意義は大きい。参考文献を探し，詳しく研究をしてみよう。
2．友人と一緒に株式会社を設立すると想定して，会社概要や定款作りをしてみよう。
3．Ｍ＆ＡとＴＯＢは，今後ますます増えていくと思われる。最近の事例を取り上げて，経過の展開や問題点などを調べなさい。

考えてみよう！

【注】
（１）総務省統計局の『平成16年事業所・企業統計調査』によると，個人企業（個人経営の事業所）の数は約286万事業所。全国各地の「シャッター通り」から連想されることではあるが，平成11年に比べ11.8％減，事業所全体に占める割合は，比較可能な昭和47年以来，初めて5割を下回った，という。

（２）新会社法では，法人性について，第3条で「会社は，法人とする」と規定されている。営利性については直接規定している条文はないが，株主の権利として剰余金配当請求権および残余財産分配請求権が明文化されているので（第105条），新会社法でも営利性は規定されているといわれている。

社団性については，旧商法（第2編）第52条1項では「本法ニ於テ会社トハ商行為ヲ為スヲ業トスル目的ヲ以テ設立シタル社団ヲ謂フ」と規定されていたが，新会社法にはこのような規定がないばかりか，合資会社を除く3形態の会社に出資者が1名である一人会社（いちにんがいしゃ）が認められている。合資会社も定款のみなし変更（第639条）により出資者1名でも存続可能であると考えられる。

複数の人の集まりを社団ということから，会社の社団性を否定する意見と，潜在的社団性という解釈で社団性を肯定する意見とがある。同じことは「共同企業」というくくり方にもいえることであるが，新会社法下における「社団性」について異なる解釈が見られることを指摘しておく。

（３）旧商法（第2編），第53条「会社ハ合名会社，合資会社及株式会社ノ三種トス」，第54条「会社ハ之ヲ法人トス」

旧有限会社法，第1条「本法ニ於テ有限会社トハ商行為其ノ他ノ営利行為ヲ為スヲ業トスル目的ヲ以テ本法ニ依リ設立シタル社団ヲ謂フ」

（４）より正確には，中小企業等が行う新たな事業活動の促進のための中小企業等協同組合法等の一部を改正する法律（中小企業挑戦支援法）をうけて，新事業創出促進法第2条2項3号に該当する創業者のうち経済産業大臣の確認を受けた者が設立する会社については，最低資本金未満の資本金で会社を設立することが認められ，その設立から5年間は資本の額が最低資本金規制を適用されないというもの。

設立された会社を，確認株式会社，確認有限会社というが，新会社法で最低資本金制度が撤廃されたのにあわせてこの制度は廃止され，「設立後5年以内に，確認株式会社であれば1,000万円，確認有限会社であれば300万円までの増資」等の義務はなくなった。

第 2 章　会社・企業とは何か　〇── 51

（5）保険業法，第 2 条 5 項「この法律において「相互会社」とは，保険業を行うことを目的として，この法律に基づき設立された保険契約者をその社員とする社団をいう。」

なお，現在も相互会社の形態をとる生命保険会社は，日本生命保険相互会社，第一生命保険相互会社，住友生命保険相互会社，明治安田生命保険相互会社，富国生命保険相互会社，朝日生命保険相互会社の 6 社。

近年，相互会社から株式会社に組織変更した生命保険会社は，大同生命保険株式会社（平成14年（2002年）），太陽生命保険株式会社（平成15年（2003年）），共栄火災海上保険株式会社（平成15年（2003年）），三井生命保険株式会社（平成16年（2004年））の 4 社。

（6）法務省によると，平成18年（2006年）5，6 月の 2 カ月間に設立された合同会社は743社（うち11社が株式会社や有限会社などからの組織変更）であったという。

（7）株式時価総額の外国企業との比較は，毎日の「株価×発行済み株式数」と外国為替の変動で変わる。

最近のアメリカ，エクソンモービル（Exxon Mobil）とゼネラルエレクトリック（GE）の株式時価総額は，約45〜6 兆円，それに対してトヨタ自動車約25兆円，松下電器産業6.5兆円，新日本製鐵3.4兆円，新日本石油1.3兆円で格差が歴然としている。

なお，国内株の時価総額のランキングは，NIKKEI NET ランキングが便利（http://markets.nikkei.co.jp/ranking/）。

## 【勉強を深めるために参考となる文献】

阪野峯彦ほか『企業経営学の基礎』税務経理協会，2002年。
日本経済新聞社編『一目でわかる会社のしくみ（第 4 版）』日本経済新聞社，2006年。
蓮見正純ほか編『超図解ビジネス，会社法，図解付き条文集（第 2 版）』エクスメディア，2006年。
蓮見正純ほか編『超図解法律，会社法，省令対照式条文集』エクスメディア，2006年。
神田将『図解による会社法・商法のしくみ（全訂版）』自由国民社，2006年。
中経出版編集部『取締役・監査役の新会社法』中経出版，2005年。
浜辺陽一郎『基本からよくわかる会社法』日本能率協会マネジメントセンター，2006年。
総務省統計局『平成16年事業所・企業統計調査』，平成17年公表。

## 《Coffee Break》

### ＣＥＯ，ＣＯＯ，ＣＦＯとは何のこと

　最近，日本企業の役員の肩書きに，ＣＥＯ，ＣＯＯ，ＣＦＯなどの表記がみられることが多くなった（ソニーの例，図表２－10を参照のこと）。日本の新旧会社法にはこれらの規定や定義はなく，個々の会社でアメリカの役員制度（オフィサー制度）の役職名を取り入れているに過ぎないが，主要な役職名については覚えておこう。

| | | |
|---|---|---|
| ＣＥＯ | (Chief Executive Officer) | 最高経営責任者（ナンバーワン） |
| ＣＯＯ | (Chief Operating Officer) | 最高執行責任者（ナンバートゥー） |
| ＣＦＯ | (Chief Financial Officer) | 最高財務責任者 |
| ＣＴＯ | (Chief Technical Officer) | 最高技術責任者 |
| ＣＳＯ | (Chief Strategic Officer) | 最高戦略責任者 |
| ＣＲＯ | (Chief Risk Officer) | 最高リスク管理責任者 |
| ＣＩＯ | (Chief Information Officer) | 最高情報責任者 |
| ＣＭＯ | (Chief Marketing Officer) | 最高マーケティング責任者 |
| ＥＶＰ | (Executive Vice President) | 上級副社長 |
| ＳＶＰ | (Senior Vice President) | 上席副社長 |

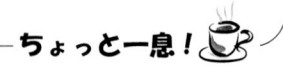

ちょっと一息！

# 第3章 ▶ 経営者と経営管理

〈**Key word**〉
- ▶専門経営者
- ▶経営者支配
- ▶コーポレート・ガバナンス
- ▶経営管理論

このことばに注目！

## 1. 専門経営者の出現

### (1) 経営組織と経営者

　企業をはじめとしたあらゆる経営組織は，組織構成員が共通の組織目的を達成しようと協働している。また，経営組織を効果的に運営するためには，経営組織の協働を有効に管理しなければならない。

　経営管理とは，経営組織がその環境のなかで維持・存続できるように，経営組織を構成する個人や集団に対して指揮や動機づけ等を行い，その組織の目的を達成する行為である。この組織構成員への指揮や動機づけ等は，経営組織を統轄する経営者によって遂行される。

　経営組織をいかに管理するのかという考え方は，資本主義企業において典型的に発展していった。私企業の形成・発展は，自らが資本危険を負い，新市場の開拓と新技術の導入を積極的に行った所有経営者 (owner manager) としての企業者 (entrepreneur) によって推進された。企業者とは資本所有者であり，また経営管理者であった。企業者は大株主として経営を支配できる所有機能を

持っていた。

　このような企業者が自らの事業運営の一部を他者に委ねた場合，また企業者が経営支配権を持ったまま経営を全面的に他者に委ねた場合には，雇用経営者（hired manager）が経営管理の担い手として出現する。雇用経営者による経営管理は，資本所有者の経営支配権が雇用経営者に及んでおり，雇用経営者は主として資本所有者の代理人として行動するのであって，独自の意思決定にもとづいて経営管理をするわけではない。したがって，株式会社の場合でも支配的株主が存在する場合には，雇用経営者は主体的な観点から意思決定が行えるような専門経営者（professional manager）として機能するのではない。

## （2）株式会社と専門経営者

　株式会社とは，合資会社の有限責任制度を発展させ大規模な資金需要に対応したものであり，最初の株式会社制度はオランダの東インド会社（慶長7年（1602年）創設）であるといわれている。経営学からみた株式会社の特質としては，会社資本を株式に分割して流通証券化すること，会社の所有機能と経営機能とが分離されていること，会社の諸機関の設置をあげることができる。平成17年（2005年）6月に新会社法が成立して，株式会社と有限会社の統合が行われるとともに，人的会社であり有限責任である合同会社が新設されている。この結果，株式会社はさらに一般的な会社制度として存在するようになってきている。

　株式会社制度の発展は，企業組織の経営管理のあり方に大きな変化を生じさせるようになった。すなわち，株式会社制度が発展すると，経営機能を担当する取締役は所有者である株主でなくともよくなり，雇用された経営者の出現を促した。また，株式会社の所有と経営の分離は，株主の性格変化をより一層進展させ，多くの株主が自らを資本所有機能に限定し，経営機能については経営管理の専門的能力を持つ雇用経営者に委ねる傾向を強めた。また，出資額の増大は株式の分散をもたらし，最大株主の持株比率の低下が生じて，たとえ大株主であっても企業を支配しえない状況が生まれてきた。このような大規模企業

においては，専門経営者が出現するのである。

　従来の雇用経営者とは異なって，専門経営者においては資本所有者の支配権が比較的に及ばず，自らの独自の判断から企業を経営することが大いに可能となった。また，専門経営者には多様な利害関係者から多面的な利害要求が提示される。

## （3）経営者支配論

　近代企業における経営者支配（management control）の出現を指摘したのは，バーリ（Berle, A.A.）とミーンズ（Means, G.C.）であった。バーリとミーンズは，1930年（昭和5年）1月1日現在のアメリカの非金融最大200社（鉄道42社，公益事業52社，工業106社）の株式所有形態を調査し，"The Modern Corporation and Private Property", 1932.（バーリ，A.A.・ミーンズ，G.C.『近代株式会社と私有財産』北島忠夫訳，文雅堂，1958年）を著している。同書は図表3－1のように当時の株式所有の実態を示している。

図表3－1　バーリとミーンズの株式所有調査

|  | 会社数 | 財産額 |
|---|---|---|
| ①完全所有（80％以上） | 6％ | 4％ |
| ②過半数支配（50〜79％） | 5％ | 2％ |
| ③法的手段による支配 | 21％ | 22％ |
| ④少数支配（20〜49％） | 23％ | 14％ |
| ⑤経営者支配（20％未満） | 44％ | 58％ |

出所：Berle, A.A. and Means, G.C., "The Modern Corporation and Private Property", 1932, pp.115-116.

　このようにバーリとミーンズは，1930年（昭和5年）の段階でのアメリカ大企業において，最大株主の持株比率の低下による経営者支配の存在を明らかにした。この200社のうち2社は財務整理中であった。また，法的手段による支

配とは,ピラミッド型持株会社,無議決権株,議決特権株および議決権信託によるものである。

これに対してラーナー (Larner, R.J.) は,1929年 (昭和4年) から1963年 (昭和38年) の非金融企業最大200社の株式所有形態を調査している。その結果,最大株主の持株比率が10％以下である経営者支配の企業が84.5％であった。

アメリカにおける巨大企業の経営者支配は一般化しているが,他方ではアメリカ企業の経営者は新たな株主層からの統制に直面している。すなわち,年金基金などによって代表されるアメリカ企業の機関株主は,資金運用の観点から利益配当への強い関心を持っており,大株主として取締役会に強い圧力をかけることも多い。また,自ら社外取締役に就任して経営責任者の任免を左右することもある。この結果,経営者は社外取締役から評価を高めて自らの地位を確保するために,短期利益の獲得に対して強い関心を示すこととなる。

これに対して日本では,戦前においては財閥制度のもとに,所有機能と経営機能が分離する傾向もあった。財閥傘下の有力企業では高学歴な雇用経営者が大きな権限を発揮した面もあったが,本格的な専門経営者の時代は戦後の財閥解体と公職追放による経営者の世代交代によって進展した。とくに,第2次大戦後に生じた有力な日本企業の6大企業集団への系列化は,企業集団内の企業間による株式の相互持ち合いと安定株主化を広め,専門経営者による経営支配が強まった。この結果,終身雇用慣行や年功序列制とも関連して,日本の専門経営者は企業内部出身の経営者として,企業内部の利害に強い関心を示す傾向が強い。

## 2. 経営者の役割と責任

### (1) 株式会社の機関と経営者

経営者について会社法は,株式会社の機関として規定している。株式会社の法制度については明治以後多様な展開があった。従来は商法のなかで規定され

ていたが，IT化，企業ファイナンスの多様化，コーポレート・ガバナンス（corporate governance）への関心，ベンチャー企業への起業支援など，会社法を取り巻く経営環境が近年には大きく変化してきた。その結果，会社法が新たに独立した法律として平成17年（2005年）6月29日に成立し，平成18年（2006年）5月1日より施行されている[1]。

会社法では，会社の規模や株式の譲渡制限の有無などによって，株主総会，「役員」である取締役・代表取締役，監査役，会計参与（新設機関：取締役または執行役と共同して計算書類を作成する者であり，公認会計士・監査法人や税理士・税理士法人に限られる），「役員等」である前3者に会計監査人，執行役・代表執行役，さらには取締役会，監査役会，三委員会（指名委員会，監査委員会，報酬委員会）などの会社機関の設置が可能となっている。

取締役会を設置しない会社は，1人以上の取締役を置けばよく，代表取締役の設置も必要でない。また，監査役会を設置する会社は，会計監査人を置くことになる。取締役会を置いて監査役会を置かない会社は，会計監査人を置く必要はなく監査役が監査を担当する。新会社法は会社の機関構成をそれぞれの会社の性質によって多様に構成することが可能となった（図表3-2参照）。

**図表3-2　株式会社の諸機関**

| |
|---|
| ・株主総会 |
| ・役員…取締役・代表取締役，監査役，会計参与 |
| ・役員等…取締役・代表取締役，監査役，会計参与，会計監査人，執行役・代表執行役 |
| ・取締役会 |
| ・監査役会 |
| ・三委員会（指名委員会，監査委員会，報酬委員会） |

取締役の基本的な職務とは，会社の業務執行の決定機関である取締役会の構成員として，会社の業務執行の意思決定に参加することである。取締役会は会社の業務執行を決定するとともに，取締役の業務執行を監督する。また，代表

取締役は取締役より選任される対内的・対外的な業務執行の担当者である。

　監査役は取締役や会計参与の職務執行を監督する機関である。監査役の職務には，会計監査と業務監査がある。委員会設置会社以外の大規模会社で公開会社は，監査役会を置かなければならない。監査役会設置会社では，監査役は3人以上で半数以上は社外監査役である。また，会計監査人は外部監査を担当し，会社の計算書類等を監査する。大規模会社や委員会設置会社は会計監査人を置かなければならない。

　平成14年（2002年）の商法改正で「委員会等設置会社」が規定された。平成18年（2006年）改正では「委員会設置会社」と称され，指名委員会，監査委員会および報酬委員会の三委員会を置く会社とされた。委員会設置会社では，1～2名以上の執行役を置き，執行役は取締役会で選任・解任される。執行役が複数いる場合は，取締役会決議で代表執行役を選任する。

　アメリカにおける株式会社の経営機関の特質は，取締役会と執行役員の機能分離，取締役会における株主代表者である社外取締役の多数支配であった。委員会設置会社はアメリカ型の機関構成となっている。

　一方，ドイツの株式会社は監査役会と取締役会との二重構造を形成している。株式会社の業務執行機関は取締役会であり，取締役は監査役会によって任免される。監査役会は株主総会によって選出された監査役で構成される。ただし，共同決定法（1976年）等が該当する企業の監査役会では，労働者代表の監査役が3分の1を占めることになっている。

## （2）経営者の役割

　経営管理の階層は，それぞれの管理段階によって，最高経営層であり代表取締役・取締役および全般経営層（general management）が該当するトップ・マネジメント（top management），中間経営層であり部・課長クラスが該当するミドル・マネジメント（middle management），さらに監督者層であり職長，係長，主任等が該当するロワー・マネジメント（lower management）に分類される。

　トップ・マネジメントである経営者には，企業の基本政策や基本目的を決定

し，企業全体の立場から経営戦略（managerial strategy）や経営計画を確定し，組織を形成し，各部門の活動を調整し，統制する役割がある。この意味で経営者の役割は，経営組織の目的（purpose），ミッション（mission），ビジョン（vision），目標（goals），戦略などを形成することが重要である。

　資本主義社会における私企業は営利追求を行う存在であり，能率的な財・サービスの生産によって，利益配当の維持，雇用の確保，取引関係の維持などの実現を目指している。そこで経営者は，ゴーイング・コンサーン（going concern）としての企業維持の責任を持つ。

　したがって，経営者は時代の変化を先取りして，環境に適合するように，革新機能を遂行することが必要である。つまり，企業が長期的に維持・存続できるために事業の方向性を定め，組織の形成や再構築を遂行することである。この意味での経営者の役割とは，企業戦略の策定と全般経営をあげることができる。全般経営とは，生産（製造・技術・研究開発），販売（営業），財務，人事などの部門管理を統合し，企業目的を合理的に達成することである。このためには経営者には，組織構成員を統括するリーダーシップの発揮が求められる。

　経営者は，とくに変革期には重要な役割を持っている。経営管理とは，経営組織において，組織構成員に働きかけ，その協働行為を通じて，その組織の目的を達成することを意味する。したがって，安定期のリーダーとは異なり，変革期のリーダーは環境変化に対して組織を適合するように推進することが重要となってくる。すなわち，経営組織が環境変化に対して組織適合するように，組織の変革を推進することが経営者の役割となってくる。

　20世紀末から21世紀にかけては，急激な経営環境の変化が生じてきている。したがって，あらゆる経営組織は環境変化に対応した適切な経営戦略を策定するために，今日的な視点から経営管理を適応させる必要性がある。このような経営管理の課題とは，例えば情報技術の進化がもたらす経営組織をめぐる情報環境の圧倒的な変化への対応，経営財務の適正化や財務体質の強化，モノづくりや新製品の開発の強みを構築すること，能力や意欲の高い組織構成員の養成とそのような組織の形成，新しい市場や顧客の創造，顧客の動向への対応，社

会的な責任を自覚した経営行動などがあげられる。

　環境適合的な組織とは，優れた組織能力を持つ組織である[(2)]。したがって，強い組織能力を持つ経営組織は変化の激しい経営環境のなかで維持・存続ができる経営組織である。一方，組織能力のない経営組織は，その活動領域から撤退をせざるをえなくなる。このような組織能力の形成は，経営者の経営管理活動の結果としても形成されていく。当該組織に引き継がれる組織能力は組織の遺伝子とも呼ばれ，組織の遺伝子は競合他社の模倣が困難である。したがって，組織能力に根ざす競争力の企業間格差の解消は容易ではない。

　また，組織能力の維持という観点からは，終身雇用や長期雇用により動機づけされた基幹的な従業員が組織の遺伝子を受け継ぎ，組織能力の維持のために情報や知識を共有し続けることが必要である。このような安定的組織能力の維持が安定した時代も変革的な時代においても必要となる。

　したがって，継続的に雇用された基幹的な従業員が組織能力の維持に重要な役割を果たすものであるが，近年の団塊世代（昭和22年（1947年）～昭和25年（1950年）生まれの世代）の大量退職問題は，組織能力や技術の継承問題を生じさせており，日本企業の経営管理にとって重要な課題となってきている。

## （3）コーポレート・ガバナンスと経営者の利害調整
### ①コーポレート・ガバナンス

　コーポレート・ガバナンスとは，企業統治と訳されている。コーポレート・ガバナンスは，企業は誰によって所有・支配されているのか，あるいは経営者に対する監督や監視のシステムをどのように構築するのかを意味する。すなわち経営者である取締役は誰のために経営を行うのかという点が問われる。

　コーポレート・ガバナンスは，2つの側面から考えられている。一方は，企業の出資者である株主による経営者の統制，すなわち株主代表者により取締役会が経営者への監視・監督というモニタリングを強化して，株主価値を高めようとする考え方である。他方は，株主，従業員，専門家団体などの多様な利害関係者であるステークホルダー（stakeholder）の諸要求にもとづいて経営者への

監視・監督を考えていく立場である。このような利害関係者の企業に対する諸要求という視点は，1960年代から70年代にかけて環境問題，マイノリティへの雇用差別問題，消費者運動などを背景として重要視されるようになってきた。また，日本では企業の不祥事に関連して「企業の社会的責任」や「経営者の社会的責任」として問題となり，今日では企業のコンプライアンス（compliance：法令遵守）などの視点からも論議されている。

会社法は従来の委員会等設置会社を委員会設置会社と改め，委員会設置会社を任意で採用する企業には，独自のガバナンスを規定している。委員会設置会社には代表取締役や監査役・監査役会が存在しない。また，取締役会の役割は指名委員会，監査委員会，報酬委員会の構成員と執行役員の選出と監督が中心となる。

委員会設置会社では，社外取締役を中心とした三委員会の構成員がコーポレート・ガバナンスの中核を構成する。従来は監査役や監査役会による監査と取締役会による監査が規定されていた。委員会設置会社の増大によって，社外取締役を中心とした監査委員会が他の指名委員会や報酬委員会と一体となって経営者である執行役の業務執行をチェックする仕組みが次第に増加してきている。

経営者に対する内部牽制システム，いわゆるチェックシステムをいかに構築するのかという点は，外部統制と内部統制に分けられる。とくに，内部統制の問題は，今日のコーポレート・ガバナンスの議論において重要な視点である。会社法は平成17年（2005年）改正で，すべての大企業に対して，取締役の職務執行の法令や定款への適合を義務づけ，株主総会における取締役の解任決議の要件を従来の特別決議から普通決議に変更した。これは大企業における適正なコーポレート・ガバナンスの推進を確保するための措置として想定されている。

②経営者の利害調整と目標形成

経営者には，株主からは最大利潤獲得，利益配当の確保，株価の上昇などが

要請される。また，債権者，従業員，消費者・顧客，国・地方自治体や地域社会などの幅広い利害関係者から，それぞれの要請が行われる。

経営者は，まず所有者利害や債権者利害などに代表される資本の利害を配慮する。さらに，経営者が配慮する利害は，当該企業の従業員の利害である。経営体は労使の協働体として存在するものであるので，従業員の能力を最大限に発揮するような仕組みをつくり，従業員を指導するうえで従業員の利害が配慮されねばならない。消費者・顧客の利害は，単に販売の対象として消費者・顧客のニーズに対応するのみでなく，企業システムの構成員として把握し，その利害を重視しなければならない。

今日の企業は，多くの利害関係者と，さまざまな程度の関係を持っている。そこで，企業は従来のように所有者の利害のみによって遂行されるのではなく，多くの利害関係者の目標に関連して企業目標が形成されている。このような利害関係者の要求は多様であるので，多様な企業目標が生じる。そこで経営者の職務責任とは，このような多くの利害関係者の利害調整を行い，企業の行動目標を統一的に形成することが重要であると考えられる。

経営者は企業の政策や方針の決定者として，重要な役割を担っている。従来，企業者が企業行動の主体であり，企業者の単独決定による企業行動が論じられていた。今日では，企業は組織として意思決定を行っていると把握されている。この企業の組織行動は経営者によって指揮され，調整されるので，経営者の行動が組織行動に重要な（ないしは決定的な）影響を与えるものと理解できる。このように今日の企業行動は，経営者支配の現実のもとに，経営者の行動によって主導される局面が多く存在する。

今日，企業の社会的責任ないしはＣＳＲ（corporate social responsibility）を重視することが各方面から求められている。さらには，企業が地域社会での良き市民として，文化活動やスポーツ活動の推進者として，自然環境を配慮した企業行動などに努めることなども要請されている。つまり，公害対策やエコロジーなどの自然環境保護，差別禁止や人権擁護などの社会規範と調和し，企業が消費者，地域住民，地方自治体などとの良好な信頼関係を維持することが必要で

あると認識されるようになってきた。

このように企業は社会環境のなかで自らの責任を示し，個人，企業，社会の欲求の整合化を行うことが必要である。企業を外部環境システムのなかで機能するシステムであると把握するならば，環境志向の経営管理が企業行動の課題となり，経営者の役割と責任が重要となってくる。

## 3. 経営管理思想の展開

### （1）経営管理論の特質

経営管理論は，アメリカで発展したマネジメントの理論を中心として展開されてきている。経営管理論の展開は，図表3－3のように示される。

**図表3－3　経営管理論の展開**

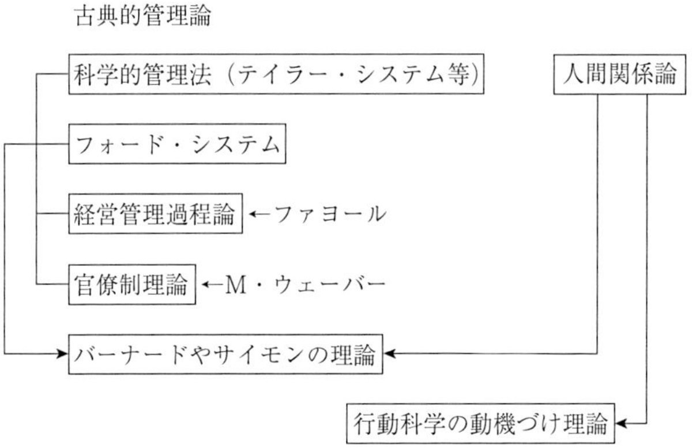

古典的管理論
- 科学的管理法（テイラー・システム等）
- フォード・システム
- 経営管理過程論 ←ファヨール
- 官僚制理論 ←M・ウェーバー
- バーナードやサイモンの理論

人間関係論

行動科学の動機づけ理論

合理性の追求と実践性の重視の視点から，テイラー（Taylor, F.W.）の科学的管理法（Scientific Management），フォード（Ford, H.）のフォーディズム（Fordism），および経営管理過程論（Management Process Theory）などが提起され，代表的な経営管理論として位置づけられている。また，このような理論的な方向性が配

慮しなかった社会的問題への追究は，人間関係論（Human Relations）などを通じて行われた。

　アメリカ経営学の基本的方向は，経営管理学である。経営管理学としての経営学は，企業組織を人間組織としてとらえ，組織における管理技術問題や人間行動問題を中心として論究するものであった。このような傾向は，科学的管理法ないしはテイラー・システム（Taylor System），フォード・システム（Ford System），人間関係論，経営管理過程論，行動科学的組織論などの諸理論に共通したものである。

　古典的な管理論であるといわれる科学的管理法，経営管理過程論，官僚制（bureaucracy）の理論などは，管理組織の構造をいかに形成して，合理的な組織運営を展開するのかについて論究していた。これに対して，人間関係論は組織構成員の意欲やインフォーマル組織の提起によって，組織構成員の集団的側面への論究を行っていたのであった。この傾向を統合するように，バーナード（Barnard, C.I.）やサイモン（Simon, H.A.）の理論が展開されている。また，人間関係論にみられた組織構成員の感情や意欲への論究は，動機づけ理論にみられるような行動科学に依拠した研究において，より精緻な論及が行われたのであった。

## （2）古典的管理論
### ①科学的管理法

　内部請負制を採用していたアメリカ企業は，1890年（明治23年）前後から利潤率の低下を受け，経営生産活動を直接支配することを目指していた。一方，労働者は成行管理（drifting management）のなかで賃金支払制度に対する不満を持ち，組織的怠業（systematic soldiering）が広まっていた。このような背景からテイラーは，従来の日給制や出来高給制の欠点を踏まえて，刺激給制度による賃金支払いの合理化を行おうとした。

　テイラーの科学的管理法は標準化の原理（principles of standardization）を課業管理（task management）によって実現しようとするものである。すなわち，従

来の非科学的実地経験法に代わる科学的な賃率設定法の確立を目指したのであった。テイラーは，作業内容，作業方法，作業時間を規定した1日の適切・公正な作業数量を課業（task）として設定し，その課業を標準的生産能率として確定しようとした。この科学的な設定を行う前提として，時間研究（time study）や動作研究（motion study）がギルブレス夫妻（Gilbreth, F.B. and Gilbreth, L.M.）やガント（Gantt, H.L.）などによっても展開された。テイラーの経営管理目的は，労使の最大繁栄をもたらすことにあり，最大の生産性を実現の結果として，労働者に対する高賃金と企業に対する低労務費を実現しようとしたのであった。

高賃金・低労務費の実現は，差別的出来高給制（differential rate system）の実施によって可能となる。すなわち，①1日の課業を高く設定すること，②標準的な条件を整備すること，③課業の達成に対して割り増しの賃金を不達成に対しては低い賃率の適用を行う，というものであった。しかしながら，このような差別的出来高給制は，高賃金・低労務費の実現という課業管理の本来の目的にもとづかないならば，労働者に対して作業能率の向上という側面のみを強要するものとなる。

テイラーの科学的管理法は能率科学的な役割があり，生産技術的な構造において重要な意味があった。しかし，人間的構造における労働能率の問題を解決するには至らなかった。ここに科学的管理法への批判的研究として産業心理学，産業生理学，さらに労働科学などは，個人としての労働者の生理的・心理的存在を追究したのであった。テイラー・システムは以上のような欠陥を持つものであるが，唯一最善の作業方法の確立を差別的出来高給制を媒介として目指したテイラーの立場は，その後の生産管理の発展に大きな影響を与えたのであった。

### ②フォード・システム

フォードは営利主義を否定した経営理念を明治36年（1903年）に創立したフォード自動車会社（Ford Motor）において主張した。つまり，経営者は低価

格・高賃金で消費者・労働者に奉仕すべきだとし，その手段として生産の標準化と移動組立法（moving assembly line）とが採用された。

　生産の標準化には，製品の標準化，部品の規格化（standardization），工場の専門化（specialization），機械および工具の専門化，作業の標準化がある。フォードは製品の標準化によって，製品の利用価値，設計，材料などが最善となり，満足できるまでは研究を続けるべきであると考えた。つまり，唯一最善の製品に生産を集中することによって，大量生産（mass production）の有利性を導き出そうとするものであった。標準化された製品の性能を向上させるために，互換性部品を製造し，部品の改善により製品を常に質的に改善した。また，工場の専門化や機械および工具の標準化によって，各部品製作工場や機械設備・使用工具を単一目的にし，単一種に専門化することによって能率的生産方法をとった。さらに，作業の標準化によって人間労働も単一化された。この結果，作業は単純な動作反復となって，人間労働は機械的に行われるようになった。

　生産の標準化と移動組立法に特質づけられるフォード・システムにおいては，従来の労働者の熟練を解体し，未熟練労働者による細分化された労働が実施された。このような労働の単一化，機械化という生産の合理化は，労働者の作業を非人間的なものとさせ，労働の疎外という問題を産業社会に導き出すこととなった。

### ③ファヨールと経営管理過程論

　経営管理に関する研究は，資本主義経済が発達したイギリス，フランス，ドイツ，アメリカなどにおいて1910年代頃から始められていた。イギリスではシェルドン（Sheldon, O.），フランスではファヨール（Fayol, H.）がその代表者としてあげられる。

　ファヨールは，企業の活動を技術，商業，財務，保全，会計，管理の諸活動よりなるとし，とくに管理活動は予測，組織，命令，調整，統制の諸機能によって構成されるとしていた。ファヨールの管理論は全般的管理を対象としており，アメリカの経営管理過程論の源流として注目される。

ファヨールは，経営者が管理職能を遂行する場合，いくつかの管理の一般原則が存在すると指摘している。これらの管理の一般原則には，次のようなものがあげられる。すなわち，分業（専門化と分業化），権限と責任の一致，規律の確立，命令の一元性，指揮の一元性，部分的利益よりも全体的利益の優先，適正な報酬，権限の集中，階層組織，秩序（適材適所），公正の実現，組織構成員の安定化，創意の奨励，組織構成員の団結である。このようなファヨールの管理職能や管理の一般原則についての論究は，イギリスの研究を経て，アメリカにおいて経営管理過程論として継承・発展している。

経営管理過程論は，経営管理の対象を企業のみならず行政組織，学校，病院，軍隊などのすべての経営組織においている。この経営管理機能の理論化については，多くの論者によって多様に述べられているが，計画，組織，指揮，統制などの要素によって構成されるものとされている。これらの管理機能は循環的にとらえられた経営者の職能である。例えば，plan → do → see → plan → … に代表されるような循環過程にしたがって，経営者は自らの管理機能を遂行するのである。また，経営管理過程論は，このような経営管理過程における管理の一般原則の提示に努めた。そこで経営管理過程論は，すべての組織に妥当するような管理原則（principle of management）の存在を主張している。

### ④官僚制の理論

M・ウェーバー（Weber, M.）は，組織管理の理念型として，支配の類型（Die Typen der Herrschaft）を伝統的支配（traditionale Herrschaft），カリスマ的支配（charismatische Herrschaft），さらに合法的支配（legale Herrschaft）すなわち合理的支配（rationale Herrschaft）に分けている。近代行政組織においては，この合理的支配としての官僚制の組織が形成されるものであるとしている。官僚制の必要性は行政組織のみならず，企業等あらゆる大規模組織において共通である。この官僚制の特質として，ウェーバーは次のような事項をあげている。

明確な権限（Kompetenzen）の原則，職務階層（Amtshierarchie）と審級順序（Instanzenzug）の原則，文書主義，専門的訓練，兼職でなく本職，一般的

な諸規則による職務遂行

また，官僚制においては，職員の地位，秩序ある昇進，老後の扶養などが保証されている。官僚制は，経営管理過程論において経営者が管理原則を遂行するために組織を活用することと同様の観点から，管理目的の用具として組織をとらえている。したがって官僚制組織では，職務を担当する組織構成員は個人的な恣意性を排除し，組織目的を没主体的に遂行する者として，非常に機械的にとらえられている。

官僚制の管理方式は，大規模組織を合理的に運営するためには程度の差はあっても，ある程度は必要不可欠な方式であるともいえる。しかしながら，官僚制組織の欠陥は，組織構成員の意欲を減退させ，組織の活力を低下させるに至ることが多々ある。このような官僚制の欠点とは，専門主義の行き過ぎ，目的と手段の倒置，前例主義によって創造性を否定することから生じる革新意欲の喪失，狭い自己領域のみを配慮するセクト主義，顧客のニーズの無視，事なかれ主義などがあげられる。官僚制組織においては，一般企業と比べると市場競争がないために，他の組織との競争原理が機能しない場合が多い。このような無競争の組織原理が，その組織維持を自己目的化させ，環境的要因を無視した自己完結的な管理主義が蔓延する原因となるのである。公的な経営組織や旧社会主義国の国営企業などにみられる効率性の悪さや非人間的側面は，このような官僚制組織の欠点が原因になっている場合が多い。

### ⑤人間関係論

ウェスタン・エレクトリック社（Western Electric Company）のホーソン工場（Hawthorne Works）において行われた諸実験を契機として，人間関係論が確立された。科学的管理法などの従来の経営管理論が仕事本位の経済的人間観を前提としていたのに対して，人間関係論は労働者は単なる経済人ではなく，生理的・心理的存在以上の感情や意志を持つ社会的存在であるとしている。

人間関係論を生み出したホーソン研究（実験）とは，照明実験，リレー組立作業（Relay Assembly Test）の観察，面接調査，バンク配線作業の観察等の実証

研究によって構成されていた。この研究の成果は，メイヨー（Mayo, G.E.）によって基礎づけられ，レスリスバーガー（Roethlisberger, F.J.）によって理論化された。

しかし，この研究の当初はホーソン工場の技師たちによる，いわば科学的管理法にもとづいた作業能率を調査する実験であった。大正13年（1924年）に始められた照明実験では，照明の操作に関係なく作業能率が向上した。この原因を追究するために，昭和2年（1927年）から昭和7年（1932年）にかけてメイヨーに指導されたハーバード大学グループが各種の実験を行ったのであった。リレー組立作業実験では，6人の女子作業員を別室に隔離し，各種の操作条件を加えた。結果は一貫して生産高が上昇した。さらに面接調査では，仕事や監督について6項目の質問を，全従業員4万人の約半数について，ほぼ3年間実施された。またバンク配線作業の観察では，14人の男子作業員の集団作業への観察と面接が約半年間行われた。これらの実験や面接調査によって，労働者がお互いに個性ある人格として社会集団に一体化し，集団の規範にもとづいた行動をとっていることなどが明らかになった。

人間関係論の意義は，労働者の非論理的な感情的側面や自然発生的に形成される社会的集団としての非公式組織（informal organization）の存在を指摘したことにある。このことは大規模大量生産構造における分業と協業との担当者である労働者を単なる個人としてでなく，労働者相互間の社会的構造においても考察しなければならなくなったということを意味している。

## （3）現代の経営管理論
### ①バーナードやサイモンの組織的管理論

アメリカの経営管理の理論は，テイラー理論，経営管理過程論，官僚制の理論などの伝統的理論から人間行動を科学的に究明しようとする人間関係論の提起を受け，行動科学的組織理論を展開している。バーナードやサイモンに代表される組織的管理論は，システム論，意思決定論（decision making），行動科学に依拠した，いわゆる近代的管理論を展開させたものとして，高く評価されて

いる。バーナードやサイモンの理論は、従来の経営者職能論を組織理論によって代替し、従来のような技術論に終始するのでなく科学的に組織の本質を究明しようとしている。また、バーナードやサイモンは、組織の意思決定を中心的な課題とした。そこで、伝統的管理論にみられる人間を生産用具としてとらえる「人間の機械モデル」、人間関係論にみられる人間を動機や欲求を持つとする「人間の動機モデル」に対して、バーナードやサイモンの理論では人間を問題解決者であり、意思決定者であるとする「人間の意思決定モデル」を提起しているといわれている。

バーナードの理論は経営学において、人間を中心にすえた組織的管理論を一般化した。バーナードは経営学において新しい組織観、人間観を提示し、管理の問題のなかに人間的視点＝人間中心思考を取り入れた。また、バーナードは管理行動を「主体」の問題としてとらえている。さらに、システム的手法によって経営管理論の総合的な内容を体系的に展開して、現代の組織が当面している多様な問題に対して、1つの明確な解決の方向を示した。

バーナードによれば、組織要素は組織構成員の意思疎通、貢献意欲、共通目的によって成立するものであるが、組織が存続するためには有効性（effectiveness：目的を遂行する技術的能力）や能率性（efficiency：協働システムに必要な個人的貢献の確保）が必要となる。さらに、組織要素の意思疎通、貢献意欲、共通目的の具体的展開に関連して、公式組織の組織要素として、専門化、誘因、権威、意思決定とをあげている。管理者の職能は、組織的意思疎通の維持、組織構成員の個人的活動の確保、組織の目的や目標の定式化があげられている。組織の能率性とは、組織活動を引き出すに十分なほど個人を満足させて、組織活動の均衡を維持することである。

### ②行動科学の動機づけ理論

1950年代以降アメリカにおいて人間行動を研究する社会学、心理学、生物学などの総合的科学として行動科学が形成され、発展してきた。このような行動科学の経営学への学問的貢献は、心理学者マズロー（Maslow, A.H.）の研究に

よって始まった。マズローは人間の欲求は5段階をなし，人間は低次の欲求が充足されることによって次の高度な欲求に動機づけられるという欲求階層説（Hierarchy of Needs Theory）を提唱した。

このマズローの考え方は，マクレガー（McGregor, D.）によって経営学に導入された。マクレガーは，X理論とY理論（Theory X-Theory Y）の違いを指摘した。すなわち，従来の伝統的な管理理論をX理論とし，行動科学にもとづく管理の理論をY理論とし，今日的な労働者を動機づけるにはY理論が有効であるとした。さらに，ハーズバーグ（Herzberg, F.）の動機づけ－衛生理論（Motivatior-Hygine Theory）やアージリス（Argyris, C.）の成熟－未成熟理論（Immaturity-Maturity Theory），リッカート（Likert, R.）のシステム4（System 4）にもとづく民主的リーダーシップ論，マズロー理論の修正モデルであるアルダーファー（Alderfer, C.P.）のERG理論（生存，関係，成長の欲求は相互に独立している）などが提示されている。

また，ポーター（Porter, L.W.）とローラー（Lawler Ⅲ, E.E.）は，報酬に対する個人の主観的な価値と報酬への期待との積によって，個人の努力が規定されるという期待理論（Expectancy Theory）を提示している。

## 【*Review exercise*】

1．経営組織の管理や運営に専門的な知識を持った経営者が，なぜ必要なのか。
2．どうして適切な企業のガバナンスが必要なのか。
3．人間関係論は科学的管理法などの考え方といかなる点で相違しているのか。

考えてみよう！

【注】
（1）詳しくは，神田秀樹『会社法第七版』弘文堂，2005年，参照のこと。
（2）組織能力については，藤本隆宏「日本企業の能力・知識・熟練・人材」伊丹敬之・藤本隆宏・岡崎哲二・伊藤秀史・沼上幹編『リーディングス日本の企業システム第Ⅱ期第4巻　組織能力・知識・人材』有斐閣，2006年，参照のこと。

【勉強を深めるために参考となる文献】
伊丹敬之・藤本隆宏・岡崎哲二・伊藤秀史・沼上幹編『リーディングス日本の企業システム第Ⅱ期第4巻　組織能力・知識・人材』有斐閣，2006年。
伊丹敬之・藤本隆宏・岡崎哲二・伊藤秀史・沼上幹編『リーディングス日本の企業システム第Ⅱ期第2巻　企業とガバナンス』有斐閣，2005年。
風早正宏『ゼミナール経営管理入門』日本経済新聞社，2004年。
阪野峯彦・平井東幸・猪平進・海野博・籠幾緒『企業経営学の基礎』税務経理協会，2002年。

## 《Coffee Break》

### 渋沢栄一と山辺丈夫

　渋沢栄一（1840～1931）という人を知っていますか[※]。渋沢は日本の近代資本主義経済の発展に貢献し，「財界の大御所」などと呼ばれていた。渋沢は，天保11年（1840年）武蔵国榛原郡（現・埼玉県深谷市）に生まれ，元治元年（1864年）一橋家に仕えた（67年一橋慶喜の弟・昭武に従いフランスに渡航，約2年後帰国）。明治2年（1869年）に明治政府に仕官，明治6年（1873年）退官後民間で企業者として活動を行い，明治8年（1875年）第一国立銀行頭取，明治11年（1878年）商法会議所（現・商工会議所）会頭，明治22年（1889年）帝国ホテル理事長などを歴任している。

　渋沢は企業者として多くの企業の設立に関わり，いくつかの企業は直接的に経営活動を担当した。渋沢が関与した企業は，いずれも日本の産業化に重大な貢献をしている。そのなかの1つに，当時の日本の主導的産業であった繊維産業の代表的企業である大阪紡績，のちの東洋紡績が

ある。明治政府が支援した洋式機械紡績会社の多くが失敗したのに対して，大阪紡績は民間資本を中心に設立され，外国綿糸を国内市場から駆逐するだけでなく，綿糸・綿布の輸出に大きな役割を果たした。

　渋沢は紡績事業の発展のために，当時イギリスに経済学を学ぶため留学中であった山辺丈夫（1851〜1914）に紡績技術を学ぶように依頼し，その後も各種の支援を山辺に行っている。山辺は渋沢の期待に答え，専任の経営担当者として機能し，専務，社長へと昇進し，大阪紡績や東洋紡績における専門経営者としての役割を遂行した。大株主が多くの企業の経営者を兼任するという傾向に対して，山辺は技術的にも経営的にも専門知識を持つ経営者が当該企業の経営に専念するという傾向を切り開いた。

　このような傾向を継承した企業が日本の近代資本主義の形成に大きな貢献を行っている。この意味で山辺の活動とそれへの渋沢の支援は，先駆的な企業者や専門経営者の経営活動として把握でき，日本における「経営者と経営管理」の端緒の事例であったといえよう※※。

※　渋沢については，城山三郎『気張る男』文藝春秋（文春文庫），2003年，という小説が興味深く紹介している。
※※ＮＨＫ「明治」プロジェクト編著『明治1　変革を導いた人間力』ＮＨＫ出版，2005年，が渋沢と山辺の経営者活動に着目して，明治を創った事業家としてとりあげている。

ちょっと一息！

# 第4章 ▶ 経営戦略と経営組織

〈**Key word**〉
▶ドメイン
▶PPM
▶プロダクト・ライフサイクル
▶集権的組織
▶分権的組織
▶管理原則

このことばに注目！

## 1. 経営戦略とは何か

　今日，急激な技術革新，産業構造の変化，消費者の価値観やライフサイクルの変化，グローバル化の進展，さらにはリサイクリング，環境問題への関心など，企業を取り巻く環境は，急速かつドラスティックな変化を遂げている。それゆえ，現在いかに繁栄している大企業といえども，環境変化の対応を誤れば，衰退の道をたどらざるを得ない。環境の変化を敏感にとらえ，企業を取り巻く環境に対して主体的な行動をとることが，長期的な成長を実現するための条件となる。

　経営学の分野において，「戦略」という用語が使用されるようになったのは，アメリカでは1960年代になってからである。アメリカの経営史学者チャンドラー（Chandler, A.D.）が先進的な大企業（デュポン，ゼネラル・モーターズ，スタンダードオイル，シアーズローバック）の成長戦略と組織構造との関係を歴史的に分

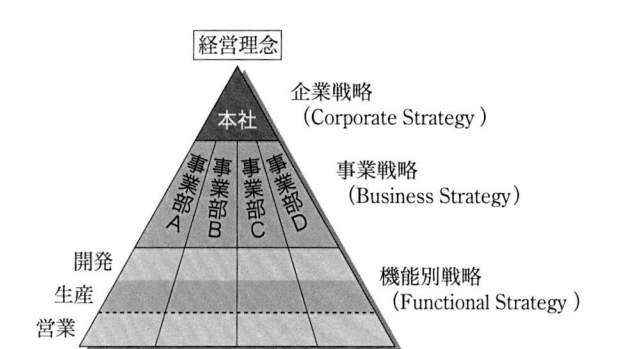

**図表４－１　経営戦略の階層構造**

```
          経営理念
            △
           本社        企業戦略
          ／  ＼      （Corporate Strategy）
         ／事事事事＼
        ／業業業業＼   事業戦略
       ／部部部部＼   （Business Strategy）
      ／ABCD＼
   開発─────────
   生産─────────   機能別戦略
   営業─────────   （Functional Strategy）
```

出所：グロービス・マネジメント・インスティテュート編，
　　　相葉宏二著『ＭＢＡ経営戦略』ダイヤモンド社，1999
　　　年，11頁を一部修正。

析し，量的拡大，地域的拡大，垂直的拡大，多角化という異なる戦略が異なった組織構造を必要とすることから「組織は戦略に従う」という命題を導出し，それが経営戦略研究の重要性を喚起することとなったのである。その後，チャンドラーの研究を基礎として，より実践的な観点から戦略策定のプロセスを解明したのがアンゾフ（Ansoff, H.I.）である。彼の主著である『企業戦略論』が昭和40年（1965年）に出版されて以降，経営戦略に関する理論が多く発表され，経営戦略論が経営学の主流に位置づけられるようになったのである。

　経営戦略は，全社的見地から企業全体の方向性を考える「企業戦略」，各事業ごとの戦略を考える「事業戦略」，さらに機能ごとにまとめられた「機能別戦略」に分けられ，階層構造を形成することになる。そして，これら経営戦略の上位概念として経営理念が存在する。経営理念とは，企業の社会における役割，社会的責任など，経営にあたっての根本的な考え方・基準などを明らかにしたものであり，経営戦略の出発点となる。

## 2. 企業環境分析と企業ドメイン

### (1) SWOT分析

SWOT分析は企業環境を分析する手法であり，外部環境分析（機会／脅威の分析）と内部環境分析（強み／弱みの分析）に分けられる。外部環境分析は企業

図表4－2　SWOT分析

|  | 強み（Strengh） | 弱み（Weakness） |
|---|---|---|
| 機　会 | ① | ③ |
| 脅　威 | ② | ④ |

における各事業単位が自らの利益を上げる能力に影響を及ぼす経済，技術，政治・法律，社会・文化というマクロ環境の要因と，顧客，競合他社，関連業者などというミクロ環境要因の変化を観察し，機会と脅威を見極めることである。内部環境分析は，ビジネスチャンスにおいて成功する経営資源が自社の内部にあるかどうかを強み，弱みとして評価することである。この区分をもとに，具体的には以下の4つの戦略の方向性を導くことができる。

① 自社の経営資源に強みがあり，かつ市場の機会に恵まれている場合であり，機会を利用し，自社の強みを生かす戦略をとることになる。
② 自社の経営資源に強みはあるが，市場の脅威にさらされている場合であり，強みを保持したまま，脅威を回避する戦略をとる必要がある。
③ 自社の経営資源に弱みはあるが，市場の機会に恵まれている場合であり，弱みを補いつつ，機会を享受する戦略をとることになる。
④ 自社の経営資源に弱みがあり，かつ脅威にさらされているケースであり，弱点を最小化し，脅威を回避する戦略をとることが必要となる。

### (2) 5つの競争要因による市場分析

企業はさまざまな市場において激しい競争を行っている。企業が事業分野において市場での継続的な成長を実現するためには，競合他社に負けないための

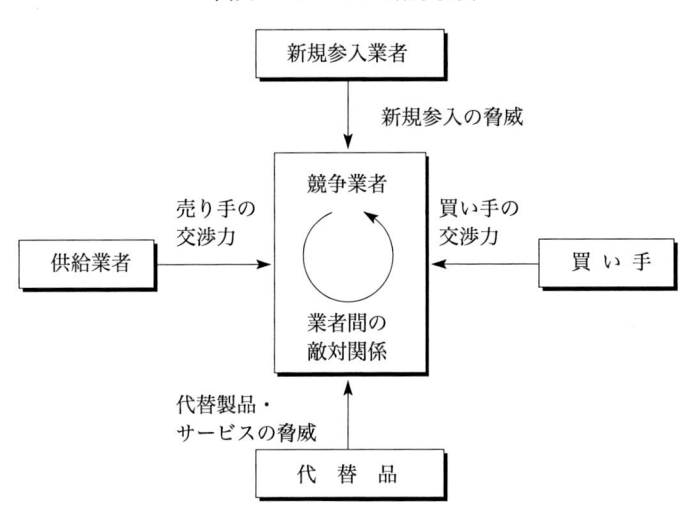

## 図表4-3　5つの競争要因

```
              ┌─────────────┐
              │ 新規参入業者 │
              └──────┬──────┘
                     │ 新規参入の脅威
                     ↓
              ┌─────────────┐
  売り手の    │  競争業者   │    買い手の
┌────────┐交渉力│    ↻       │交渉力  ┌──────┐
│供給業者 ├────→│             │←────┤買い手│
└────────┘     │ 業者間の    │       └──────┘
              │ 敵対関係    │
              └──────┬──────┘
                     ↑ 代替製品・
                     │ サービスの脅威
              ┌─────────────┐
              │   代 替 品   │
              └─────────────┘
```

出所：ポーター，M. E.，土岐坤・中辻萬治・服部照夫訳『競争の戦略』
　　　ダイヤモンド社，1982年，18頁。

確固たる競争戦略を展開していかなければならない。その市場を規定している基本的な力として5つの競争要因をあげることができる[1]。第1要因は「新参入者の脅威」である。インターネットにおけるEコマース企業やコンテンツ企業のように，新規参入の度合いが高ければ，脅威は大きくなり，競争は激しくなる。競合の数が多く，この新規参入がどれだけあるかということは，その業界への参入障壁がどれだけ高いかによって決まることになる。参入障壁の1つの例が規模の経済である。規模の経済が優位性構築の最大要素になっている業界では，新規参入企業は当初より大量生産に踏み切って莫大な売れ残りリスクや投資リスクを覚悟するか，あるいははじめに少量生産で出発してコスト面の不利に甘んじるかのどちらかとならざるを得ず，参入障壁は高いといえる。その他の参入障壁としては，認知度の高いブランドなどによる製品差別化，巨額の投資などがあげられる。第2要因は「代替品の脅威」である。現在の商品よりも価格対性能比で格段に優れている商品が出てきた場合，それは市場の収益

性に影響を及ぼし，大きな脅威となる。VHSビデオに対するハードディスク・レコーダーは代替品による脅威の好例である。第3の要因は「買い手の交渉力」である。買い手が売り手に対して大きな力を持っている場合，売り手に対して高品質のものやより良いサービス，値下げなどを要求することができる。買い手の交渉力が売り手よりも強くなるのは，買い手が売り手の総取引量に対してかなりの購入規模となる場合，商品が差別化されない商品でどこの競合他社でも作っている場合などである。第4の要因は「売り手の交渉力」である。売り手は買い手に対して値上げや品質の低下などという脅威を与えて交渉力を行使する。売り手の交渉力が買い手のそれよりも強くなるのは，売り手の業界が少数の企業により牛耳られている場合，買い手が売り手にとって重要な顧客でない場合，売り手が供給する製品が買い手にとって重要な商品である場合などである。第5の要因は「既存競合企業間の敵対関係の強さ」である。業界における企業間競争の激しさの度合いは，その業界の競争状態を示す指標となる。敵対関係の度合いは，同業者の数，同規模の企業数，業界の成長度合い，固定費の高さ，競合企業の戦略の相違，撤退障壁の高さのような要因が大きく影響する。

　以上のように，上述した5つの競争要因がそれぞれ独自の強さで絡まり合って，その市場の収益性や魅力度が決定される。そこで，企業にとっては，これら5つの競争要因の分析を通して，自社の属する市場（業界）の競争関係を認識するとともに，これらの要因にうまく対処することにより，市場での競争優位性を持続させていくことが競争戦略の課題となる。

## （3）企業ドメインの策定

　企業ドメインの策定とは，企業が自らの活動領域や存在領域を選択し，決定することである。それは具体的には，企業外部との取引関係において，どのような製品を生産するのか，商品（製品）をどのような市場（顧客）に提供するのかなどを決定することである。さらには，その製品を生産し，販売するにあたって，自社はどの部分をどの程度担当するかを決定することである。1つの

商品(製品)を生産し，販売するプロセスは，原材料の調達から始まり，各種の部品加工，完成品の組立，販売というように，多種多様な分業により成り立っている。そのなかで，自社はどの部分を担当するのかを決定しなければならない。これらの要素は環境の変化とともに変化していくが，将来有望なドメインの探求にあたり，製品，市場などを決定することが企業にとって戦略策定の第一歩となる。ストニヒ(Stonich, P.J.)は，企業ドメインを市場，機能，技術の3軸で定義している[2]。市場とは自社の製品あるいはサービスが役立っているのはどのような顧客グループなのかを反映するものであり，機能とは自社の製品あるいはサービスが満足させる顧客のニーズを指している。また，技術は自社の製品やサービスが顧客のニーズをいかに満足させるかを示したものであり，技術的な発展は製品の変更という形で市場や機能の定義に影響を与えることになる。また，エイベル(Abell, D.F.)は企業ドメインを顧客層，顧客機能，技術の三次元で定義している[3]。それを示したものが図表4－4である。

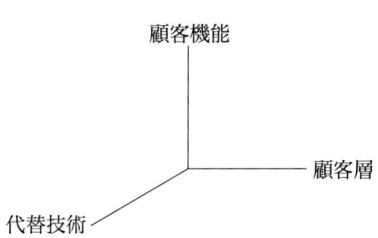

図表4－4　D. F. Abell のドメイン定

出所：エイベル，D. F.，石井淳蔵訳『事業の定義』千倉書房，1984年，221頁。

① 顧客層
　　顧客はその同一性にもとづいて層に分けられるが，その基準として，地理的特性，人口統計的特性，社会経済的階層，ライフスタイルの特性，パーソナリティの特性などをあげることができる。この同一性基準にもとづいてグループ化された顧客層を市場という。
② 顧客機能
　　顧客機能とは，自社の製品あるいはサービスが満たすべき顧客のニーズを指す。

③ 技 術

技術とは，ターゲットとする顧客に自社の製品あるいはサービスを提供するに際して，自社独自の技術や能力は何かということである。

以上のように，ドメインは顧客層，顧客機能，技術の三次元からなる空間における広がりと差別化によって定義することができる。差別化は2つの違った意味を持っており，各企業が活動するセグメントにおける差別化と，競合企業が提供している製品間に存在する差別化に分けることができる。

# 3. 成長戦略

## （1）製品・市場マトリクス

成長戦略においては，企業全体として，将来どのような市場で成長していくかを考える必要がある。新たな製品・市場分野へ進出する際の有効な枠組みとして「製品・市場マトリクス」をあげることができる。製品・市場マトリクスとは，各事業ごとの製品と市場とを組み合わせることによって，製品構成と市場構成を決定することである。企業にとって，現在安定した収益をもたらしている特定の製品，特定の市場での企業活動も，近い将来の環境変化によって，その需要が大きく減退することが予想される。このような事態に対処すべく，今後どのような製品・市場の組み合わせを展開していくべきか，現在の製品・市場の組み合わせとの関連で検討していくことが製品・市場マトリクスである。製品・市場マトリクスの枠組みは図表4−5のように表すこと

図表4−5　製品・市場マトリックス

| 製品<br>市場 | 現 | 新 |
|---|---|---|
| 現 | 市場浸透 | 製品開発 |
| 新 | 市場開発 | 多角化 |

出所：アンゾフ，H. I.，広田寿亮訳『企業戦略論』産能大学出版部，1969年，137頁。

ができる。また，製品と市場の組み合わせについては，「市場浸透戦略」，「市場開発戦略」，「製品開発戦略」，「多角化戦略」のような方向性と選択肢が考えられる。「市場浸透戦略」は，既存市場において既存製品を浸透させ，市場占有率を拡大しようとする戦略である。この戦略では，製品価格の引き下げ，広告・宣伝，その他の販売促進活動，流通チャネルの整備などにより，既存顧客の需要増大や新規顧客の獲得に努めなければならない「市場開発戦略」は，新市場に対して既存製品を浸透させることにより，そこでの売り上げを拡大しようとする戦略である。例えば，国内で販売しているものと同一のものを欧米市場において販売しようとするやり方である。「商品開発戦略」は，既存市場に対して新製品の開発を行ったり，製品を改良することにより，企業の市場占有率を拡大しようという戦略である。「多角化戦略」は，新市場において，企業が今まで保有していない新製品で成長を図ろうとする戦略である。多角化戦略は，現有の製品・市場との関連性が低いため，不確実な要因が多く，ここでは４つの戦略のなかでは最もリスクの高い戦略となる。現在のような低成長期にあっては，産業構造の変化，国際化の進展，技術革新の進展，市場ニーズの多様化などという企業を取り巻く環境の変化に対応するために，企業は多角化戦略を抑制する傾向にある。

## （２）PPM（Product Portfolio Management：プロダクト・ポートフォリオ・マネジメント）

ＰＰＭは企業全体から，自社の事業領域の戦略的位置づけを明確にし，最適な資源配分を図るものである。それは既存事業を分析し，評価することによって，現有市場におけるそれぞれの事業の将来性を予想することにある。すなわち，将来大きく成長し，収益に貢献する事業と，将来は縮小あるいは撤退を考える事業に分類することである。この分類に広く用いられているのがＰＰＭである。

ＰＰＭは，プロダクト・ライフサイクルを前提に縦軸にその製品が属する市場の年間成長率を表す市場成長率の高低をとり，横軸に最大競合企業のシェア

に対する相対的シェアを表したマーケットシェアの高低をとった二次元マトリックスを構成する。これによって，自社のマーケットシェアと市場成長率が高い「花形（Star）」，市場成長率が低いが，自社のマーケットシェアが高い「金のなる木（Cash Cow）」，市場成長率が高いにもかかわらず，自社のマーケットシェアが低い「問題児（Question Mark）」，市場成長率と自社のマーケットシェアがともに低い「負け犬（Broken Dog）」という4つのセルが構成されることになる。そして，既存製品や事業領域をそれぞれに当てはめることにより，それぞれのとり得る戦略を確認することが可能となる。ここでは「金のなる木」だけが収益を生む事業領域なので，いかにして「金のなる木」を育てるかが重要となる。

図表4-6　PPM

|  | 高 | 低 |
|---|---|---|
| 〈市場成長率〉高 | 花形（スター） | 問題児 |
| 〈市場成長率〉低 | 金のなる木 | 負け犬 |

〈相対的市場シェア〉

出所：アベグレン，J.C., ボストン・コンサルティンググループ編『ポートフォリオ戦略』プレジデント社，1977年，71頁。

4セルのPPMには，次のような限界や問題点が指摘されている[4]。

① 現実には高低だけではなく，その中間のポジションもあるので，4セルのマトリックスの使用は単純すぎる。

② 成長率は産業全体の魅力度のインディケータとしては十分とはいえない。例え

図表4-7　ヤマト運輸の例

市場シェア

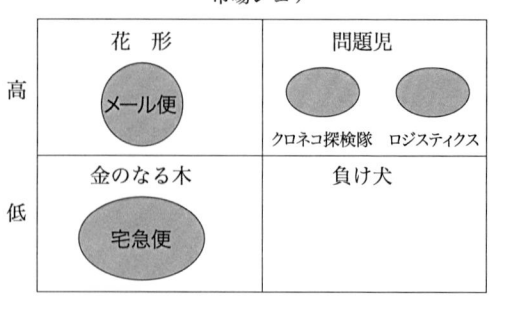

|  | 高 | 低 |
|---|---|---|
| 成長性 高 | 花形<br>メール便 | 問題児<br>クロネコ探検隊　ロジスティクス |
| 成長性 低 | 金のなる木<br>宅急便 | 負け犬 |

出所：小樽商科大学ビジネススクール『MBAのためのケース分析』同文舘出版，2004年，97頁。

ば，産業のなかには需要の成長率は高いが，供給の伸び率がそれ以上に高く，十分な利益を上げられない企業が出てくる可能性がある。
③ 市場占有率は市場をどのように定義するかによって変わってくるので，競争ポジションのインディケータとしては不十分である。例えば，メルセデス・ベンツは，全自動車市場でのシェアは小さいが，高級車市場ではきわめて高いシェアを有している。

図表4－8　戦略事業グリッド

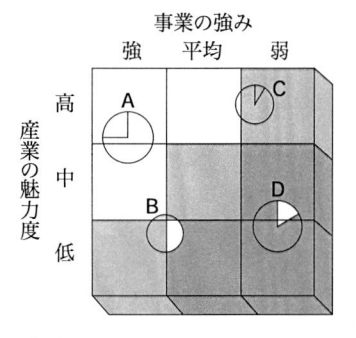

出所：コトラー，P.・アームストロング，G.，和田充夫・青井倫一訳『新版マーケティング原理』ダイヤモンド社，1995年，45頁。

このような限界や問題点を克服すべく，GE（ゼネラル・エレクトリック）社は「戦略事業グリッド」を開発した（図表4－8）。この手法は，横軸にその産業の魅力度，横軸にその事業の強みをとった二次元のマトリクスで分析する。産業の魅力度とは，市場規模，市場成長率マージン率，競合度，需要の季節変動性，需要の循環性，そして業界のコスト構造から構成されるこれらの要因はそれぞれに評価・重みづけされ，その加重平均が産業の魅力度を示す指標となる。また事業の強みとは，相対的市場シェア，価格競争力，製品の品質，顧客・市場の知識，販売効果，地域的広がりなど，各要因を組み合わせて指標として表現される。これらの要因はある尺度によって測定され，それぞれに重みづけされ，現在および将来の市場における事業の強みが算出される。事業の強みは強，平均，弱の3つに区分され，グリッドは図表4－8のように，3つのゾーンに分けられる。

① □のゾーン／左上の3つのセルであり，投資および成長に青信号が点灯している。
② ■のゾーン／左上から右上への対角線上のセルであり，全般的な魅力がある事業である。ここではシェアの維持を図ることになる。
③ ■のゾーン／右下の3つのセルであり，全般的に魅力の乏しい事業である。事業の収穫あるいは撤退を検討することになる。

　図表4－9では，ある企業を構成する4つのSBUが示されている。円の大きさは各事業の相対的規模を表し，円中のパイの切り方は各SBUの市場シェアを示している。最も望ましい事業とは，きわめて魅力的な産業の中に存在し，将来的には大きな強みを持つ事業となる。

　PPMを活用する意義は何であろうか。1つは複数の事業をある共通指標でマッピングし，それぞれの位置づけや役割を明確にすることができるという点である。事業が企業価値の増大に寄与するためには，それぞれの位置づけに応じた投資が必要である。例えば，ある事業がまだ「問題児」の状況にあるならば，そのまま傍観していては資金が流出するばかりである。「花形」に育てキャッシュを生み出すように，多額の投資をしなくては企業価値に貢献しない。もう1つは，現在の事業展開を継続して，本当に企業の将来性があるのかを検討することが可能であるという点である。例えば，既存事業のほとんどが「金のなる木」である場合，現在はキャッシュは豊かではあるが将来性はない。新規事業を展開する必要性は明白である。

**図表4－9　日立製作所の例**

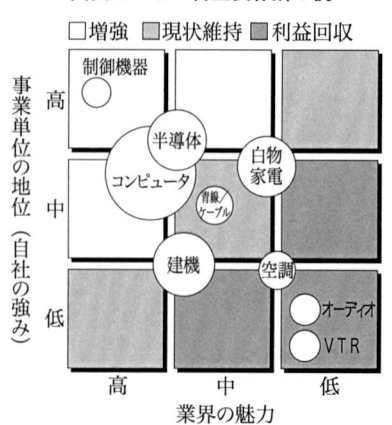

□増強　■現状維持　■利益回収

出所：グロービス編『MBAマネジメントハンドブック』ダイヤモンド社，1997年，12頁。

## （3）プロダクト・ライフサイクル（Product Life Cycle）

　プロダクト・ライフサイクルは，企業間競争の類型を時間という切り口からとらえたものである。これは製品の寿命を「導入期」，「成長期」，「成熟期」，「衰退期」という4つの段階に分け，自社の製品がどの段階にあるのかを把握し，それに対応した戦略を遂行する。一般に，プロダクト・ライフサイクルは縦軸に市場規模，横軸に時間をとる。これを示したものが図表4－10である。「導入期」は，製品が市場に導入されたばかりの時期であり，広告などのマーケティング支出が大きく，利益はマイナスになる場合が多い。導入期に目指すべき目標は製品の認知である。つまり，当該製品を世のなかに広く認めさせ，市場に定着させることが最大の戦略目標となる。そのためには，顧客や小売業者に，その製品を知ってもらう必要がある。新しい製品を消費者に知らせ，納得させ，さらにその製品の使用を促すためには，多額のプロモーション費用を投入する必要がある。また，自社の製品を他社に先駆けて市場に導入するスピードが重要となる。なぜなら，自社ブランドを確立することができ，価格面でもリーダーシップをとることができ，先行者利益を得ることができるからである。「成長期」は，製品が急速に受け入れられる段階であり，市場の浸透を図り，自社ブランドの確立を行うことが必要となる。この段階では，市場規模

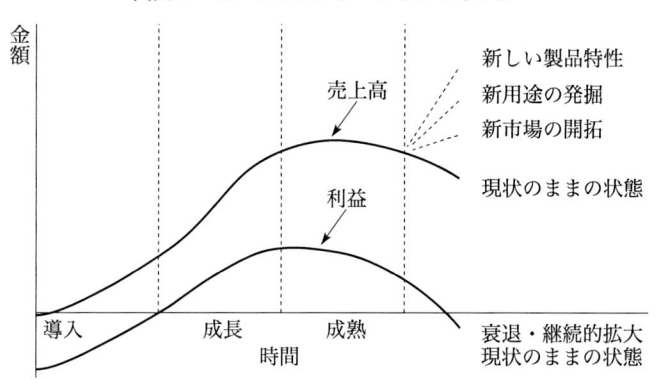

**図表4－10　プロダクト・ライフサイクル**

出所：徳永豊編『例解マーケティングの管理と診断』同友館，1989年，157頁。

が拡大し，競合企業競争は激化し，そのためのマーケティング支出が必要となる。しかし，売り上げがそれ以上に増大するので，高い利益が得られるようになる。「成熟期」は，製品が市場に浸透し，需要の伸びが次第に弱くなり，最も競争の激化する段階である。この段階での戦略目標は製品の差別化による市場シェアの確保である。製品差別化のための具体策には，製品開発による製品ラインの多様化や品質の多様化などの施策をあげることができる。例えば，モデルの追加，高品質化などがあげられる。「衰退期」は，需要の減退以外にも，代替品の登場や顧客のライフスタイルの変化などにより，売り上げ・利益が衰退していき，撤退する企業も見受けられるようになる。この段階では，収益の極大化が目標となる。そのために，製品の生産・流通・販売・販売促進・広告の無駄を排除してコストダウンを図り，収益性を向上させることが必要となる。例えば，成熟期に拡大した製品ラインのなかで過剰なものを選別して切り捨てたり，販売ルートを大口のみに絞り込み，すでに知られている製品については認知させるための広告を中止するといったことがあげられる。また，場合によっては当該製品事業から撤退することも選択の1つとして考える必要がある。

## 4. 競争戦略

### （1）競争優位の基本戦略

　企業が競争優位を獲得するために，基本的に「コスト・リーダーシップ」，「差別化戦略」，「集中戦略」という3つの戦略が考えられる[5]。「コスト・リーダーシップ戦略」は，規模の経済性の活用，独自技術の開発，有利な原材料の確保などを通して，競合他社よりも低いコストを達成することにより，競争上の優位性を獲得しようとする戦略である。これは製品の累積生産量の増加により製品単位あたりのコストを低下させ，それにより市場占有率を拡大させ，さらに生産量を増大させることにより，さらなるコストダウンが可能となる経験曲線効果[6]を前提にしている。市場の立ち上がり時期に競合他社

**図表4-11 競争優位の戦略**

|  | 戦略の有利性 | |
|---|---|---|
|  | 顧客から特異性が認められる | 低コスト地位 |
| 戦略ターゲット：業界全体 | 差別化戦略 | コスト・リーダーシップ戦略 |
| 戦略ターゲット：特定セグメントだけ | 集中戦略（差別化） | 集中戦略（コスト） |

出所：ポーター，M. E., 前掲訳書，16頁。

に先駆けて多額の先行投資を行うことにより，コスト面での競争上の優位性を確保しようとする戦略である。「差別化戦略」は，製品特性，デザイン，用途，サービスなどの面で競合他社の製品と差別化できる自社独自の得意な製品を市場に提供することにより，競争上の優位性を獲得しようとする戦略である。具体的には，次の3つの戦略が考えられる。第1は，製品そのものの特性を創り出す方法であり，品質，デザイン，包装，ブランドなどの点で特異性を打ち出す戦略である。第2は，サービス面での差別化である。アフターサービス体制の整備，系列販売店の店舗数や立地条件の整備など，買い手の利便性を追求する戦略である。第3は，広告・宣伝の強化を通して，企業自身や製品イメージを浸透させ，製品の社会的認知度を高める戦略である。上記の2つの戦略を採用するにあたり，競争戦略の対象となる買い手がどの範囲に限定されるのか，すなわち，業界内のセグメントをどの範囲にとるかにより，2つの選択肢が考えられる。1つは業界内のターゲットを広くとり，業界全体で優位性を確保しようとする戦略である。もう1つは，買い手の範囲を限定し，特定のセグメントにおいて，集中的に競争上の優位性を達成しようとする戦略である。「集中戦略」は，特定の顧客層，特定の製品，特定の地域などの特定のセグメントに経営資源を集中する戦略である。以上の3つの戦略を図で表すと，図表

4-11のようになる。

### （2）業界におけるポジションの分類と戦略

　企業は業界内における自社のポジションを明確にすることによって，競争優位のための戦略を決定しなければならない。企業がとり得るポジショニング戦略は企業全体ではなく，特定の事業におけるポジションに対応して適用される。それゆえ，多角化した企業はその事業部やその製品のある市場ではリーダーであり，他の市場ではニッチャーということがあり得る。企業は事業単位ごとの競争状況に応じて異なる戦略をとらなければならない。業界におけるポジションを分類すると，「マーケット・リーダー」，「マーケット・チャレンジャー」，「マーケット・フォロワー」，「マーケット・ニッチャー」の4つに分類することができる[7]。

　「マーケット・リーダー」は資金力，生産能力，人材，企業イメージ，ブランド力など豊富な経営資源を背景に，市場シェアはトップの地位にある。マーケット・リーダーが目指す目標はトップという現在の地位を維持することが目標となるため，競争の基本方針は市場全体に対応する全方位型の事業を展開することになり，市場ターゲットはすべての顧客を対象とするフルカバレージとなる。この目標を達成するための戦略として，「総市場規模の拡大」，「非価格対応」，「同質化」をあげることができる。「総市場規模の拡大」とは，総市場規模を拡大することによってその利益を最も多く享受しようという戦略である。そのためには，新規ユーザーを増やしたり，製品の新しい使い方を見つけ出して広

図表4-12　競争地位の類型化

| 経営資源 | 経営資源力（量） | |
|---|---|---|
| | 大 | 小 |
| 経営資源独自性（質）　高 | リーダー | ニッチャー |
| 経営資源独自性（質）　低 | チャレンジャー | フォロワー |

出所：嶋口充輝『統合マーケティング』日本経済新聞社，1997年，99頁。

めることが必要となる。また使用頻度を増やして1回あたりの使用量を増加させることも必要となる。「非価格対応」とは，競合他社の低価格競争に容易に応ぜず，競合他社からの攻撃をかわす戦略である。競合企業が値下げ攻撃を仕掛け，マーケット・リーダーも値下げに応じた場合，最もシェアの高い企業は最も大きな利益の減少を被ることになる。「同質化」は模倣化の戦略である。競合他社が自社にない製品やサービスを出すことによって，自社のシェアが落ちてしまうことはマーケット・リーダーにとって脅威である。経営資源で勝るマーケット・リーダーがそれと同質または改良品を出して対抗すれば，逆にビジネスチャンスの拡大となり，マーケット・リーダーのシェアを確保することができる。これらの3つの戦略は，マーケット・リーダーが自ら積極的に仕掛けないということが戦略上のポイントである。つまり，マーケット・リーダーの戦略は，自らが積極的・攻撃的に他社に対して何かを仕掛けるよりも，戦略的な意味で受動的に対応することの方が原則的に有効であることを示している。

「マーケット・チャレンジャー」がとるべき戦略は，市場シェアを拡大させることであり，マーケット・リーダーに対して差別化を追求することである。具体的には，マーケット・リーダーの製品よりもさらに高品質かつ高価格の高級品を売り出したり，新しいサービスを提供するといったような製品・サービスの差別化，超高品質に応じた高価格化，低品質に応じた低価格化，中高品質製品を相対的に安く売るディスカウント化といった価格による差別化，さらには新しい流通チャネルを開発してシェアを拡大しようとする流通上の差別化などがあげられる。マーケット・チャレンジャーの差別化戦略が成功した場合，マーケット・リーダーのシェアを奪うことになり，マーケット・リーダーはマーケット・チャレンジャー戦略を模倣してくる。それゆえ，マーケット・チャレンジャーの戦略はマーケット・リーダーが模倣できない仕組みを作り出すことが必要となる。

「マーケット・フォロワー」は，経営資源上の優位性がないため，マーケット・リーダーなどの成功した市場戦略を模倣することによって企業の存続を図ることになる。つまり，マーケット・フォロワーは，新製品が市場に導入され

たあとの動向をうかがい，その市場成長の可能性が確認された時点で参入することにより，事業拡大を図っていくことになる。したがって，マーケット・フォロワーは，マーケット・リーダーが成功した戦略を模倣するので，製品やシステムの開発にともなうコストを軽減することが可能となる。また，新製品を販売するためのテスト・マーケティングが不要となり，失敗のリスクを軽減することができ，利益を確保することができる。

「マーケット・ニッチャー」は，マーケット・リーダーが見逃しているか，無視しているような市場のニッチを見つけ，その市場において独占的な地位を築こうとする企業である。マーケット・ニッチャーの戦略は，自社の強みを活かせる細分化された特定市場に経営資源を集中させる戦略が最適である。マーケット・ニッチャーは市場，顧客，マーケティング・ミックスなどについて特化を図る必要がある。

## 5. 機能別戦略

機能別戦略とは，経営戦略の階層構造において，機能別分野ごとに定められる中長期的な方針や政策を通して競合優位性を獲得しようとする戦略である。機能別戦略は，さまざまな事業群を抱える企業の生産機能，販売機能，研究開発機能などの特定機能によって，複数の事業群をある機能の横串で通したマトリクス構造をとる。それを示したものが図表4－13である。機能別戦略と事業戦略の優先度合は，企業が置かれた状況によって異なるが，互いに影響力を持ちながら，有機的に戦略を構成している。

機能別戦略の策定は，経営者の下で研究開発，生産，販売，マーケティング，人事，財務などが職能別に分かれている場合は，各職能別の部門長が作成し，実行することになる。事業部制組織の場合には，本社における職能スタッフの部門長，あるいは各事業部における職能別部門の責任者による横断的な組織により策定されることになる。

図表4-13 機能別戦略の構造

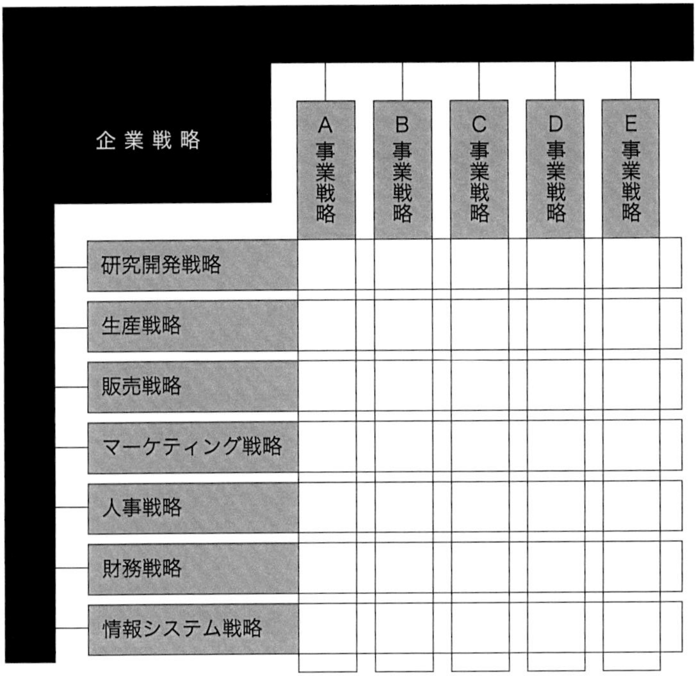

| 企業戦略 | A事業戦略 | B事業戦略 | C事業戦略 | D事業戦略 | E事業戦略 |
|---|---|---|---|---|---|
| 研究開発戦略 | | | | | |
| 生産戦略 | | | | | |
| 販売戦略 | | | | | |
| マーケティング戦略 | | | | | |
| 人事戦略 | | | | | |
| 財務戦略 | | | | | |
| 情報システム戦略 | | | | | |

出所:寺本義也・岩崎尚人編『経営戦略論』学文社,2004年,40頁。

# 6. 経営組織の諸形態

　経営組織とは,組織の目的を達成するために意識的に調整された人間の諸活動のシステムである。一般に,経営組織は組織の管理に必要な権限の配分をどうするかによって,集権的組織と分権的組織に分類することができる。「権限」とは,組織の管理運営上,必要な意思決定を行い,部下に命令し,指示に従わせることによって,自らの職務を公に遂行することのできる力である。
　経営組織において,「集権」とは,このような権限が組織の上層部,いわゆるトップ・マネジメントに集中していることをいう。また「分権」とは,この

ような権限が組織全体に体系的に委譲ないしは分散されている状態をいい，組織階層の下部でより多くの意思決定がなされ，かつ組織管理上，重要な意思決定がなされることをいう。

「集権的組織」とは，組織の管理方法として権限を上位の組織階層に集中させる管理形態をとる組織である。組織の管理に必要な権限を組織の上位者に集中させることによって，組織の経営活動の統一を図ろうとする組織である。これに対して「分権的組織」とは，権限を組織階層全体に委譲ないしは分散させる管理形態をとる組織である。意思決定に必要な権限の重要な部分を含めて，権限を組織の下位者に分散させることで，組織の各部門の現状に即応した弾力的な経営活動を意図する組織である。

組織は，ライン・アンド・スタッフ組織，事業部制組織，ＳＢＵ組織，プロジェクト・チーム，マトリックス組織などの形態に分類される。そして，ライン・アンド・スタッフ組織は上位の組織階層に権限を集中させる集権的組織であり，事業部制組織，ＳＢＵ組織，プロジェクト組織は権限を組織の下位者に分散させた分権的組織である。マトリックス組織は集権と分権を併せ持つ組織である。

## （１）ライン・アンド・スタッフ組織

ライン組織とは，購買，生産，販売など，経営活動において不可欠となる職能を持つ組織である。この組織は企業目的を直接実現するためのものであり，企業活動の最終成果に直接影響を及ぼす。また，ライン組織は経営者から末端の組織構成員まで１本のラインで結ばれているため，直系（型）組織とも呼ばれる。

スタッフ組織は部門職能を担当する上司がそれぞれの職能に関してのみ，部下を指揮・命令する組織である。このタイプの組織では，上司の負担は軽減され，自分の専門についてのみ精通していればよいことになる。スタッフ組織のルーツは，テイラー（Taylor, F.W.）の職能別職長制度にある。当時は，仕事のやり方が職長の個人的経験や勘に頼っていたので，作業スピードや製品の品質に

#### 図表4−14　ライン・アンド・スタッフ組織

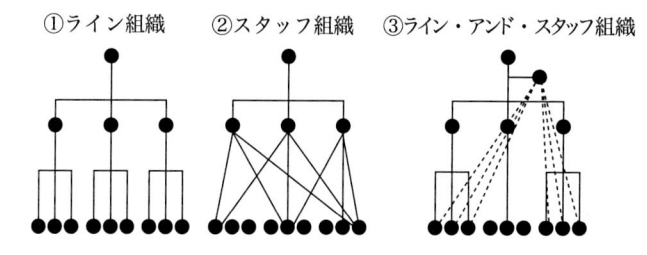

①ライン組織　　②スタッフ組織　　③ライン・アンド・スタッフ組織

出所：福田好裕「組織の原理とその構造」藤芳誠一編『ビジュアル基本経営学』学文社，1999年，97頁。

バラツキがあった。テイラーはこれらを標準化するため，職長の機能を4つの計画職能と4つの執行職能に分類し，それぞれの機能だけを専門に担当する職能別職長制度を考案したのである。

　ライン・アンド・スタッフ組織とは，ライン組織とスタッフ組織を組み合わせ，両組織のメリットを発揮させるように考案された組織である。スタッフ組織は，ライン組織に対して専門的な知識などの助言をやサービスを提供する組織であり，ライン組織のように指揮・命令を行うのではなく，あくまでもライン組織に対して補助的な機能を有する。

　一般に，スタッフ組織は管理スタッフと専門スタッフに大別される。管理スタッフは，トップ・マネジメントの補佐やライン部門長が行う管理業務の支援などを行う組織であり，企画部や調査部，社長室などがそれにあたる。専門スタッフは，ライン組織に対して専門的な立場から助言やアドバイスを行う組織であり，人事部，経理部，総務部などがそれにあたる。

　そして，上述したライン組織とスタッフ組織を併せ持つ組織が「ライン・アンド・スタッフ組織」である。ライン・アンド・スタッフ組織の特徴は，経営者から末端の組織構成員まで統一された指揮・命令系統を保持することにより，組織全体の秩序を維持するというライン組織の長所を生かしながら，ライン部門管理者の過重な業務負担や能力の限界をカバーし，ライン部門管理者に助言・助力を与えるスタッフ組織の長所をも生かそうとする特徴を持つ。しか

し，スタッフ組織の発言力が増してくると，ライン組織とスタッフ組織の間に対立が生じるようになり，それを調整するための時間やコストがかかるようになる。スタッフ組織は，あくまでもライン組織を補佐することに徹する必要がある。

## （2）事業部制組織

　事業部制組織とは，企業の経営活動を製品別，地域別，顧客別にいくつかの事業部に分化させ，各事業部に利益や売り上げに関する責任を遂行するための権限を付与することによって，各事業部が独自の行動基準で組織運営できるように編成された組織である。本社は全社戦略と事業部間の調整部分のみを担当し，各事業部は会社のなかで子会社のような存在となり，独自の責任において独自の経営活動を行うことができるように組織化されている。事業部制組織の特徴として，①各事業部の売上高や利益計算が容易，②各事業部の責任が明確，③多角化が容易，④経営者の育成が容易などをあげることができる。しかし，①事業部間で重複投資が起きやすい，②利益の出る分野に投資が集中しやすいなどの問題がある。

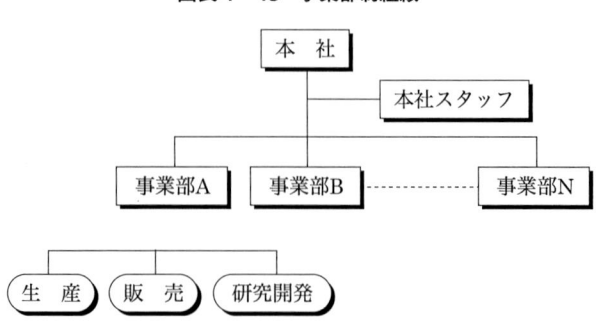

**図表4－15　事業部制組織**

出所：葛西和広『経営戦略入門』泉文堂，1999年，93頁。

## （3）ＳＢＵ（Strategic Business Unit：戦略的事業単位）

　多角化の進展により，事業部制組織が拡大し，事業部の数が増大してくると，広範囲にまたがる事業部を管理することが次第に困難になってくる。そこで事業部が製品，市場，生産技術などの要因を基準として，１つの独立的な戦略行動単位として集約された組織がＳＢＵである。ＳＢＵは直面する市場や競争状況に合わせて，独自に事業戦略を策定する。図表４－16では事業部ＡとＢはＳＢＵ１に組み込まれ，事業部ＣとＤはＳＢＵ２に組み込まれている。ＳＢＵの特徴として，①全社的な観点から資金や経営資源の配分が可能，②撤退の決断が容易，③事業部の増加を防止などをあげることができる。しかし，①事業単位の決定が難しい，②シナジー効果を考慮していない，③ビジネスチャンスを見逃す，④分析マヒ症候群に陥りやすいなどの問題がある。

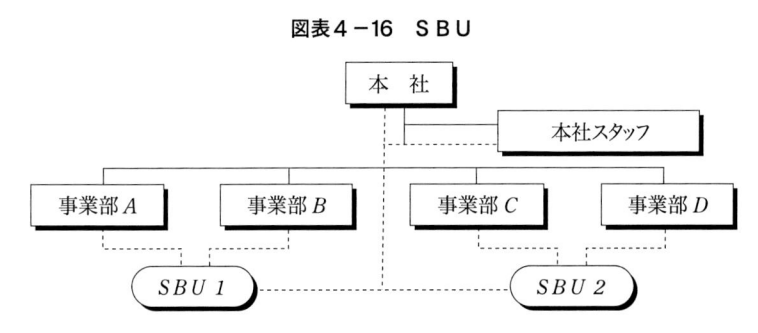

**図表４－16　ＳＢＵ**

出所：前掲『経営戦略入門』，94頁。

## （4）プロジェクト組織

　全社的に解決すべき特定の問題が発生したり，特別のプロジェクトを遂行しなければならない場合に，関連する事業部の管理者や専門家を招集して臨時に組織を編成する場合がある。これをプロジェクト組織という。プロジェクト組織は，解決すべき問題やプロジェクトの遂行に部門間のセクショナリズムを超えて取り組み，それらの完了をもって解散する。プロジェクト組織の特徴は，全社的な問題を臨機応変に解決できることや社内の人材を有効に活用できると

ころにある。

## （5）マトリックス組織

　プロジェクト・チームが臨時的に設置される組織であったのに対して，マトリックス組織は常設的な組織であり，生産や販売などの職能別組織と事業部制組織の持つ利点を活かすために生み出された組織形態である。この組織においては，縦と横という格子状の関係が各組織成員に形成され，プロジェクトに所属して，その進行に責任を持ちながら，職能別に分かれた職務の遂行にも責任を持つ組織形態である。この組織では，命令一元化に反して二重の命令系統を持っているのが特徴であり，部下は2人の上司を持つことになる。マトリックス組織は人的・物的資源の重複を回避し，限られた諸資源を効率的に活用する組織であり，市場の変化が激しい環境において最もその効果を発揮する組織である。しかし，二重の命令系統を持つことにより，権限と責任に関する混乱を招き，非効率につながる危険性をはらんでいる。また組織構成員間の関係が複雑になり，彼らの間にコンフリクトを生じさせ，場合によっては権力闘争にまで発展する可能性がある。

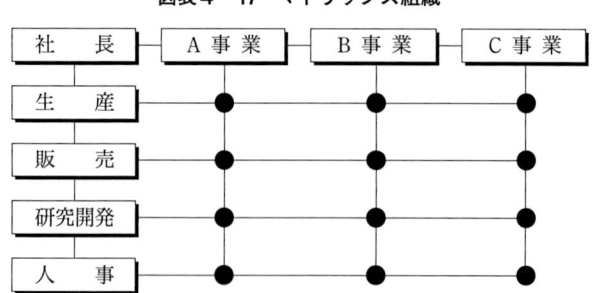

図表4－17　マトリックス組織

出所：前掲『経営戦略入門』，95頁。

# 7. 組織の管理原則

組織の管理原則とは，企業規模の拡大や組織の高度化にともなって，組織の形成と運営を合理化するために，長年の経験から導き出された経営実践上で有効とされている諸原則である。組織における主な管理原則として，「専門化の原則」，「命令一元化の原則」，「統制範囲の原則」，「責任と権限の原則」，「例外の原則」などがある。

### （1）専門化の原則

専門化の原則は，経営組織を形成するときの職務内容を確定する際に適用される原則であり，細分化された職能を関連性の高い内容の仕事にまとめることをいう。これにより，組織構成員は専門的な知識を習得することができ，分業の効果を高めることができる。しかし，極端な専門化は職務の単調化をもたらし，組織構成員の勤労意欲を喪失させ，組織の環境適応能力を低下させることになる。

### （2）命令一元化の原則

命令一元化の原則は，組織の秩序を維持するための原則である。組織の秩序を維持するためには，命令系統に従って，1人の部下に対する命令が1人の上司だけから与えられるべきである。1人の部下に対して複数の上司から命令が与えられると，命令系統が混乱し，各人の責任が曖昧となって，組織の能率が低下し，組織が不安定になる。

### （3）統制範囲の原則

統制範囲の原則は，1人の上司が合理的に指揮・監督できる部下の人数に一定の限界があることをいう。統制の範囲を超えて部下を持つと，管理上の負担が増大し，部下に対して有効な指揮や効果的な統制を行うことができず，管理

の能率が低下する。逆に，統制の範囲内に部下の数を制限すると，管理者の数が増大し，管理階層が長くなり，能率の低下につながる。一般に，管理階層の低いレベルでは定型的な業務が多く，統制の範囲は広いが，管理階層のレベルが高くなるにつれて，非定型的な業務が増えて，統制の範囲は狭くなる。

### （4）責任と権限の原則

　企業活動は多くの人々の協働によって営まれており，職務を確定するためには，各組織成員の分担すべき責任と権限は明確に規定されていなければならない。責任は職務を遂行する義務のことであり，権限は職務を公的に遂行する権利ならびにそれにもとづく力のことをいう。これらは組織階層のレベルによって，その強さは異なる。権限は職務を遂行するために必要な力であり，責任を全うするための権限が付与されていなければ，それを達成することはできない。また，責任をともなわない権限が与えられた場合には，権限の乱用が生じる可能性がある。それゆえ，権限をともなわない責任や責任をともなわない権限を与えてはならず，あくまでも，責任と権限は一致していることが必要である。

### （5）例外の原則

　例外の原則は，日常繰り返されるような仕事の処理は部下に委任することによって，管理者は例外的な事項（新しく生ずる問題など）に専念すべきであるという原則である。これにより，管理者は管理活動を効果的に遂行することが可能となる。この原則は，委任の原則とも呼ばれている。

### 【*Review exercise*】

1. 規模の経済性，範囲の経済性，連結の経済性について説明しなさい。
2. 売り上げが減少し，赤字から脱却できない場合には，撤退戦略を考える必要があります。撤退戦略には，どのような選択肢があるのか

説明しなさい。
3．シナジーとは，2つ以上の経営資源を有機的に結合し，その総和以上の利益を生み出す相乗効果を意味します。シナジーには，どのようなタイプがあるのか説明しなさい。
4．複数の企業による業務上の協力関係の構築を業務提携といいます。業務提携には，どのようなパターンがあるのか説明しなさい。

**考えてみよう！**

## 【注】

（1）ポーター，M.E., 土岐坤・中辻萬治・服部照夫訳『競争優位の戦略』ダイヤモンド社，1982年，21～49頁。
（2）ストニヒ，P.J., 野中郁次郎・原田行男・高橋浩夫訳『実行の経営戦略』ダイヤモンド社，1984年，26頁。
（3）エイベル，D.F., 石井淳蔵訳『事業の定義』千倉書房，1984年，221頁。
（4）ホファー，C.W.・シェンデル，D., 奥村昭博・榊原清則・野中郁次郎訳『戦略策定－その理論と手法－』千倉書房，1990年，38頁。
（5）ポーター，M.E., 土岐坤・中辻萬治・服部照夫訳『前掲訳書』，15～28頁。
（6）製品の累積生産量が増大するにつれて，製品1単位当たりのコストが減少することを意味する。通常，累積生産量が倍増すると，単価コストが20～30％低減するとされるが，ある一定の数量に達すると同じ経験効果を達成することができなくなり，新製品開発による新たな競争優位の確立が必要となる（小林末男監修『現代経営組織辞典』創成社，2006年，103頁）。
（7）コトラー，P.・アームストロング，G., 和田充夫・青井倫一訳『[新版]マーケティング原理』ダイヤモン社，1997年，661～677頁。

## 【勉強を深めるために参考となる文献】

寺本義也・岩崎尚人編『経営戦略論』学文社，2004年。
大滝精一・金井一頼・山田英夫・岩田智『経営戦略』有斐閣アルマ，1997年。
船越克己・葛西和広編『企業行動にみる経営学』創成社，2005年。

土岐坤・中辻万治・服部照夫訳『競争優位の戦略』ダイヤモンド社，1982年。
嶋口充輝『統合マーケティング』日本経済新聞社，1997年。
野中郁次郎・原田行男・髙橋浩夫訳『実行の経営戦略』ダイヤモンド社，1984年。
石井淳蔵訳『事業の定義』千倉書房，1984年。
小樽商科大学ビジネススクール編『MBAのためのケース分析』同文舘出版，2004年。
広田寿亮訳『企業戦略論』産能大学出版部，1969年。
奥村昭博・榊原清則・野中郁次郎訳『戦略策定－その理論と手法－』千倉書房，1990年。
小林末男監修『現代経営組織辞典』創成社，2006年。
和田充夫・青井倫一訳『［新版］マーケティング原理』ダイヤモンド社，1997年。
徳永豊編『例解 マーケティングの管理と診断』同友館，1989年。
葛西和広『経営戦略入門』泉文堂，1999年。

## 《Coffee Break》

　経営に大きな影響を与える要因として企業風土があります。企業風土は，企業としての時間を経るなかで，社員のなかに培われる共通するモノの考え方や行動パターンを規定する企業の価値観を表すもの，あるいは企業全体を貫く行動規範のようなものといえます。最近，老舗の大手菓子メーカー「不二家」の期限切れ原料使用問題が発覚しました。期限切れの原料使用について当初「勤続30年のパートの判断」と説明しながら，一転して組織ぐるみだったことを認めたのは，ルール無視が社内で蔓延していたのを示しています。このような企業風土が形成されると，最終的には消費者の信頼を失うことになり，企業が社会で存在することができなくなります。倫理的な行動を企業風土として定着させることが必要です。

ちょっと一息！

# 第5章 ▶ 人的資源管理

〈**Key word**〉
▶ 成果主義
▶ 男女雇用機会等均等法
▶ 雇用ポートフォリオ
▶ 非正規社員

このことばに注目！

## 1. 企業経営における人的資源管理

　人的資源管理とは，「企業に必要な人的資源を調達し，企業の経営戦略や事業計画を実現するためにそれらを有効に活用し，加えて人的資源であるそのメンバーへ仕事を通しての満足を提供し，メンバーの幸せづくりのための支援を行うことを目的とする」。

　人的資源管理は「2つの向上」を図ることを目指している。定義の前段に示されているのは企業業績の向上であり，後段に示されているのは社員満足の向上である。

　人的資源管理が対象とするのはあくまでも，企業に雇用される人的資源である。その人的資源である，"人"の特性について触れておこう。

① 労働力である
　　経営資源のなかの1つであり，当然にしてすべての経営資源の有効活用が求められることから，人的資源においても同様のことが指摘できよ

う。
② 人格を有している
他の経営資源と異なり人格を有しているということを忘れてはいけない。平たくいえば，"人間様"であるということである。この点はきわめて大切なことと思う。とかく頭ではわかっているが，なぜ日々の場面では忘れられてしまうのだろうか。
③ 成長する
他の経営資源と異なり各人のさまざまな経験を通して，成長することができる。このこともきわめて重要なことである。

これからの人的資源管理は，経営革新の道具としての位置づけが問われる。企業風土を変える，新しい事業を効果的に展開するなどを目指したい。

昨今のわが国の人的資源管理には，次の３つの現象がみられる。
① 「人間基準」から「仕事基準」
役割や職務といった仕事を前面に出し，それらを担える人を割り付けるというような対応がみられる。
② 現在価値
新しい事業や従来のやり方を大幅に変えざるを得ない状況では，思い切った人材の登用も必要になってきている。また技術革新のスピードも速まり，従来の知識や技術が陳腐化を余儀なくされ，人材の交代を行わざるを得なくなってきた。
③ 業績連動にもとづく「人件費の変動費化」
固定費である人件費を，それぞれの企業における業績と連動させて決定する方法を模索している。その方法としては，等級制度の見直し，報酬制度の再考，雇用形態の組合せなどがある。

## （１）人的資源管理の範囲

人的資源管理のスタートは「等級制度」である。等級制度とは"期待される人材像"のことである。期待される人材像は，業種や業態によっても違うし，

一企業のなかにおいても職層によって異なる。

　等級制度についてはどこかの時点で誰かが，何かの道具を使って状況をつかむことになる。どこかの時点というと，仕事は一般的に決算年度に対応している。誰がということになるが，これは原則として直属の上司がよい。なぜならば，日々の仕事を指示し，その仕事の状況は直属の上司が一番わかっているしわかっていなければならないからである。この際の道具が「評価制度」である。評価制度は状況把握と課題の確認という2つの面で活用される。

　期待される人材像への支援としての「育成制度」は，職務開発と職務外開発で構成される。職務開発とは，職務そのものを通して職務に必要な能力を向上・開発していくもので，異動，出向，プロジェクトチーム，職務代行などが代表的な方法である。職務外開発とは，職務を進める際に不足する点について上司の指導または本人の学習にもとづきそれらを補うもので，階層別研修，機能別研修，セミナー，通信研修などが代表的な方法である。

　期待される人材像への到達は対価が用意されている。これが「報酬制度」である。報酬制度は月例賃金，賞与および退職金で構成される。

　つぎに，雇用管理がある。雇用管理とは募集から退職までの時間的な流れをとらえたもので，募集，選考，配置，異動，昇進，退職などの一連の管理過程を取り扱うものである。

　さらに人的資源管理を支えていくマクロの施策やサブシステムもある。マクロの施策として労働経済や労働行政がある。労働経済とは雇用労働者の動きをとらえるもので，失業率や報酬の水準などが対象となっている。労働行政とは，労働基準法をはじめ法律の規制や高齢者の雇用促進などの行政指導などをいう。

　その他に人的資源管理では報酬とともに，働く人にとっても企業経営においても重要な労働時間管理がある。平成9年（1997年）4月1日から労働基準法第32条の定め通り，1週間の労働時間が40時間となった。昭和63年（1988年）4月1日の法律改正で導入された経過措置はなくなった。労働時間管理も変形労働時間制，フレックスタイム，みなし労働時間など，従来の労働時間管理が

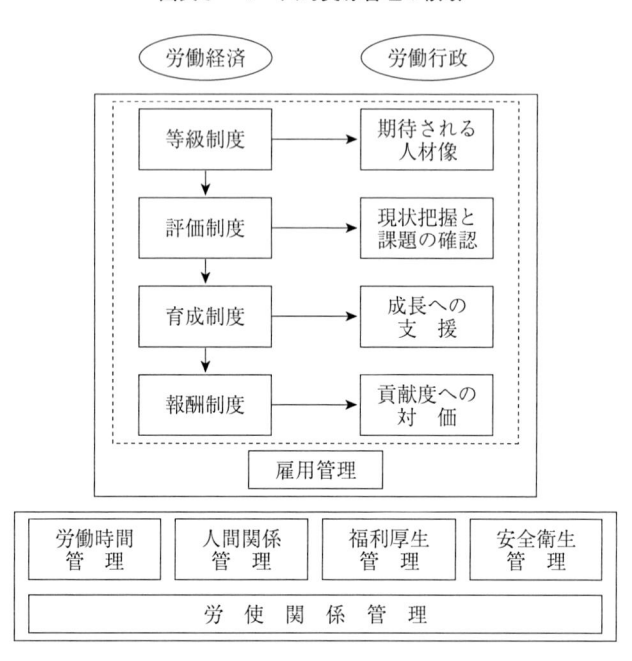

**図表5－1　人的資源管理の領域**

```
      労働経済          労働行政

    ┌─────────────────────────────┐
    │  等級制度  →  期待される      │
    │               人材像          │
    │                               │
    │  評価制度  →  現状把握と      │
    │               課題の確認      │
    │                               │
    │  育成制度  →  成長への        │
    │               支　援          │
    │                               │
    │  報酬制度  →  貢献度への      │
    │               対　価          │
    └─────────────────────────────┘
              雇用管理

  ┌────────┬────────┬────────┬────────┐
  │労働時間│人間関係│福利厚生│安全衛生│
  │ 管 理 │ 管 理 │ 管 理 │ 管 理 │
  └────────┴────────┴────────┴────────┘
  ┌───────────────────────────────────┐
  │       労 使 関 係 管 理           │
  └───────────────────────────────────┘
```

量から質への転換が求められている。

　また昨今にわかに注目が高まっている福利厚生制度がある。平成19年（2007年）1月に日本経団連が発表した「第50回福利厚生費調査（2005年度）」によると，企業の福利厚生費は調査産業計で前年度比1.3％増であった。伸び率の内訳を見てみると，健康保険，厚生年金といった各種社会保険料の事業主負担である法定福利費が1.8％で，企業が任意で行う法定外福利費が0.1％であった。このことから福利厚生費の伸びは，法定福利費による面が大きいことがわかる。

　今後企業における福利厚生費は，各企業が任意に行う法定外福利費を抑制する方向にいくと考えられる。よって，法定外福利費も企業間の業績格差があらわれ，このことが実質報酬の差，すなわちフレンジベネフィットの議論を再燃させることにもなる。また限られた予算の効果的な活用が一方では求められ，

従来の集団一括，平等主義にもとづく画一的な施策から，個性や個人の考えを尊重する重点的な対応が必要となってくる。この要請に応える1つの方法として，「カフェテリア・プラン」がある。「カフェテリア・プラン」は，米国の多くの企業で導入されている従業員選択型の福利厚生制度である。

　安全管理や衛生管理の問題もある。安全管理は生産技術の発達にともない，機械，装置および原材料がより多岐にわたりかつ複雑になってきている。それにともない，労働災害の発生も増大していくことが想定される。従来以上に労働災害の防止を経営者および従業員で進めていくことが必要になる。労働災害の原因としては，物理的要因（設備の不備，作業方法の不備など）や人的要因（経験や訓練不足，不注意，過失，管理の不備など）があげられる。また，衛生管理では情報処理機器操作にともなう眼精疲労，腱鞘炎や配転，出向によるストレスの増大などがある。最近，とくに注目されているのが，メンタル・ヘルス（心の健康）である。仕事の不適応，職場での人間関係，昇進への不満，定年後の不安などに起因するものである。職場のカウンセラーのみならず，外部の専門家との連携が求められている。

　人的資源管理の対象は人格を持った"人間様"である。組織のなかに発生する人間関係のうち，その非制度的な面に着目した人間関係管理がある。人間の感情，態度，意欲などは，人格としての個人によって統合されたものであり，制度によって必ずしも縛られるものではない。昨今，再び注目を浴びている点に留意したい。

　人的資源管理のベースになっているのが労使関係管理である。これは労働者が使用者（経営者）との間に労働力の売買による，取引を結ぶことを対象としている。この関係は労使が経済的に対立する関係である。労働力の売り手としての労働者が労働組合を組織するようになると，使用者と労働組合との間に労働条件を共同で取り決めた集団的な労働協約が結ばれる。

　この章では前述した4つのサブシステム（等級制度，評価制度，育成制度および報酬制度）で構成された範囲を，人的資源管理として取り上げている点についてあらかじめ断っておく。

## （２）人的資源管理を決める要因

　人的資源管理を決める要因は，大きくとらえて６つある。

　人的資源管理を決める要因の１番目には「企業ニーズ」がある。なぜならば人的資源管理は事業計画なり，経営戦略を実現するための"道具"と位置づけているからである。

　働く人の思いも重要である。これを「社員ニーズ」という。フレックスタイム制や限定勤務地制度など，働く人が自分の思いで選択できる制度が増えてきてる。

　３つ目は労務構成である。企業における平均年齢，平均勤続，男女比率，正社員比率などを指すものである。

　次に業種業態がある。これはある面において，労務構成とも関係がある。熟練度を必要とする業種・業態では経験を尊重するため，人材育成も時間がかかり，個人差が大きく出ることが多く，処遇も中長期的視点が求められる。一方，標準化しやすい作業では，マニュアルなどにしたがって作業習得をしていくので時間を要することもなく，個人差が少ないという前提に立っている。

　また，人的資源管理はいろいろな法的規制を受けている。代表的なものが，労働基準法である。労働契約から始まって，賃金，労働時間などいくつかの制約がある。

　最後に地域性または企業風土がある。東京本社で人的資源管理の設計を議論して，地方にある工場で社員に説明しても受け入れられない場合がある。また取扱い製品，企業形態，業界特性などから影響を受ける企業風土も重要である。

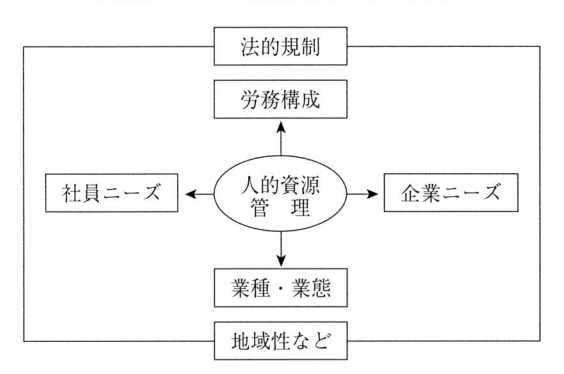

図表5-2　人的資源管理を決める要因

(法的規制) — (労務構成) — (社員ニーズ) ← 人的資源管理 → (企業ニーズ) — (業種・業態) — (地域性など)

## （3）職層別（幹部職層，執務職層）の基本的視点

　企業経営を展開する担い手は，大きく2つの職層で構成される。それは幹部職層と執務職層である。

　幹部職層とは，一般に管理職と呼ばれる場合が多い。幹部職層は，仕事をやりやすくするための「良い基準作り」が重要な業務になる。執務職層は幹部職層が策定した良い基準にもとづいて，業務を遂行することになる。

　このように人的資源管理において，企業経営には2つの重要な面があることになる。1つは策定された基準そのものが経営目標なりを展開するのに，適切なものなのかどうか。もう1つが，策定された良い基準そのものをきちんと守り業務を遂行しているのかということである。

　幹部職層は企業経営へ直接的に，貢献することが問われる。経営における機能は業績向上であり，目的は業績査定中心ということになる。業績査定中心ならば，相対評価がよい。相対評価とは，その期に誰が一番稼いだのか，誰が一番トップの方針に応えたのかを判定する方式である。幹部職層の特性が「トップがやりたいことを実現する」ということにあるのなら，企業を成長させた人が評価されるのは当然である。

　一方，執務職層の使命は，何をおいても"自分を成長させること"である。

個人の成長は,「仕事の広がり」を意味している。昨年と比べて仕事を進めるのに半分の時間でできるようになった,新しい仕事ができるようになった,ということである。役割と習熟度を基準で測る絶対評価がよい。そして執務職層の昇格はいわゆる「卒業方式」つまり,その資格に求められるものが身に付けば次の資格に入れるというのが適している。
　このように執務職層の主な目標はまず自分自身の成長にあり,それは来たるべく経営を司る幹部職層になった時の育成期間である。幹部職層は企業の成長に貢献することが期待されている。
　このような基本的な考えに従えば,職層別の人的資源管理は次のようになる。
　幹部職層の機能は「企業の成長」への貢献であり,何をおいても業績向上が期待されることにある。期待したことの状況把握は評価制度であるが,方式は相対評価が良い。相対評価という方式は序列を決めることである。報酬も明確である。企業業績と直接連動し,各人の貢献度合で決めればよい。そして,幹部職層の仕事は一般的には1年で編成されるので報酬も1年で決めればよいので年俸制となる。
　一方,執務職層の機能は「個人の成長」であり,何をおいても育成そのものが期待されることになる。個人の成長は仕事を通して段階的に発展する。
　各資格に求められる役割を明確にし,その求められる役割の習熟度合を個別に把握することになる。なぜならば,1人ひとりは同じではない。同じ資格に格付けられている人でも,仕事への思いも違うし,仕事を習熟していくスピードも違う。だから1人ひとりに期待する役割を段階的に習熟させていくプログラムを用意しなければならない。その期待される役割の習熟度合を確認する評価制度は絶対評価がよい。

図表5-3　職層別の基本的視点

| 項　目 | 執務職層 | 幹部職層 |
| --- | --- | --- |
| 1．機　能 | 個人の成長 | 企業の成長 |
| 2．人材像 | 職務の広がり | 目標の具現化 |
| 3．重　視 | やや中期的視点 | 現在価値 |
| 4．「等級制度」 | 貢献等級制度 | 貢献等級制度 |
| 5．「評価制度」 | 絶対評価 | 相対評価 |
| 6．「育成制度」 | OJT，異動など | 自己啓発 |
| 7．「報酬制度」 | 役割給＋成果賞与 | 年俸制 |

## 2. 求める人材像を明示する「等級制度」

　等級制度とは，期待される人材像のことである。等級制度は「従業員を能力，職務系統，勤務条件，役割などの基準によって区分・序列化し，これを基礎に報酬，職務配置，昇進，育成，評価など，一連の人的資源管理を個別的にあるいは統合化して運用することを目指すものである」と定義できる。

### （1）等級制度のタイプ

　この等級制度を考えるときの基本は2つある。1つは"人"であり，もう1つが"仕事"である。人は2つの観点からとらえることができる。属人的な要素で決める「年功的等級制度」で，能力で格付けをする「職能等級制度」である。仕事は，「職務等級制度」である。職務分析の考え方と手法にもとづき，社内におけるそれぞれの職務の相対的な価値にもとづいて序列を決める方法である。

　この3つの分類はそれぞれ一長一短がある。そこで目をつけているのが，人と仕事の真ん中辺に位置していると考えられる"貢献"である。これを「貢献等級制度」という。

　貢献は，役割と成果で構成される。これは仕事と人とをそれぞれうまく結び

つけることができる。役割というのは「成果を生み出すための価値ある行動」をいい，担当すべき職務の権限と責任のことで，仕事を見つめている。一方，成果とは「新しい価値を生み出すこと」をいい，その職務を担当した者のできばえで，人を見つめている。新しい価値とは，「新しい顧客を開拓する」「新しい製品を開発する」「新しい仕事の仕組みを創出する」などを指している。また，価値ある行動とは，それぞれの役割において共有化されるものである。

**図表5-4　等級制度のタイプ**

| 項　目 | 能力重視 | 職務重視 | 貢献重視 |
|---|---|---|---|
| 1．システム名 | 職能等級制度 | 職務等級制度 | 貢献等級制度 |
| 2．システムのねらい | 能力の開発と活用による，"人そのもの"を中心とした制度 | 職務内容とそのレベルの明確化による，"仕事そのもの"を中心とした制度 | 遂行責任と結果責任の明確化による，"役割と成果"を中心とした制度 |
| 3．システムの体系 | 〈職能等級制度〉↓〈人事考課制度〉↓〈職能開発制度〉↓〈(職能給)制度〉 | 〈職務等級制度〉↓〈職務評価制度〉↓〈職務訓練制度〉↓〈(職務給)制度〉 | 〈貢献等級制度〉↓〈評価制度〉↓〈育成制度〉↓〈(役割給)制度〉 |
| 4．システムの基準 | 職務基準と能力要件 | 職務遂行と結果 | 役割と成果 |
| 5．システムの運用方法 | 人事部と"場"の幹部職層の相互補完による育成を中心とする運用 | "場"の幹部職層を主体とする，職務を中心とする運用 | "場"の幹部職層を主体とする，業績向上と職務の広がりを中心とする運用 |
| 6．システムの運用基準 | 「職務基準」と「能力基準」にもとづく，中長期的視点による人材の成長 | 職務分析と職務評価にもとづく，構成員の職務遂行に依存する企業の存続発展 | 企業経営への貢献度合いにもとづく，現在価値重視による企業と人材の成長 |

図表5-5　等級体系

| 幹部職層 | 等級 | ランク | 等級 | ランク |
|---|---|---|---|---|
| | 部　長 | I | 課　長 | I |
| | | II | | II |
| | | III | | III |

⇧

| 執務職層 | 等級 | 段　階 |
|---|---|---|
| | 超ベテラン | 幹部職層の"稽古場" |
| | ベテラン | 下級者を指導・助言 |
| | 一人前 | 担当業務を単独で遂行 |
| | 見習い | 指導を受けて担当業務を遂行 |

## （2）執務職層の等級制度

　執務職層に設計される等級制度は，役割の発展段階に応じて格付けされ，それぞれの等級に求められる役割の開発を行っていくことをねらいとする。等級の区分は，見習い，一人前，ベテランおよび超ベテランの4段階である。

　見習いとは，入社したばかりで社内における経験が不足していて，先輩や上司の指導や援助がなければ，担当する業務をこなせない段階である。一人前とは，先輩や上司の指導や援助がなくても，1人で担当の業務をこなせる段階である。ベテランとは，1人で担当の業務をこなし，かつ見習いの人の指導や一人前の人への助言ができる段階である。超ベテランとは，幹部職層の"稽古場"として位置づけられ，将来の企業を背負っていく人が選抜され幹部職層になるための幾多の試練が課されていく段階である。

図表 5 - 6　執務職層の役割定義

| 等　級 | 定　義 | イメージ |
|---|---|---|
| 超ベテラン | 包括的指示にもとづく幹部職層レベルの職務の遂行およびかなり高度な知識，技術，経験にもとづく幹部職層の補佐職務を行う。 | サジェッション |
| ベテラン | 業務の方針についての指示を受けるが，自らの知識と経験にもとづく判断により，比較的高度な職務の企画，調整，折衝などを単独もしくは下位資格者を指導しながら行う。 | ネゴシエーション |
| 一人前 | 日常の定型的業務の単独での遂行および指示を受けて困難な職務を行う。 | コミュニケーション |
| 見習い | 具体的指示または定められた手続きに従い，日常の定型的，反復的な業務を行う。 | メッセンジャー |

## （3）幹部職層の等級制度

　幹部職層に設計される等級制度は，貢献に応じて格付けされる。よって格付けはダイナミックに上下することになる。

　各等級に2つないし3つの「ランク」を設けることにする。ランクとは役割の大きさを指し，担当する組織の規模，部下の数，物的管理の責任度合，金銭管理の責任度合，戦略的な意味合いなどを評価して決定する。

　幹部職層は企業を成長させる担い手として，企業業績に直接的に貢献することが求められている。等級制度の本質である基準による区分・序列は，「業績向上」で格付けされることになる。

　幹部職層に期待されるのは業績向上である。成果を生み出すことである。そのために価値ある行動が求められる。それは役割である。役割とは，それぞれの資格に求められる権限と責任のことである。ここで権限と責任の言葉の意味を確認しておきたい。権限とは「やろうと思えばやることが許されている仕事の範囲のこと」であり，責任とは「本人がやりたいとかやりたくないにかかわらず，やることが周りから期待されていること」である。

　幹部職層の等級はその役割が担える人が選ばれて格付けされる。そしてその

期が終わった段階で役割が担えたかが問われ，役割が担えなければ役割を交代する。役割が担える人が新たに選ばれて，その等級に格付けされる。このように幹部職層の格付けは，必ずしも段階的に発展するとは限らない。

　幹部職層に選ばれるのは，執務職層の延長線での卒業で行われるのではない。執務職層の時に何ができるようになったとか，こんな勤務ぶりだったとか，彼は真面目で一生懸命やってきたのでそろそろ幹部職層にという推薦書は意味をなさない。あくまでも幹部職層に選抜したならば「何をさせるのか」，「何ができるのか」がポイントになる。

　昇格をどのように考えたらよいのだろうか。昇格とは格付けされた等級が上がることである。昇格の方式には，卒業方式と入学方式の2つがある。卒業方式というのは，その等級に求められているものが身についたならば次の資格に上がってよいというやり方である。よって，降格という概念は存在しない。入学方式とは，次の等級の役割が担えそうだからやらせてみよう，もし駄目だったら降格させればよいという考え方である。

　この基本を踏まえ職層別に考えてみると，執務職層はその機能を育成と位置づけるならば卒業方式が適していて，幹部職層はその機能を業績向上と位置づけるならば入学方式が適しているといえる。

　昇格枠という考え方は執務職層にはないが，幹部職層にはある。執務職層は期待される役割が身についたならば，原則として全員が昇格できる。幹部職層は選抜されるので，必ずしも執務職層の延長線での昇格は期待できない。過去の蓄積は大きな意味を持たない。これから何をやってくれるかが問われる。

図表5－7　幹部職層の役割定義

| 項　目 | 部　長 | 課　長 |
|---|---|---|
| 通常業務 | 担当部門の主要目標，方針，戦略の策定および具現，達成についての結果責任。<br>担当部門の業務遂行管理責任。 | 担当組織の目標，方針，計画の具体的かつ詳細な設定および遂行，達成についての結果責任。<br>担当組織の業務遂行管理責任。<br>担当組織所属員の労務管理の監督責任。 |
| 部下育成 | 担当部門所属員の長期的育成計画の立案と実行。<br>幹部職層昇格候補者の養成。 | 担当組織所属員の役割，資質向上のための職務開発計画の立案と実行。 |
| 企画開発 | 会社の経営基盤，部門の主要業務，管理システムに関する企画，提案，実行。<br>①改革，革新に関する事項<br>②整理統合に関する事項<br>③撤退，廃止に関する事項 | 部門の経営基盤，組織の主要業務，管理システムに関する企画，提案，実行。<br>①改革，革新に関わる事項<br>②改善に関わる事項 |
| 上司補佐 | 社長，役員からの特命事項 | 上司からの特命事項 |

## 3. 適合状況と課題の確認に役立つ「評価制度」

　期待される人材像すなわち等級制度については，どこかの時点で何かの道具を使って状況をつかむことになる。この際の道具が評価制度である。評価制度は状況把握と課題の確認という2つの面で活用される。

### （1）評価方式（相対評価と絶対評価）

　評価の方式は幹部職層が相対評価で，執務職層が絶対評価を適用する。なぜならば，評価結果の活用（評価の目的）がそれぞれ異なるからである。幹部職層は誰がその期において一番貢献したかを問い，その序列にもとづき処遇を決めることになり，執務職層は1人ひとりに求められる役割の習熟度合を把握し，

人材育成に結びつけるからである。

　相対評価とはひとことで言えば,「序列を決める」ということである。一方,絶対評価とはひとことで言えば,「1人ひとりを見つめる」ということである。

　相対評価では査定が中心で,絶対評価では育成が中心と考える。相対評価は序列を決めることに優れている方式であるから,査定にもとづく処遇に活用されることに適していることがわかる。絶対評価は1人ひとりを見つめることに優れている方式であるから,育成にもとづく個人の成長に活用されることに適していることがわかる。

　これらの基本を踏まえて実務的に考えていくと,相対評価では対人比較にもとづき分布規制は厳格に行われるため,母集団における調整という作業が必要になる。絶対評価では基準比較にもとづき分布規制にとらわれないため,個人を見つめるところから調整は不要となる。

図表5-8　評価方式の比較

| 項　目 | 相対評価 | 絶対評価 |
| --- | --- | --- |
| 1．目　的 | 査定中心 | 育成中心 |
| 2．方　法 | 対人比較 | 基準比較 |
| 3．分　布 | 規制あり | 規制なし |
| 4．調　整 | あ　り | な　し |
| 5．要　素 | 粗　い | 細かい |
| 6．対　象 | 母集団 | 個　人 |

## （2）幹部職層の評価制度

　幹部職層に期待されることは,企業の成長への貢献度合である。企業経営の成長へ誰が一番貢献したかが問われる。企業経営への貢献には大きく2つのことが対象となる。それは役割と成果である。

　役割の評価は,成果を生み出すための価値ある行動を把握することになる。

よって，幹部職層に共通的に求められる行動と考えてよい。役割とは各職位に割り付けられた，権限と責任のことである。当然にして，それぞれに格付けられている役割の遂行度合が，評価の対象となる。単に，結果（成果）だけを出すのではない。むしろ組織のなかで重要なことは，役割をきちんと遂行したかである。

一方，成果の評価は，新しい価値をいかに生み出したかが問われる。成果は「目標管理制度」で把握することにする。

目標管理制度とは，経営学者のドラッカー（Drucker, P. F.）が提唱した「目標による管理」がその源流である。この基本的な考え方は，個人目標と組織目標との統合を自立的に展開することにある。

成果の評価は「目標設定度」と「目標達成度」で行う。目標設定度が評価の対象となるのは，部長なら部長にふさわしい目標を設定してもらうことを狙っている。前年より高い目標を設定するところにこそ，幹部職層の存在意義があるといえよう。前年と同じレベルの目標を設定し，目標が達成したといわれてみても企業経営において，辛いものがある。幹部職層なら，挑戦的な目標を設定してはじめて「期待レベル」ということになる。成果とは，「新しい価値を生むこと」であることを思い起こしてほしい。

役割は「役割評価表」を用い，成果は「目標管理シート」を用いることにする。

幹部職層の仕事の編成は1年間となることが多い。となると，評価の期間も1年間とすることが適切である。

## 図表5-9　役割評価表

| 項　目 | 内　　　容 | 評価 |
|---|---|---|
| 1. 戦略策定 | 1. 変化を先取りし，先をにらんだ仕事をしている。 | |
| | 2. 評論家ではなく，自ら行動を起こして変革しようとしている。 | |
| | 3. 現状維持に満足せず，高い目標を持ち，達成するための努力をしている。 | |
| 2. 実　行 | 1. 戦略展開過程の中で遭遇する困難，障害を乗り越えて実行している。 | |
| | 2. 前例や慣習に囚われず，思い切った決定・決断をしている。 | |
| | 3. 安易に上を頼らず，自分で決めるべきことを決めている。 | |
| 3. リーダーシップ | 1. 周囲を巻き込んで，あるべき方向に動かしている。 | |
| | 2. 失敗に対しても責任を他に転嫁せず，自ら泥をかぶる潔さもある。 | |
| | 3. 同僚や部下が困っている問題を適切に解決している。 | |
| 4. 部下育成 | 1. 部下の育成に熱心に取り組み，常にそのことを意識した行動をしている。 | |
| | 2. 部下を説得し動機づけを行い，部下から信頼されている。 | |
| | 3. 仕事の指示が的確でやるべきことが常にはっきりと示されている。 | |
| 5. 人間的魅力 | 1. 同僚・関係部署や社外の関係者に信頼されている。 | |
| | 2. 部下・後輩から支持・信頼されている。 | |
| | 3. 周囲から見て刺激を与えてくれる存在である。 | |
| 6. 自己革新 | 1. 幹部職層としての役割を正しく認識している。 | |
| | 2. 自己を変革，向上させようとする姿勢がある。 | |
| | 3. 難しい問題に対しても率先垂範し，解決にあたっている。 | |
| 7. 問題意識 | 1. 周囲の状況を適切に判断し，必要な気配りができている。 | |
| | 2. 上司・部下・同僚・関係先とのコミュニケーションに努め，適宜必要に応じて情報を共有化している。 | |
| | 3. 業務改善や業績向上に，計画を立てて意欲的に取組んでいる。 | |

5＝その通りである。4＝どちらかというとその通りである。3＝どちらともいえない。
2＝どちらかというと違う。1＝全く違う。0＝わからない。該当しない。

図表5-10　目標管理シート

| 目標管理シート（平成　　年度） | | | | | | | | | 製作日　年　月　日 | |
|---|---|---|---|---|---|---|---|---|---|---|
| 部門・役職　　　　　　　　　　　 | | | | | | | | | 氏名　　　　　　　　　　 | |
| | | | | | | | | | 評価者　　　　　　　　　 | |
| 今　期　の　目　標 | | | | (%)ウエイト | 目標設定度 | | 目標設定度 | | 評　価 | | 総合評価 |
| | | | | | 本人 | 上司 | 本人 | 上司 | 本人 | 上司 | |
| 1． | | | | | | | | | | | |
| 2． | | | | | | | | | | | |
| 3． | | | | | | | | | | | |
| 4． | | | | | | | | | | | |
| 5． | | | | | | | | | | | |
| 　　　　　総　　　合 | | | | 100％ | | | | | | | |
| 総合所見欄 | | | | | | | | | | | |
| ＜本人所見＞（どういう手を打って目標を達成したか。障害をどう克服したかなど） | | | | | | | | | | | |
| ＜上司所見＞（目標設定度，目標達成度はそれぞれどうであったか。外部条件的なものの有無など） | | | | | | | | | | | |

## （3）執務職層の評価制度

　執務職層に期待されることは個人の成長である。すなわち，企業の成長に貢献する日のために，まず自分自身の「仕事の広がり」を果たしていかなければならない。基本的には1つ1つ段階的に身につけていくことになる。それらは大きく3つある。1が知識であり，2つ目が技能であり，3つ目が経験である。最初の2つは必ずしも仕事や経験を通して身につけていくとは限らない。3つ目の経験は仕事を通じて，身につけていくことになる。

　仕事の習熟度合を判断する時には，役割にふさわしい仕事を与えて行っている。育成段階における執務職層における評価は，本来的には仕事の広がりが重要である。

　執務職層の仕事の編成は一般的に短く設定される。極端にいえば，その日その日に仕事が与えられることがある。だからといって，日々評価を行うということは実務的には無理がある。そこで，所属の部署の職務編成との兼ね合いから6カ月が適切である。

　執務職層の機能はあくまでも育成である。育成が主眼であるならば，評価の

## 図表5-11 執務職層評価表

| | 本人評価 | 上司評価 |
|---|---|---|
| 1．仕事の量（ウェート40％） | | |
| ＜前年と比べて与えた仕事量の変化＞ | | |
| イ．前年と比べると仕事量を多く与えた（20） | | |
| ロ．前年と同じ仕事量を与えた（12） | | |
| ハ．前年と比べると与えた仕事量は減っていた（4） | | |
| ＜その仕事量に対し本人の成し遂げた度合＞ | | |
| イ．他人を手伝ったほど素早く成し遂げた（20） | | |
| ロ．期限内にぎりぎり成し遂げた（12） | | |
| ハ．上司や同僚が手伝わねばならなかった（4） | | |
| 2．仕事の内容（ウェート30％） | | |
| ＜与えた仕事の中味・むずかしさの変化＞ | | |
| イ．与えた仕事は前年と比べてむずかしいものであった（15） | | |
| ロ．前年とほぼ同じ内容であった（10） | | |
| ハ．前年と比べると与えた仕事の内容はむしろ易しかった（3） | | |
| ＜与えた仕事の出来栄え＞ | | |
| イ．文句のつけようのない出来栄えだった（15） | | |
| ロ．時にはミスもあったが軽微なものだった（10） | | |
| ハ．周囲の負担を増した（3） | | |
| 3．仕事の広がり（ウェート20％） | | |
| ＜前年と比べて与えた仕事の幅や範囲の変化＞ | | |
| イ．仕事の種類も多くし，異質な仕事も与え，対外的折衝も加わった（10） | | |
| ロ．仕事の種類は前年と同じ内容だった（6） | | |
| ハ．前年よりもむしろ単純で単一に近い仕事を与えた（2） | | |
| ＜仕事の幅と範囲に応じてこなせたか＞ | | |
| イ．与えた仕事は十分にこなした（10） | | |
| ロ．指示，指導をしたため無難にこなした（6） | | |
| ハ．仕事の幅を広げることは無理だ（2） | | |
| 4．執務姿勢（ウェート10％） | | |
| イ．定められたルールはきちんと守り，他の模範となった（10） | | |
| ロ．定められたルールはきちんと守り，特に問題はなかった（6） | | |
| ハ．定められたルールを破ることがあった（2） | | |
| 総　合　得　点 | | |

（注）総合得点と評価：88～100点＝S，66～87点＝A，43～65点＝B，28～42点＝C，20～27点＝D

方式は絶対評価しかない。その際，いわゆる１次評価とか，２次評価というやり方は本当に必要なのであろうか。

　部下の仕事の広がりは，直属の上司が仕事を通して判断することになる。その際に仕事を与え，指導していくのは直属上司の大切な仕事である。それらの部下に関する判断が直属上司によって行われるのであれば，それに対して２次評価や３次評価や最終評価は何をするために存在するのであろうか。

　直属の上司が評価した結果は，部下の育成のために本人にフィードバックされる。部下に何を期待し，それに対してどうであったのかを的確に伝えることは個人の成長を促進するために必要となる。

## 4.　求める人材像への到達を支援する「育成制度」

　育成制度とは「成長」を促し，それを支援するものである。執務職層における成長とは，自分を成長させることであり，幹部職層におけるそれは，企業を成長させることである。

　育成制度の手法としては，職務開発と職務外開発とがある。

### （１）職務開発の方法

　職務開発には職務充実，職務拡大，異動，出向などがあるが，異動，出向が今後の施策として重要になるものと考える。職務充実は担当している仕事の掘り下げまたは高度化をいい，職務拡大は新しい仕事が加わることすなわち多能工化をいう。

　職務開発の方法としては，次のようなものがある。

　① 出　向
　　従来行われていた中高年を対象とした人員追い出し型出向から，若い人を対象とした人材育成型出向に政策を変えることが望ましい。あくまで

も人材育成の一環としての出向が，今後の人的資源管理施策の重要な柱になることと思われる。

② 配置転換

いくつかの部門を経験することを昇格，昇進の条件とするという方法がある。「三職主義」が代表的である。これは3つの部門に籍を置かないと，課長職につけないという制度である。とくに20歳代での積極的な配置転換は人材育成を目指したものであり，その後のキャリア形成に欠かせない施策といえる。

③ プロジェクト・チーム

ある課題に対して，調査，分析，検討，計画の立案のために少人数の専門家で期限を設け作業するチームのこと。チーム運営を通じて，経営管理に関わる種々の管理技法を習得させることができる。

④ ジュニア・ボード

主に若手を中心として「青年重役」に任命する制度のこと。定期的に模擬役員会を開催し，いくつかの課題を討議させる。例えば，"当社生き残りプランづくり""長期経営計画""新製品開発"などがテーマとなる。後継者の育成，アイディアの創出に効果がある。

⑤ 社内公募制

各部門，事業所が必要とする人材を社員から自由に応募させ，やる気のある人材にチャンスを与える制度のこと。社員の希望を生かした配置転換，能力発揮を狙いとし，意欲的な業務への取り組みや自己啓発を促すことができる。

⑥ キャリア・パス

ある職位に就任するために必要な業務経験の関門を通過させる制度のこと。例えば，役員になるためには，海外勤務，子会社出向および社長室の業務経験の関門を通過することを義務づけるようなこと。

⑦ 職務代行制度

下位職位の者を一定の期間，上位職位の者の職務を経験させ，役割の習

熟度を向上させる制度のこと。例えば，部長を研修等で一定の期間出張させたり，強制的に休暇をとらせ，その間下位職位の者に部長の代行をさせるようなこと。

### （２）職務外開発の方法

　企業のなかでそれぞれの立場に付いた人が，その職責を果たすためにどのような知識・技能が必要であるかを分類整理し，それらを習得するための方法を考えなければならない。習得方法としては職務開発をあくまでも基本とするが，それらを効果的に展開するためにはサポートシステムとしての職務外開発を活用することが適切である。

　職務外開発の方法としては，O・J・T，off・J・Tおよび自己啓発が代表的である。O・J・Tとは「上司が日常の業務を通じて行う部下育成のための開発活動」をいい，off・J・Tとは「社内，社外とを問わず，日常の業務から離れて行う開発活動」をいい，自己啓発とは「現在担当している業務について，自分で費用を負担して必要な知識・技能を習得するための開発活動」をいう。

　職務外開発は，階層別，部門別および組織別の3つで構成される。

① 階層別職務外開発
　新入社員から経営者に至るそれぞれの階層において求められる知識，技能および行動を習得し，立場，役割，機能などについて認識と理解を深めることをねらいとしたものである。
② 部門別職務外開発
　製造，技術，営業，事務などの各機能に求められる知識，技能および行動を習得し，立場，役割，機能などについて認識と理解を深めることをねらいとしたものである。
③ 組織別職務外開発
　営業所，工場，本社などの組織単位での全員参加を基本とし，組織において求められる知識，技能および行動を習得し，立場，役割，機能など

図表5-12 職務外開発の体系

| 項　目 | O・J・T | off・J・T | 自己啓発 |
|---|---|---|---|
| 遂行者 | 上　司 | 人事部門 | 本　人 |
| 方　法 | 1. 課題割当<br>2. 職務充実<br>3. 職務拡大 | 1. 外部セミナー<br>2. 内部集合研修 | 1. 通信教育<br>2. 外部セミナー<br>3. 文献 |

について認識と理解を深めることをねらいとしたものである。

## （3）経営者候補の育成

　人的資源管理の大事な機能として，つぎの経営者を育成するプログラムの開発とその実施がある。
　まず経営者になる候補者を選ばなければならない。つぎに経営者としてのスキルを高めるための機会が与えられる。いくつかの試練が待っている。それを乗り越えるには，相当の自助努力が求められる。
　1つは資金である。企業経営において「お金」がないということは，いかに大変なことかということを研修や書籍ではなく，自らの体験で習得していかなければならない。
　2つ目は営業である。顧客に自社製品をお買い上げいただくことは，すべての商売の原点である。この経験がなければ経営者にはなれない。
　3つ目が労務である。経営資源のうちの一番大事な「人」についても，体験を通して理解しなければならない。これにはラインの責任者を経験させるのがよい。メーカーなら工場長，小売業なら店長，卸業なら営業部長となる。
　それらを学んだならば，つぎに社長のそばで勉強することが必要である。それは社長がどのように意思決定を行うかを学んでもらうことにある。
　最後は新規事業の事業化，または新製品（商品）の企画から販売を担当することがよい。
　幹部職層における育成制度の基本は，まずは自分自身を高めること，つぎに

経験の少ない部下を一人前にするための指導，さらに経営者になるための経験である。

# 5. 企業経営への貢献度を表す「報酬制度」

　人的資源管理の中心は，報酬制度であるといっても過言ではない。報酬についての認識は，労働基準法第11条に定める「労働の対償」という考え方を基本としたい。幹部職層における労働の対償は企業経営への貢献であり，執務職層におけるそれは個人の成長の度合を指すことになる。

## （1）報酬制度の基本的視点
### ①報酬制度の範囲
　報酬制度の範囲という場合には，報酬水準，報酬体系および報酬形態をいうのが適切である。

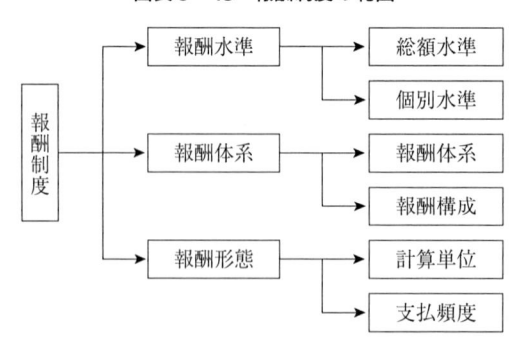

図表5-13　報酬制度の範囲

```
                ┌─ 報酬水準 ─┬─ 総額水準
                │            └─ 個別水準
報酬制度 ───────┼─ 報酬体系 ─┬─ 報酬体系
                │            └─ 報酬構成
                └─ 報酬形態 ─┬─ 計算単位
                             └─ 支払頻度
```

　報酬の水準には，2つの視点がある。1つは総額水準であり，もう1つは個別水準である。報酬の決定は優れて経営要因である。生産性に見合った報酬を決めていかなければ，企業経営はいつか破綻が来てしまう。これらの点を検討

するのが総額水準である。また，個別水準とは，個別条件別の報酬のことであり，大卒初任給とか営業課長職の年収とかを指すものである。

報酬体系には，狭義の報酬体系と報酬構成がある。狭義の報酬体系とは「社員1人ひとりに支払う報酬の基準を体系に表したもの」で，月例賃金，賞与および退職金で構成される。報酬体系を検討する場合，それぞれの内訳がどのような割合になっているかも重要な視点である。これが報酬構成（賃金構成）である。

**図表5－14　職層別の報酬体系**

| 職　層 | 月例賃金 | 賞　与 | 退　職　金 |
|---|---|---|---|
| 幹部職層 | 年　俸　制<br>（役割年俸＋成果年俸） | | 貢献度に応じた<br>ポイント式 |
| 執務職層 | 役割給＋習熟給 | 成果賞与 | |

報酬形態とは報酬の支払い形態のことで，一般的に「支払い」が略されて報酬形態（賃金形態）と呼ばれている。支払い形態には2つの側面がある。1つは報酬の"計算単位"で，月単位の計算単位が一般的でこれを月給制と呼んでいる。もちろん日給制や週給制もある。2つ目は報酬の"支払い頻度"で，一般的には月1回が多い。これは労働基準法第24条に定められている「賃金支払い5原則」により，月1回以上の支払いが義務づけられていることによるものである。

### ②報酬制度は何で決まるのか

報酬制度には直接的な決定要因と間接的に影響を与える調整要因がある。

報酬制度の決定要因は，3つある。1つは「労働力再生産費要因」で，労働力の「売り値」のことである。よって「生計費」が目安となる。2つ目は「経営要因」で，企業の支払能力や企業業績のことである。よって「生産性」が目安となる。3つ目は「国の労働政策要因」で，報酬はいくら売り値と買い値で

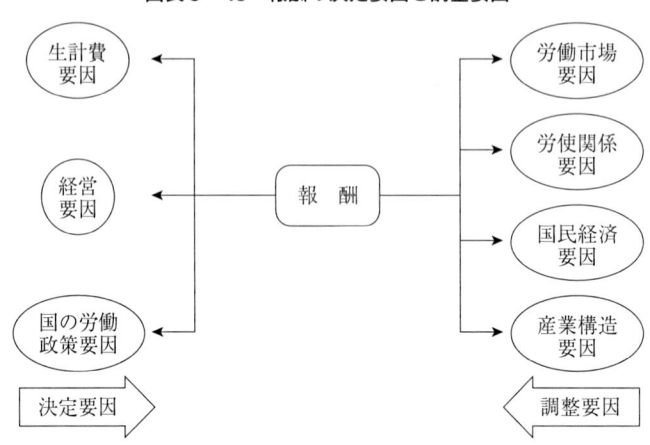

図表5-15　報酬の決定要因と調整要因

```
生計費要因 ←┐              ┌→ 労働市場要因
            │              │
            │              ├→ 労使関係要因
経営要因   ←┤   報　酬    ├
            │              ├→ 国民経済要因
            │              │
国の労働   ←┘              └→ 産業構造要因
政策要因
  決定要因 ⇒                ⇐ 調整要因
```

決まるといってもそうはいかない。報酬は「最低賃金法」や「労働基準法」の制約を受ける。

　報酬制度の決定には，つぎのような調整要因も影響を与えている。1つは「労働市場要因」であり，需給関係のことである。2つ目は「労使関係要因」であり，労使の交渉力も現実には大きな要因である。3つ目は「国民経済要因」であり，経済成長率のことである。4つ目は「産業構造要因」でああり，産業構造の変化による産業の浮沈が報酬水準にも反映されている。

## （2）職層別の報酬制度
### ①執務職層の報酬

　基本給は，役割給と習熟給の二本建てとする。役割給は各等級ごとの単一給とし，昇格したばかりの人も長く在級している人も同じ金額となり，かつ等級が変わらなければ変わらない。

　習熟給は個人の成長度合を表すもので，評価にもとづいて決定される。同じ評価であっても最初は高い昇給額が得られるが，賃金が上がるほどに昇給額は減少し，最後には昇給は停止する。

図表5-16 執務職層基本給表

(単位:円)

| 資格 | 役割給 | 習熟給 ||||||
|---|---|---|---|---|---|---|---|
| | | 昇給前金額 || 評価 |||||
| | | 下限 | 上限 | S | A | B | C | D |
| 超ベテラン | 232,000 | 163,700 | 206,100 | 7,400 | 6,400 | 5,300 | −2,500 | −5,000 |
| ベテラン | 136,300 | 129,500 | 138,700 | 3,200 | 2,800 | 2,300 | 1,800 | −5,000 |
| | | 111,400 | 129,400 | 6,300 | 5,400 | 4,500 | 3,600 | −4,000 |
| 一人前 | 117,100 | 105,300 | 108,900 | 2,500 | 2,200 | 1,800 | 1,400 | −3,000 |
| | | 98,000 | 105,200 | 5,000 | 4,300 | 3,600 | 2,900 | −2,000 |
| | | 89,900 | 97,900 | 5,600 | 4,800 | 4,000 | 3,200 | −1,000 |
| 見習い | 100,800 | 101,500 | 104,700 | 2,200 | 1,900 | 1,600 | 1,300 | 0 |
| | | 95,000 | 101,400 | 4,500 | 3,800 | 3,200 | 2,600 | 0 |
| | | 87,900 | 94,990 | 4,900 | 4,200 | 3,500 | 2,800 | 0 |

　賞与の性格としては一般的に，①社会慣習説，②功労報奨説，③賃金後払い説，④成果配分説，⑤景気変動調節説の5つがあげられる。

　社会慣習説とは，賞与の起源が「餅代」や「おしきせ」などから始まって拡がっていったというところから，賞与は社会慣習としての盆暮れに支給されるもので，本来経営者の恩恵支給的な性格のものだとする考え方。功労報奨説とは，一定期間の企業業績を生み出した社員の功績に対する報奨が賞与の本質であるという説。賃金後払い説とは，賞与は月例賃金の不足分，あるいは未払い分であると考えるもの。成果配分説とは，企業の収益に対する労働の貢献を積極的に認め，収益の一部を賞与として分配するという考え方。景気変動調節説とは，人件費は従来固定費として企業経営のコストとして位置づけられていた。本来，賞与は企業業績で決めるべきと主張してきたが，一方では景気変動に対応して支給されているのも事実である。

　以上，5つの代表的な説を概観してきたが，実務的には賞与原資の算定にあたっては成果分配的性格を重視し，個人への配分にあたっては功労報奨的性格

を重視することが適切と考える。

　成果配分のやり方の代表的なものとしては，①ラッカー・プラン，②スキャロン・プラン，③カイザー・プランがある。

　ラッカー・プランは昭和7年（1932年）にラッカー（Rucker, A. W.）が開発した方式で，粗利益を基準とするやり方である。スキャロン・プランは1930年代に，スキャロン（Scalon, J. N.）が生産性向上成果の配分方法として，売上高を基準とするやる方である。カイザー・プランはカイザー製鉄会社で労使が生み出した方式で，昭和38年（1963年）から実施された。この方式で分配される成果は，原価節約額を基準とするやり方である。

### ②幹部職層の報酬

　幹部職層の仕事は一般的に1年間で編成される。となると，仕事の評価も1年間となり，それにもとづく処遇も1年で決まることが適切と考える。この点から，いわゆる「年俸制ありき」ではなく，幹部職層の仕事を見つめると結果として年俸制が適切といえる。

　年俸制とは，報酬の決定が年間を計算単位として決めるやり方である。

　年俸制には，完全年俸制，賞与を別建てとした年俸制および年収管理年俸制というパターンがある。

　完全年俸制とは，年度当初に今年度年俸額を1回で決定するもので，基本

**図表5−17　完全年俸制の事例**

（単位：円）

| 等級 | ランク | 役割年俸 | 成果年俸 | 計 |
|---|---|---|---|---|
| 部長 | I | 7,000,000 | 4,000,000 | 11,000,000 |
| 部長 | II | 6,000,000 | | 10,000,000 |
| 部長 | III | 5,000,000 | | 9,000,000 |
| 課長 | I | 5,300,000 | 3,200,000 | 8,500,000 |
| 課長 | II | 4,800,000 | | 8,000,000 |
| 課長 | III | 4,300,000 | | 7,500,000 |

給，諸手当といった構成もないし，月額賃金分，賞与分といった構成もない。ただし，年俸制の構成は後述する完全年俸制の事例にあるように，役割年俸と成果年俸の二本立てが多い。決定された年俸額は，労働基準法第24条の毎月定期払いの原則と生活設計面から，月例分と執務職層賞与支給時分に分ける事例が多い。

　賞与を別建てとした年俸制とは，月例賃金部分を年度当初に今年度年俸額として1回で決定するもので，基本給，諸手当の構成はない。ただし，完全年俸制と同様に年俸額の12分の1を毎月一定日に支給する。賞与は賞与計算期間の業績に対応して，その都度決定されるというやり方である。

　年収管理年俸制とは，スカウトやヘッドハンティングなどの採用で，報酬規程を超えて報酬を決定する場合に適用される。この場合の年俸制の決め方や支払い方法は，完全年俸制に準じたやり方になる。ただし，年俸額は，1,500万円というような一本表示となっている。

## （3）退職金について

　退職金の性格としては一般的に，①功労報奨的性格，②老後生活補償的性格，③賃金後払い的性格，④進路転換支援的性格の4つがあげられる。

　功労報奨的性格とは，従業員の永年にわたる企業への貢献に対して恩恵的に支払われる報奨であるという考え方。老後生活補償的性格とは，本来国が国民の生活を保障し老後も安心して送れることが望ましいが，現実には不十分であるから企業が退職金を支給して，その生活を保障すべきであるという考え方。賃金後払い的性格とは，退職金は在籍中の賃金が労働力の価値以下に支払われてきたので，この賃金の未払い分を退職時に精算するという考え方。進路転換支援的性格とは，早期退職者への新たな人生設計展開に際しての資金の一部を支援するという考え方。

　退職金を算出するには，3つの方式がある。基本給にリンクする「従来方式」，基本給の一部にリンクしたり，支給率をストップさせるなどの「改善方式」，基本給と退職金を切り離したポイント式や定額制などの「抜本的改善方

式」である。

　退職金の算定方式としては，「退職金算定基礎額（基本給）×退職事由別支給率」を採用している企業が多かった。ところが，ベースアップにともなう退職金算定基礎額の上昇や定年延長にともなう勤続年数の伸びなどのため，経営を圧迫することになり多くの企業で退職金制度を改定することになった。

　従来方式の改善としては，退職金算定基礎額（主として基本給）にベースアップ分を繰り入れないようにする。また，勤続年数別支給率については，一定の年数で支給率の上昇をストップさせたり，定年延長期間は退職金算定の勤続年数から除外するなどのやり方がある。

　抜本的な改善にはいくつかのやり方がある。しかしながら，それらに共通していることは，基本給を退職金算定基礎額から切り離していることである。

図表5－18　ポイント式退職金の事例

（単位：円）

| 等　　級 | 年数 | 役割ポイント | 成果ポイント | 退職金額 |
|---|---|---|---|---|
| 見　習　い | 3 | 11 | 2 | 390,000 |
| 一　人　前 | 3 | 14 | 4 | 930,000 |
| ベ テ ラ ン | 3 | 18 | 7 | 1,680,000 |
| 超ベテラン | 5 | 23 | 12 | 3,430,000 |
| 課　　　長 | 9 | 46 | 32 | 10,450,000 |
| 部　　　長 | 15 | 48 | 48 | 24,850,000 |

1．ポイント単価は10,000円の一律単価。
2．ポイントは「役割ポイント」と「成果ポイント」。

成果ポイント（毎年の評価より，ポイントが変わる）

| 等　　級 | A | B | C |
|---|---|---|---|
| 見　習　い | 3 | 2 | 1 |
| 一　人　前 | 6 | 4 | 2 |
| ベ テ ラ ン | 11 | 7 | 4 |
| 超 ベ テ ラ ン | 18 | 12 | 6 |
| 課　　　長 | 48 | 32 | 16 |
| 部　　　長 | 72 | 48 | 24 |

基本給切離しの理由としては，雇用慣行の変化と退職金支払い能力の問題があげられる。雇用慣行の変化とは，「ストック型雇用からフロー型雇用へ」であり，短期間の勤続であっても企業への貢献度の高い人への高額な退職金の支給が可能となり，退職金支払い能力の問題とは，定年延長にともなう退職金原資の増額を抑制せざるをえなくなったため，自動的に報酬改定が跳ね返らない制度を設計する必要が生じてきた。

抜本的な改善のやり方としての代表的な方式として，ポイント式退職金がある。この方式は，定年時までの各等級に在級した年数や成果に応じて獲得した累積点数に一定の単価を乗じて算出するやり方である。

ポイントの種類としては，勤続ポイント，年齢ポイント，等級ポイント，成果ポイントなどがあり，単価の種類としては，一律単価，条件別単価などがある。

## 【*Review exercise*】

1. 等級制度のタイプはいくつかあるが，それぞれの概要について述べなさい。
2. 評価制度の方式には相対評価と絶対評価の2つがあるが，それぞれの基本的な違いについて述べなさい。
3. 育成制度におけるOJTの有効性について改めて注目されているが，そのメリットとデメリットについて述べなさい。

考えてみよう！

【勉強を深めるために参考となる文献】

岩坪友義，野呂一郎，加納良一，飯野峻尾『実践経営学』学文社，2002年。
楠田丘『賃金とは何か』中央経済社，2004年。
都留康，阿部正浩，久保克行『日本企業の人事改革』東洋経済新報社，2005年。
平野光俊『日本型人事管理』中央経済社，2006年。
ミルズ，D.Q.，スコフィールド素子訳『ハーバード流人的資源管理「入門」』ファーストプレス，2007年。

## 《Coffee Break》

　行動科学は1950年代にアメリカで登場した。行動科学は人間関係論を包含しながら，対象と視点を拡大していった。この変化は，働く人間をより全人格的にとらえる視点が必要になり，とくに個人主義の価値観が広まっていき，企業のなかでも研究対象が人間関係を越えて，組織のなかでの人間行動に拡大していったことによるものである。

　心理学者であったハーツバーグ（Herzberg, F.）は，約200人の技術者と会計士の面接にもとづいて，不満要因（衛生要因）と満足要因（動機づけ要因）を区別した。衛生要因は満たされないと不満の原因となるが，満足させられてもやる気を生むわけではない。他方動機づけ要因は，その満足が職務上のやる気につながりを持つものである。衛生要因としては，監督，対人関係，作業条件，給与，福利厚生などをあげ，動機づけ要因としては，仕事の達成感，達成の承認，仕事そのもの，責任の増大，昇進などをあげている。

　心理学出身のマクレガー（McGregor, D.）は，科学的管理法から人間関係論へと流れる性悪説的な人間観（X理論）に対し，性善説的な人間観（Y理論）を採ることを経営者にすすめた。X理論では，人間は生来仕事が嫌いで，強制されたり，おどかされたりしないと十分に力を出さないという考え方である。これに対しY理論では，遊びと同様に仕事に対しても身を入れてやろうとする。本来は責任のある仕事をやりたいと思っているし，創造的な能力も十分備わっているとする。

　マズロー（Maslow, A.H.）も心理学者だった。マズローによれば，欲求は階層をなしており，1つの欲求が満たされて初めて，より上位の欲求が活性化しうると考えた。最も基本的な欲求は生理的欲求で，第2に安全・安定欲求，第3は愛・帰属欲求，第4は承認欲求，最後に自己実現欲求である。

ちょっと一息！

# 第6章 ▶ 経営と地球環境

〈***Key word***〉
▶地球環境問題
▶ＩＳＯ14001
▶３Ｒ
▶ＥＱＣＤ

このことばに注目！

## 1. 公害問題と地球環境問題

　一口に環境問題といってもその内容は多種多様である。すなわち地球規模で認識される現象もあれば身近な場所で起きている現象もある。また時間軸でみても50年後，100年後という時間のなかで認識される現象もあれば，リアルタイムで実感される現象も存在する。こうした複雑な環境問題を分類する基準として，公害問題と地球環境問題という分類基準がある。どちらも人間の経済活動によって引き起こされた人為的な環境汚染問題であるという点では共通しているが，汚染の範囲や加害者─被害者の特定という点では性格が異なる。おのおのの特徴について説明しておこう。

### （1）公害問題

　公害問題とは，限定されたエリア内での環境汚染問題であり，汚染を引き起こした加害者とその被害者の特定が比較的容易に行えるという特徴を有する。ヨーロッパ，アメリカ，日本等の先進工業地域は，工業化を進める過程におい

て時間差はあったにせよ，いずれも公害問題を経験している。最も工業化が早かったイギリスではすでに19世紀の中頃，大気汚染や酸性雨等による深刻な公害問題が発生している。日本では，高度経済成長期の1960～70年代前半にかけて公害問題が発生した。いわゆる4大公害病といわれる，熊本，新潟の水俣病，富山のイタイイタイ病，四日市ぜんそくである。水俣病は，熊本県のチッソ水俣工場と新潟県の昭和電工加瀬工場の排水に含まれていた有機水銀が原因となって引き起こされたものであり，地域に住む住民に異常知覚や精神障害などの症状を持つ患者が続出した。またイタイイタイ病は，三井金属神岡鉱業所がカドミウムなどの汚染物資を富山県の神通川に垂れ流したことに起因し，付近の住民に激しい痛みと病的骨折の症状を持つ患者が現れた。さらに四日市ぜんそくは，三重県の四日市市にある石油コンビナート各社の工場が排出する煤煙による大気汚染が原因で，地域住民にぜんそく患者が続出したというものである。いずれのケースも地域限定型の環境汚染問題であり，加害者―被害者の因果関係の構図が明瞭であるという特徴を有する。環境問題がこうした特徴を有する場合には，それに対する対策も迅速に実行しやすい。すなわち汚染を引き起こした企業の活動に規制を加えれば問題は解決する。実際，昭和42年（1967年）に公害対策基本法が制定されたのを皮切りに，大気汚染防止法，水質汚濁防止法等，汚染対策法が立て続けに制定され，企業活動に規制が加えられたことでこうした公害問題は比較的短期間に収束した。現在，日本は公害対策先進国として公害問題に悩む発展途上国のモデルとして取り上げられるまでになっている（ただし，未だ多くの人々が公害病の患者として苦しんでいるという事実も忘れてはならない）。

### （2）地球環境問題

1980年代後半以降，環境問題は地球規模で認識されるべき問題としてとらえられるようになってきている。例えば，地球環境問題として取り上げられる現象として，「地球温暖化」「オゾン層破壊」「森林減少」「野生生物の減少」「砂漠化」等があるが，これらの現象はいずれも地球全体に深刻な影響をもたらす

ものである。さらに，加害者―被害者の特定という因果関係の把握においても，前出の公害問題とは性質を異にする。例えば，典型的な地球環境問題として取り上げられる地球温暖化のケースで考えてみよう。気温の上昇をもたらす二酸化炭素等の温室効果ガスは特定の企業のみが排出しているわけではない。人々の日々の暮らしのなかで企業，個人を問わず皆，排出しているのである。したがって特定の企業なり個人を温暖化の加害者に見立てることはできない。このように地球環境問題は，地球規模での環境悪化と加害者―被害者の因果関係の特定が困難であるという特徴を有するが故に，解決に向けてのアプローチ方法も公害問題の場合とは異なる。つまり，加害者を特定してその行動に規制を加えるという公害問題型のアプローチでは地球環境問題は解決しないということである。ここでは2つのポイントを指摘しておこう。

　まず第1のポイントは，温暖化問題に象徴されるように地球環境問題とは地球規模で進行している環境悪化の現象に関わる問題であり，その解決のためには地球規模での対策が不可欠であるという点である。仮に日本が二酸化炭素の排出量削減に努力し，一定の成果を挙げたとしても，隣国の中国が二酸化炭素の排出量を大幅に増加させた場合，温暖化現象を食い止めることは困難である。人類は皆「宇宙船地球号」の乗組員であり，運命共同体なのだという意識を共有し，協力して対策を講じる必要がある。

　つぎに第2のポイントは，地球環境問題の場合，加害者―被害者という因果関係の究明よりもむしろ社会経済システムの転換こそが重要であるという点である。地球環境問題は，人間の経済活動の規模が巨大化し地球の許容範囲を超えてしまった結果，もたらされた現象である。すなわち，科学技術の飛躍的な発展が大量生産―大量消費の社会経済システムを可能にし，資源の浪費や汚染の拡大を引き起こしたのである。こうしたことから，21世紀においては循環型の社会経済システムを構築することが目指されている。有限な地球上の資源を可能な限り無駄なく使用するために，リサイクルやリユースを推進し，生産や消費の過程で環境負荷をできる限り減らすことを目指す社会経済システムである。現在，日本でも循環型の社会経済システムを構築するためのさまざまな取

**図表6-1**

①大量生産―大量消費―大量廃棄型の社会経済システム

（大量原材料調達）➡（大量生産）➡（大量消費）➡（大量廃棄）

②循環型の社会経済システム

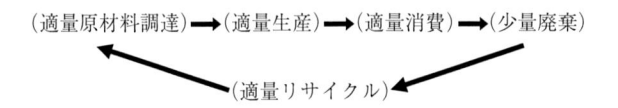

（適量原材料調達）➡（適量生産）➡（適量消費）➡（少量廃棄）

　　　　　　　　　⬅（適量リサイクル）⬅

り組みが進行中である。

## 2. 国際的な取り組み

　地球環境問題が国際的な関心事として注目を集めるようになるのは1990年代以降のことであるが，早くから工業化し環境汚染問題にもいち早く直面していた欧米諸国では，すでに1960年代から環境保全問題が議論されていた。アメリカのレイチェル・カーソンが化学物資，とりわけ農薬の使用による環境汚染に警鐘を鳴らした著書『沈黙の春』を出版したのが昭和37年（1962年）のことである。

　環境問題を協議する最初の大規模な国際会議は，昭和47年（1972年）にストックホルムで開催された。この会議は国連が主催したもので「国連人間環境会議」と呼ばれる。会議は酸性雨の被害が深刻な西ヨーロッパ諸国が主導する形で進められ，「人間環境宣言」（ストックホルム宣言）を採択し，国連環境計画（UNEP）の設立を決定した。しかしながらこの会議では発展途上国の間に，環境問題は豊かな先進工業国の問題であるとする空気が根強く存在し，また社会主義諸国も参加を見送ったため国際的な連帯の形成には程遠い状況であった。その後，1980年代に地球環境の悪化を示す科学的なデータが次々と公表され，国際的な危機意識が高まるなかで，平成4年（1992年）にブラジルの

リオデジャネイロで「国連環境開発会議」（通称「地球サミット」）が開催される。この会議は20年前のストックホルムでの会議とは異なり，183の国，地域，機関が参加し，その内103カ国からは首脳が出席するという史上空前の規模の国際会議となった。また世界各国から約8,000団体のNGOが集まり，会議の議論をリードしたこともこの会議の大きな特徴であった。会議では「アジェンダ21」を採択し，「気候変動枠組み条約」「生物の多様性保全条約」等の重要な条約が調印されている。今日の地球環境保全の国際的な潮流は，この地球サミット以降形成されたと見てよい。その後，国連は10年後の平成14年（2002年）にも南アフリカ共和国のヨハネスブルクで「持続可能な開発に関する世界サミット」（ヨハネスブルクサミット）を開催している。

　また，ローマ・クラブが昭和46年（1971年）に発表した『成長の限界』は世界中で2,000万部以上の売り上げを記録し，その後の地球環境保全のための国際的な世論形成に多大の影響を与えた。ローマ・クラブは，世界の科学者，経済学者，経営者などをメンバーとして，世界的規模で経済成長と環境・資源問題を研究，議論し，解決のための方策を提言することを目的として結成された団体である。『成長の限界』は，人口，1人あたり食糧，工業生産，資源設備，環境汚染の動態的な相関関係をコンピュータでシュミレーションしたもので，資源の枯渇，汚染の拡大，人口過剰という破滅的なシナリオを提示した。『成長の限界』が発表されてから35年後の現在，世界はまさにローマ・クラブが予測した状況に近づいており，早急な対策が求められている。さらに，WCED（World Commission on Environment and Development：環境と開発に関する世界委員会）が昭和62年（1987年）に発表した報告書 Our Common Future も重要である。報告書は「将来の世代が自らのニーズを充足する能力を損なうことなく，現在の世代のニーズを満たすような開発」を「持続可能な発展」（Sustainable Development）と定義したが，この考え方は現在の地球環境保全運動の中核概念となっている。

　さらにもう1点，京都議定書の問題についても触れておこう。地球温暖化問題は，多くの環境問題のなかで最重要課題に位置づけられる問題であるが，こ

の問題に対する国際的な取り組みは平成4年（1992年）の「地球サミット」以降，本格化した。すなわち平成7年（1995年）に気候変動枠組み条約第1回締約国会議（COP1）がドイツのベルリンで開催され，温室効果ガスの排出量削減問題が本格的に議論され，数値目標の導入が検討された。平成9年（1997年）には第3回の会議が京都で開催され，温室効果ガスの排出量削減に関して法的拘束力をともなった数値目標を盛り込んだ「京都議定書」（Kyoto Protocol）が採択された。それによると平成20年（2008年）から平成24年（2012年）の5年間で平成2年（1990年）を基準に先進国全体で5％，EU8％，アメリカ7％，日本6％の温室効果ガスの削減率が設定された。京都議定書ではその他にも，排出権取引やクリーン開発メカニズム等，経済的な手法を用いて温室効果ガスの削減に取り組むといういわゆる「京都メカニズム」の手法も盛り込まれており，この議定書が採択された意義は大きい。しかしながら，この「京都

**図表6-2　環境年表**

| 年 | 日本の動き | 国際的な動き |
|---|---|---|
| 1962 | | 「沈黙の春」出版 |
| 1967 | 公害対策基本法制定 | |
| 1970 | 公害対策関連14法が制定・改正 | |
| 1972 | | 国連人間環境会議開催 |
| 1980 | | 米国スーパーファンド法制定 |
| 1987 | | モントリオール議定書採択 |
| 1992 | | 地球サミット（リオ会議）開催 |
| 1993 | 環境基本法制定 | |
| 1995 | 容器包装リサイクル法制定 | |
| 1996 | | ISO14001発行 |
| 1997 | 京都議定書採択 | |
| 1998 | 家電リサイクル法制定 | |
| 2000 | 循環型社会形成基本法制定 | |
| 2002 | 自動車リサイクル法制定<br>土壌汚染対策法制定 | ヨハネスブルクサミット開催 |
| 2005 | | 京都議定書発効 |
| 2006 | | EU　RoHS指令スタート |

議定書」はその後，世界最大の二酸化炭素の排出国であるアメリカが議定書から離脱し，その成立が危ぶまれたが，平成17年（2005年）2月に紆余曲折の末，ようやく発効されるに至った。

## 3. 環境マネジメント

　企業活動と地球環境問題の関わりが議論され，環境に配慮した企業活動，すなわち環境経営の推進が求められるようになるのは1990年代に入ってからのことであるが，なかでも平成8年（1996年）に発行されたＩＳＯ14001の果たした役割が大きい。ＩＳＯ（International Organization for Standardization：国際標準化機構）はスイスのジュネーブに本部を置く機関であり，工業製品の国際規格を手掛ける団体として知られている。ここではＩＳＯ14001の作成プロセスとその内容について説明しておこう。

　平成4年（1992年）の「地球サミット」を契機に，地球環境問題に対する国際的な関心が高まるなか，企業に環境への配慮を求めるために環境管理に関する国際規格を作ろうとする動きがＩＳＯを中心にして進められるようになる。平成5年（1993年）2月のＩＳＯ理事会においてＴＣ207（環境管理に関する専門委員会）の設置が決定され，6つの分科会が置かれて作業が進められることになった。各分科会の課題は以下のように設定された。

　　第1分科会：環境マネジメントシステムに関する規格
　　第2分科会：環境監査に関する規格
　　第3分科会：環境ラベルに関する規格
　　第4分科会：環境パフォーマンス評価に関する規格
　　第5分科会：ライフサイクルアセスメントに関する規格
　　第6分科会：用語と定義に関する規格

　さて，各分科会は1990年代後半以降，順次規格を発行させているが，そのなかでも最も重要な規格が，第1分科会が平成8年（1996年）に発行した環境マ

ネジメントシステムに関する国際規格であるＩＳＯ14001である。ＩＳＯ14001の特徴は，組織（ＩＳＯ14001が対象とする組織は必ずしも企業のみではない）が環境保全の目標を自ら設定し，その目標を達成するための活動を継続的に推進していくことを促すことにある。そのための仕組みとしてＰＤＣＡサイクルと呼ばれる一連の活動が設定されている。ＰＤＣＡサイクルとはPlan・Do・Check・Actionのおのおのの頭文字をとったものである。

**図表６－３　ＰＤＣＡサイクル**

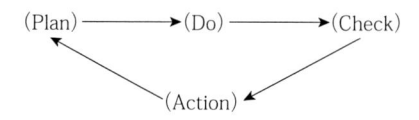

(Plan) ──→ (Do) ──→ (Check)
　　　　＼　　　　　　　↙
　　　　　(Action)

　組織がＩＳＯ14001の認証を得ようとする場合，最初にすべきことは組織のトップ（企業であれば社長）が環境保全活動の方針を宣言し，その方針に沿って具体的な計画を立案することである。ここでは，計画を推進するための組織体制の確立や予算の確保等が明確になっている必要がある。このプロセスが「Plan」に当たる。つぎに，計画を実行に移す段階が「Do」である。さらに実施過程で生じた問題点を点検する「Check」，修正事項を最初の計画にフィードバックする「Action」というプロセスを経てまた最初の「Plan」が実行されることになる。このようにＩＳＯ14001を認証取得するためには，このＰＤＣＡサイクルを途切れることなく継続的に実施していく必要がある。こうしたプロセスが効果的に実施されているかどうかが，認証を審査する外部審査機関によって審査されることになる。その際，とくに重要なポイントは「Check」と「Action」にあるといわれる。すなわち，計画を立案し実施しても，当初の思惑通りに進まないことはよくあることであり，その場合，原因の究明と適切な修正作業がなされる必要がある。こうした作業をきちんと実施していないと３年に１度行われる認証更新のための監査において，認証が取り消されることもある。つまり，ＩＳＯ14001が求めているものは，単なる目標の達成だけ

ではなく，目標達成に向けてのプロセスをきちんと踏むことにあるのである。

　ＩＳＯ14001は，平成8年（1996年）の発行以来，世界中で認証取得する組織が増え続けており，今やすっかり環境マネジメントの代名詞になった感があるが，その一方で問題点も指摘されている。例えば，認証を審査する審査機関によって審査基準がまちまちである，認証取得のための費用が高額であり中小企業にとってはコスト負担が大きい，多くの企業は「紙」「ゴミ」「電気」に代表される省エネ対策のみの活動に終始し，本業と結びついた活動がなされていない等の点が指摘されている。ＩＳＯ14001は発行から10年を経た平成18年（2006年）に改訂版が出されており，そこではとくに本業と結びついた活動が展開されることが求められている。

## 4. グリーン調達

　地球環境問題が企業活動に及ぼす影響は広範囲にわたっているが，グリーン調達もまたそのなかの1つである。グリーン調達とは，企業間で資源や部材を取引する際に「環境配慮」の要素を取引基準に含めることを意味する。グリーン調達の影響が最も顕著にみられるのが自動車，電機といった製造業における大企業と下請け中小企業の取引である。例えば自動車産業を例にとると，トヨタ自動車，ホンダ，日産自動車といった自動車メーカーは2万～3万点といわれる1台の自動車を生産するのに必要な部品の大部分を外注，すなわち下請け企業に生産を委託している。下請け企業はそれぞれトヨタ系列，ホンダ系列，日産系列に分かれており，自動車メーカーを頂点にしてピラミッドのような階層構造を形成し，そのなかで取引が行われている。その際，取引の基準とされているのが「品質」(quality)「価格（原価）」(cost)「納期」(delivery)の3つである。つまり，自動車メーカーは自社が定める「品質」「価格（原価）」「納期」の基準をクリアできる下請け企業から部品を調達しているのである。グリーン調達は，この3つの基準に新たに「環境配慮」(environment)という4つ目の基準

**図表6-4　EQCDサイクル**

「従来の調達基準」(QCD)
《品質》(Quality)+《価格（原価）》(Cost)+《納期》(Delivery)

⇩

「グリーン調達基準」(EQCD)
《品質》(Quality)+《価格（原価）》(Cost)+《納期》(Delivery)+《環境》(Environment)

を加えたものといえる。

　グリーン調達が拡大している背景には，厳しくなる一方の環境規制に対応するためという側面がある。例えばEUが平成18年（2006年）7月から施行するRoHS指令は，電気電子機器に鉛，水銀，カドミウム，六価クロム等の有害物資の使用を禁止するという内容のもので，違反した場合には欧州での生産，販売活動ができなくなる。前記したように，大企業は部品の多くを下請け中小企業から購入しており，こうした規制に対応するためには下請け中小企業も巻き込んだ対策がとられる必要がある。グリーン調達は大手製造企業にとっては，法規制対応上，必要不可欠の取り組みになってきているのである。一方，下請け企業にとっては，調達基準が新たに1つ増えることで負担が増大している事実は否めない。有害物資の使用禁止あるいは使用量の制限等の要求は，技術的に困難であったり，代替物資の開発に多くの費用を要する等の問題が考えられ，下請け企業のみの努力では限界がある場合も想定される。したがって，グリーン調達を実施している大企業の多くは，要求に応えられない下請け企業との取引を即，打ち切るという強硬手段をとるのではなく，下請け企業を援助しながら問題の解決にあたっている。

　グリーン調達の具体的な内容については企業間でまちまちであり，統一された基準は存在しないが，特定の領域に関しては業界で統一基準を作成しているところもある。例えば電機業界では使用禁止あるいは使用制限の対象となる有害物資のリストを作成しており，企業によって指定する有害物資が異なることのないように配慮している。ここでは，キヤノンが作成したグリーン調達基準

第6章　経営と地球環境　◯——— 143

を紹介しておこう。キヤノンのグリーン調達基準は，①環境への取り組みに関する基準，②部品・材料に関する商品基準，③購買品に関する商品基準の3部から成っている。第1部の環境への取り組みに関する基準はさらに，環境管理システムに関する要求事項と遵法およびリスク管理に関する要求事項に分類されている。前者では，環境管理システムの構築のための手順および責任を定め，それを文書化することが要求されている。一方，後者では法規制遵守の要求およびリスク管理の要求がなされており，具体的に使用禁止物資，削減対象物資，管理対象物資，土壌地下水汚染対策等について厳密に規定している。第2部の部品・材料に関する商品基準では，化学物資，環境配慮設計，梱包材，情報公開の4項目について規定がある。このうち化学物資については，部品・材料に使用禁止物資を含有していないこと，使用制限対象物資の含有量を削減していること，管理対象物資の含有量を把握していること等が求められている。また，環境配慮設計では商品の省資源，省エネに取り組んでいること，ライフサイクル・アセスメント（LCA）を導入もしくは試行していることが要求されている。さらに梱包材については使用量の削減およびリサイクル・廃棄に配慮した使用が求められ，また情報公開に関しては，商品に関する環境情報の公開が要求されている。第3部の購買品に関する商品基準ではとりわけ環境配慮設計について詳細に規定がされており，再生部品を使用していること，再生資源の有効利用をしていること，小型・軽量化等により使用資源の減量に努めていること，消費電力の低減に努めていること，リサイクルしやすいように設計されていること，分別廃棄を可能にすることにより，廃棄時の負担が低減されていること等，要求は広範囲にわたっている。

　このように現在，製造企業が他企業から部材を調達する際に実施しているグリーン調達はその内容が多岐にわたっており，要求水準も年々厳しくなってきている。とりわけ化学物資の取り扱いに関しては厳格な規定にもとづいた調達が行われている。こうした状況は，下請け中小企業にとっては厳しい側面もあるが，反面，グリーン調達の広がりによって，これまで大企業に遅れをとってきた中小企業の環境経営の水準が向上している点も指摘できる。

# 5. 3R

　3Rとは，reduce, reuse, recycle の3つのRの頭文字をとって命名された用語である。reduce とは資源の使用量や廃棄物の発生量の減少を意味し，reuse は使用済み製品の製品としての再使用，recycle は使用済み製品の資源としての再利用を意味する。循環型の社会経済システムを構築する上で欠くことのできない概念として広く受け入れられている。ここで重要なことは，3つの用語の順序は循環型社会を構築する上での優先順位を表しているという点である。すなわち，循環型社会を構築するために，まずなすべきことが reduce であり，次いで reuse，最後に recycle という順番であるということである。この点は重要な意味を持つので，もう少し詳しく説明しておこう。読者のなかには，循環型社会と聞いてすぐにリサイクル社会を思い浮かべる人も多いことだろう。実際，日本や欧米諸国ではさまざまな分野で使用済み製品の回収，リサイクルを製品製造企業に義務づける法律が施行されており，リサイクルは環境保全の代名詞のように受け止められている。そのため，従来のように大量生産・大量消費をしても大量廃棄ではなく大量リサイクルすれば資源の浪費にはならず，環境保全に寄与することになるという誤った認識が一部においてみられる。しかしながら，大量生産・大量消費・大量リサイクルの社会は本当に環境保全型の社会といえるであろうか。確かに使用済み製品を大量廃棄していた時に比べればましかもしれないが，100％リサイクルできない限り，資源の浪費は行われたことになるのであり，現実にはそのようなことは不可能である。また資源を大量に使用する過程で，エネルギーの消費やさまざまな物資の大気中への放出等がなされ，温暖化現象等をさらに加速させる可能性もある。したがって，環境保全の循環型社会においてはまず，資源の使用量や廃棄物の発生量を減少させることが最も重要視され，次いで製品寿命の長寿化や中古品としての使用が求められ，最後にリサイクルがなされることになる。

### 図表6-5　3Rの優先順位

❶ Reduce ⇨ ❷ Reuse ⇨ ❸ Recycle

　さて，reduce を実行するためにはどのような方法が求められるであろうか。ここで重要な考え方を1つ紹介しておこう。それは「資源生産性」という考え方である。資源生産性とは製品付加価値を製品製造のために投入された資源・エネルギー使用量で除した値であり，分母の値が小さく，分子の値が大きいほど資源生産性は高くなる。この考え方は，「持続可能な発展のための世界経済人会議」（ＷＢＣＳＤ）が1990年代の初めに提唱したものであり，その後「ファクター4」「ファクター10」等の考え方が次々と提唱された。要するに，資源生産性を高めるためにはより少ない資源で，より多くの付加価値を生み出す必要があるわけであり，こうした指標を企業経営の現場に持ち込むことで技術革新やイノベーションが誘発される可能性が指摘できる。例えば，キヤノンが1990年代の後半以降に進めた改革はまさにこれに該当する。すなわち，キヤノンでは「資源生産性の最大化」をテーマに生産現場の改革を進め，国内外のすべての工場からベルトコンベアを撤去し，セル生産方式に移行したことで大幅なコスト削減と資源生産性の向上を達成している。

　次に reuse についてであるが，製品によっては reuse などという言葉が普及するかなり以前から使用済みになった製品を再使用することが実践されていた。その代表と目されるのが自動車である。自動車は新車以外に中古車の市場が存在し，人気車種については新車に引けをとらない値で取引がされており，また日本車についていえば日本国内で使用済みになった自動車が東南アジアやロシア，中東地域に中古車として輸出されたりもしている。その他にも，最近ではパソコンの中古品市場などが活況を呈している。このように reuse は，需要の多い分野ではすでにかなりの実績があるわけであるが，3Rの考え方では，それを一部の製品だけではなくより広範囲な製品に拡大していこうとしている。reuse が普及していくためには，消費者の価値観が変わることが必要である。すなわち，中古品イコール劣悪品という従来の意識から脱却し，「古い

ものに価値を見出す」あるいは「ものを大事に長く使う」という考え方に変わっていかなければならない。その意味では最近，日本でよく聞かれるようになった「もったいない」という考え方は重要である。

最後に recycle については現在，さまざまなリサイクル法が施行され，使用済み製品の回収・分別・リサイクルという流れができつつある。この流れを効率的に回していくためには，企業・行政・消費者間の連携が不可欠であるが，コスト負担の分担等をめぐって問題が生じているケースもある。とりわけ，企業のコスト負担は大きく，競争優位が損なわれるとの指摘もあるが，逆にこの分野で効率的なシステムを確立することができれば，それは企業にとって大きな競争優位の獲得につながるといえる。

## 6. 環境報告書

環境問題に対する社会的な関心の高まりを受けて，自社の環境への取り組みを報告書という形で公表する企業が増えている。ただし，こうした報告書は有価証券報告書などとは異なり義務化されたものではなく，あくまでも企業の自発性によるものである。環境報告書を発行する企業は1990年代の後半から増え始め，大企業を中心に急速な広がりを見せた。環境省の調べでは，平成16年（2004年）度には750社が発行している。

各社が発行している環境報告書の内容を見ると，これまでにいくつかのターニング・ポイントがあったことがわかる。ここでは3つの段階に分けて説明しておこう。

### （1）「第1段階」（1996年～1998年）

この時期は，環境報告書を発行する企業は一部の大企業に限られており，環境報告書を出すこと自体に意義があるとみられていた。つまり，環境報告者を発行している企業イコール環境先進企業として評価されたわけである。報告書

の内容については，統一されたフォーマットは確立されておらず，各社が独自の基準で作成していた。そのなかには，宝酒造の緑字決算のように，独自に開発した手法で環境に関する費用対効果の関係を定量化して表示するなど優れた環境報告書も存在したが，多くは自社の環境への取り組みを自画自賛する内容に終始しており，企業ＰＲのためのツールとして環境報告書をとらえていた傾向が強い。したがって，この時期に発行された環境報告書では汚染物資の排出量等，自社にとって都合の悪いデータの公表はあまりなされていない。

### （２）「第２段階」（1999年〜2002年）

　第２段階になると，環境報告書を発行する企業の裾野が拡大し，次第に環境報告書を発行しているという事実よりもどのような情報を公開しているかという報告書の中身が問われるようになっていく。つまり，公開している情報が企業にとって都合の良いものばかりではなく，汚染物資の排出量等，環境にとってきわめて重要な意味を持つデータはたとえ企業にとって都合が悪くても公表すべきであり，そうした情報が公開されている報告書の方が評価されるべきであるという意見が多数を占めるようになったのである。こうした変化の背景には，当時ヨーロッパで普及していた第３者評価の影響が大きい。第３者評価とは，環境報告書を単なる企業ＰＲのツールで終わらせないために，中立の立場にある第３者が報告書の内容を精査し，公表されているデータの客観性や妥当性を判断し，報告書の巻末に意見書を掲載するというものである。第３者評価を行ったのは，多くは監査法人やＮＰＯであり，環境報告書の一般読者層はこれにより企業側から一方的に与えられる情報を鵜呑みにするだけではなく，違った角度から判断することが可能になった。ヨーロッパでは第３者評価のない環境報告書は正規の報告書とはみなされないという社会的なコンセンサスが形成されていく。日本でもトヨタ自動車のような一部の先進的な企業が第３者評価の先鞭をつけ，その後他の企業にも急速に広がっていくことになる。この時期に発行された環境報告書はしたがって，数量が増えただけではなく質的にも向上したといえる。また，ＮＥＣのように自社の環境報告書の作成にＮＰＯ

の参加を求め，共同作業で報告書を作成するというようなユニークな試みがみられたのもこの時期の特徴である。

## （3）「2003年～現在」

　環境報告書は平成15年（2003年）を契機に大きな変貌を遂げる。すなわち，これまでの環境情報に加えて新たに労働，安全・衛生，社会貢献などの情報も公開し，それによって報告書の名称も「環境報告書」から「ＣＳＲ報告書」あるいは「社会・環境報告書」「持続可能性報告書」に名称変更する企業が増えだした。こうした動きの背景には，言うまでもなくＣＳＲの世界的な潮流がある。ここでは紙幅の制約からＣＳＲの発展プロセスの詳細を述べることは避けるが，1990年代の後半以降ヨーロッパを中心に普及したＣＳＲはその後，日本を含む世界各国に拡大し現在に至っている。そのなかで，環境問題はＣＳＲを構成する3つの要素，すなわち「経済」「環境」「社会」という，いわゆるトリプル・ボトム・ラインの1要素としてとらえられるようになり，環境問題はＣＳＲのなかに組み込まれていく。ちなみに日本では，平成15年（2003年）が「ＣＳＲ元年」と呼ばれ，この年を境にしてＣＳＲへの取り組みが急速な広がりを見せていくことになるのである。

　ところでこの時期にもう1つ重要な動きとして，ガイドラインにもとづいて報告書を作成する企業が増えたことがある。前記したように，環境報告書には有価証券報告書のような統一されたフォーマットが存在せず，各社が独自の基準で報告書を作成していたが，他社との比較を容易にし，評価を客観的に行うためには統一されたフォーマットが必要であるとの声が上がっていた。そこで国際的なＮＧＯであるＧＲＩ（Global Reporting Initiative）が中心となって報告書のガイドライン作りを進め，平成12年（2000年）に「ＧＲＩサスティナビリティ・リポーティング・ガイドライン」として公表した。ＧＲＩはその後，ガイドラインの改訂を重ねているが，このガイドラインの国際的な影響力は大きく，平成15年（2003年）以降発行されたＣＳＲ報告書は，その多くがＧＲＩのガイドラインに依拠した形で報告書を作成している。

## 7. 環境会計

　環境会計とは，企業が事業活動を通じて環境対策に投じた費用と，その結果得られた効果を定量的に把握するために開発された会計手法のことである。環境会計が開発された背景には，環境対策にはコストがかかり企業収益の足を引っ張るという意識が企業関係者の間に根強く存在し，その効果について正確な認識を欠いていたため，費用対効果の関係を定量的に測定し，社員に自社の環境経営に対する正確な姿を浸透させる必要があった。実際，環境会計が導入される以前においては，多くの企業は環境対策による効果はおろか，投じたコストについても正確な金額を把握していない状況がみられたのである。環境会計を導入することにより費用対効果の関係を把握することができれば，自社の環境への取り組みの利点や問題点の把握につながり，環境経営を推進する上での社員のモティベーションも高まる。また，外部のステークホルダーに対しても情報を開示することで理解が得られやすくなり，投資を呼び込むことも可能になる。

　環境会計は，環境経営の広がりと比例する形で1990年代の後半から普及し始め，平成12年（2000年）以降，急速に導入が進んだ。環境省の平成15年（2003年）度の調査によると，環境会計を導入している企業は661社で，上場企業の3割に及ぶ。これには，環境省が平成14年（2002年）に環境会計に関するガイドラインを公表したことが大きく影響している。すなわち，環境会計に関しても通常の財務諸表と同様に統一されたフォーマットが必要とされ，計上すべきコストや効果の項目が明示されたのである。環境省のガイドラインが公表される以前は，各社が独自に開発した手法で，費用対効果の測定，把握を行っていたが，とくに効果の測定，把握に関して解釈がまちまちであったため，比較が難しいという側面があった。平成14年（2002年）に環境省のガイドラインが公表されてからは，多くの企業がガイドラインに沿った形で環境会計の公表を行っているため，他社との比較がしやすくなっている。

環境省が平成14年（2002年）に公表した環境会計に関するガイドラインでは，環境保全効果の測定，把握に関して貨幣価値と物量の２つのタイプが示されている。すなわち，環境保全効果には，環境保全対策にともなう経済効果と環境パフォーマンスがあり，前者の場合には例えば製品リサイクルによる経済効果等が考えられ，これらは貨幣価値で測定，把握することが可能である。それに対して，後者の場合には温室効果ガスや汚染物資の削減量等が該当し，これらは物量ベースで測定，把握される。このように環境会計のガイドラインでは，効果の測定，把握に関して通常の貨幣価値のみならず物量ベースでの測定，把握を認めたところに大きな特色がある。ただし，費用対効果の把握を容易に行うためには，測定値が統一されていた方が望ましいことは確かである。つまり，二酸化炭素の排出量を削減するために投じた費用に対してどれだけの効果があったかを把握する場合，一方は貨幣価値，もう一方は物量ベースでは理解するのが難しい。そのため，物量測定値を貨幣価値に換算する手法も一部では用いられているが，現在のところまだ統一された手法は確立されていない。さらに，効果の把握に関しては，実質的効果と見なし効果という２種類の効果が設定されている。実質的効果とは，廃棄物削減や省エネ対策によるコスト削減等が該当し，貨幣価値もしくは物量で把握される。これに対して見なし効果とは，仮に企業が適切な汚染対策をとらず，土壌汚染等の汚染問題を引き起こしてしまった場合，修復のためにかかる費用を算定し，その分を効果に組み入れるというものである。つまり，見なし効果の場合はあくまでも仮定の効果ということになる。

　環境省は平成17年（2005年）にガイドラインの改訂版を公表した。それによると①環境保全コストに応じた分類の提示，②環境パフォーマンス指標を参考にした環境保全効果の見直し，③環境保全対策にともなう経済効果の概念の再整理，④開示様式の体系化，⑤内部管理表の整理・見直し，⑥連結環境会計の取り扱いに関する考え方を提示等の見直しが実施された。環境会計は，通常の財務諸表に比べるとまだまだ発展途上の段階にあり，改良の余地が残されているといえる。

第6章 経営と地球環境　151

## 【*Review exercise*】

1．公害問題と地球環境問題の違いについて整理しなさい。
2．ＩＳＯ14001の仕組みおよび問題点について整理しなさい。
3．3Ｒの意味するところを説明しなさい。

【勉強を深めるために参考となる文献】
所伸之『進化する環境経営』税務経理協会，2005年。
鈴木幸毅編著『地球環境問題と各国・企業の環境対応』税務経理協会，2001年。
髙橋由明・鈴木幸毅編著『環境問題の経営学』ミネルヴァ書房，2005年。
堀内行蔵・向井常雄『実践　環境経営論』東洋経済新報社，2006年
真船洋之助・石崎忠司編著『環境マネジメントハンドブック』日本工業新聞社，2004年。

## 《*Coffee Break*》

　地球温暖化防止のために環境省が音頭をとり，実施している対策のひとつに「クールビズ」がある。「温室効果ガス削減のために，夏のエアコンの温度設定を28度にし，男性はオフィスでのネクタイ着用を止めよう」そんなキャンペーンが平成17年（2005年）夏からスタートし，話題を呼んでいる。当時の小泉首相自らがネクタイを外して仕事をしている姿がメディアで放映されたこともあって，クールビズは予想外の盛り上がりを見せた。環境省の試算によると，冷房設定温度を例年より高くしたことによる二酸化炭素の削減量は約46万トンで，これは100万世帯の1カ月分の二酸化炭素排出量に相当するという。環境問題の解決には身の回りの小さなことから始めることが大事。

# 第 7 章 ▶ 生産管理

〈**Key word**〉
- ▶品質・原価・納期（QCD）
- ▶品質管理・QCサークル
- ▶トヨタ生産方式・セル生産方式
- ▶標準化
- ▶生産性

このことばに注目！

## 1. 生産とは

### （1）生産の定義

　生産とは，企業が保有する人材，設備，資金，情報などの経営資源を投入（インプット）し，もともと価値の低い素材などに付加価値をつけ，価値の高い有用な製品やサービスを産出（アウトプット）する活動である。

　例えば，自動車の生産では，①プレス（鋼板を部品に合った大きさに切断し，プレス機で加工してドア，ルーフ，ボンネットなどのプレス部品を作る）→ ②溶接（ロボットを使ってプレス部品を溶かしてつなげ，車の形にする）→ ③塗装（何度も重ねて色を塗り乾燥させる）→ ④組立（部品を車体に取り付ける。組立工場には一定の速さで動くコンベヤがあり，流れ作業で部品を組み付けていく）→ ⑤検査（検査場でブレーキや水漏れなど多くの項目をチェックし合格した車だけが出荷される）という一連の工程を経て，材料であった鋼板が加工・組立され，価値が付け加えられて最終的に1台の自動車が完成する。

このように，生産活動は，企業活動のなかでも，低価値の素材を高価値の製品に変換するプロセスを通じて，価値を創造し利益を生み出す活動といえる。

## （2）生産要素と生産条件

自動車を生産するには，鉄やアルミなどの原材料，ネジや歯車などの部品，部品を加工する大型プレス機や溶接ロボットなどの機械設備，組立工程でオーディオやメーターなどを取り付ける作業者，さらには取り付けに必要な部品や順序などの作業方法・手順を指示した指図書が必要となる。

つまり，生産を行うためには，人（man），原材料（material），機械設備（machine）および生産方法（method）が必要である。これらは生産するために必要な要素であり，生産の4要素あるいはそれぞれの頭文字をとって生産の4Mともいわれている。

これらの生産要素を投入し産出された製品は，品質（quality：製品の機能・デザイン・耐久性などの特性），原価（cost：原材料費・人件費などの生産にかかる費用），納期（delivery：顧客への適正な数量の適正な期日での納入）によりその価値が評価される。これらは生産の3条件や需要の3条件，その頭文字から「QCD」ともいわれている。

では，どのように製品の価値が評価されるのか。例えば，新車を購入したいと思い，自動車ディーラーに行ったとしよう。通常200万円の気に入った新車が20万円で販売されていたら誰でも購入したいと考えるだろう。しかし，エアバックやエアコンが装着されておらず，納期まで5年かかるといわれたらどうするか。おそらく大半の人は購入しないだろう。このように，いくら製品の原価（価格）が安くても，品質や納期といった他の条件が適正でなければ顧客は購入してくれない。

すなわち，製品の生産には，品質，原価，納期（QCD）のバランスがとれた製品を提供すること，つまり顧客が要求する品質の良い製品を，適正な費用で生産し，顧客にとって必要な数量を適正な時期に納入することが求められる。

図表7-1　生産のしくみ

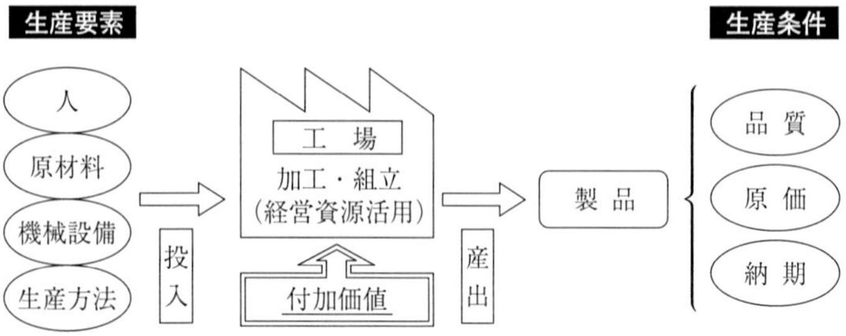

**生産要素**: 人、原材料、機械設備、生産方法 → 投入 → 工場　加工・組立（経営資源活用）← 付加価値 → 産出 → 製品

**生産条件**: 品質、原価、納期

## 2. 生産管理とは

### （1）生産管理の目的

　生産現場では，市場・顧客の要求に応えながら「どのような品質の製品を，どのくらいの価格で，どれだけの数量を，いつまでに提供するか」を検討し，生産に必要な諸要素を調達・投入して製品の生産を行うが，製品の効率的な生産，あるいは生産活動全体の最適化を図るためには，生産管理が必要となる。

　では，生産管理とは何か。日本工業規格（JIS）によれば，生産管理とは，「財・サービスの生産に関する管理活動。具体的には，所定の品質Q，原価C，数量および納期Dで生産するため，又はQ・C・Dに関する最適化を図るため，人，物，金，情報を駆使して，需要予測，生産計画，生産実施，生産統制を行う手続き及びその活動。狭義には，生産工程における生産統制を意味し，工程管理ともいう。」[1]と定義されている。

　この定義からもわかるように，生産管理は，図表7-2のような生産活動におけるマネジメント・サイクル，つまり生産計画，生産実施，生産統制を通じて，顧客の要求する生産条件を満たす製品を生産する一連の活動を管理することがその目的となっている。

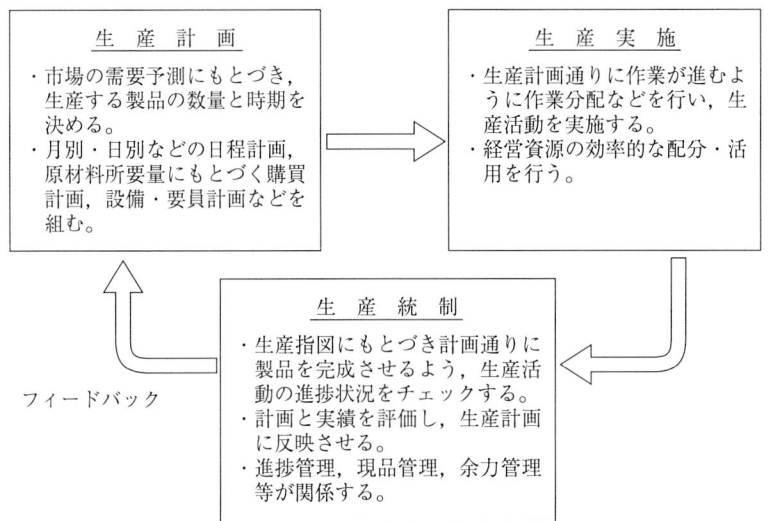

図表7-2　生産活動のマネジメント・サイクル

```
┌─────────────────────┐           ┌─────────────────────┐
│    生 産 計 画      │           │    生 産 実 施      │
│・市場の需要予測にもと│           │・生産計画通りに作業が│
│  づき，生産する製品の│  ──▶     │  進むように作業分配な│
│  数量と時期を決める。│           │  どを行い，生産活動を│
│・月別・日別などの日程│           │  実施する。         │
│  計画，原材料所要量に│           │・経営資源の効率的な配│
│  もとづく購買計画，設│           │  分・活用を行う。   │
│  備・要員計画などを組│           │                     │
│  む。               │           │                     │
└─────────────────────┘           └─────────────────────┘
         ▲                                   │
         │                                   ▼
         │                         ┌─────────────────────┐
  フィードバック                   │    生 産 統 制      │
         │                         │・生産指図にもとづき計│
         │                ◀──     │  画通りに製品を完成さ│
         │                         │  せるよう，生産活動の│
         │                         │  進捗状況をチェックす│
         │                         │  る。               │
         │                         │・計画と実績を評価し，│
         │                         │  生産計画に反映させ │
         │                         │  る。               │
         │                         │・進捗管理，現品管理，│
         │                         │  余力管理等が関係す │
         │                         │  る。               │
         │                         └─────────────────────┘
```

生産管理の目的＝生産活動のマネジメントサイクルを通じて，顧客の要求する生産条件（品質，原価，納期）を満たす製品を生産する。

## （2）生産管理の個別管理

　生産現場での主な活動には，生産活動に必要な経営資源や生産要素を調達する調達・購買活動，生産活動によって生み出された製品を顧客に出荷・納入する販売活動，調達・購買活動にともなう支出や販売活動による収入を管理したり，生産活動にかかるコストの管理や諸活動に必要な資金を融通する財務活動などがある。これらの生産現場での主な活動には，各部門・工程に対応する管理対象があり，それぞれ個別の生産管理が存在している。

　生産管理はその管理すべき対象から，①生産条件（品質，原価，納期）を管理する個別管理，②生産要素（人，原材料，機械設備，生産方法）を管理する個別管理に大別される。生産条件を管理する個別管理には，製品の品質を管理対象とする品質管理，原価を対象とする原価管理，そして納期を対象とする工程管理の3つの管理がある（図表7-3参照）。一方，生産要素を管理する個別管理には，人を管理対象とする要員管理，原材料を対象とする購買管理，資材管理，

在庫管理，機械設備を対象とする設備管理，生産方法を対象とする作業管理などの管理がある（図表7－4参照）。

### ①生産条件（品質，原価，納期）を管理する個別管理
#### （a）品質の管理（品質管理）

品質管理は，製品の品質を維持・改善・向上させるために，生産後ではなく，生産段階で製品に不具合や欠陥が出ないように管理する活動である。品質管理には，品質の追求すべき目標（品質目標）や生産しようとする品質（品質水準）から外れないように製品の品質を維持・管理する目的と，顧客が要求する品質を保証し（品質保証），顧客の満足度を向上させる目的がある。

#### （b）原価の管理（原価管理）

原価管理は，材料費，外注費，労務費などの原価の維持・低減・改善を図るための管理活動である。原価管理には，①所定の品質・価格を実現する原価の

図表7－3　生産条件（品質，原価，納期）を管理する個別管理

| 生産条件 | 個別管理 | 管理の内容・目的・特徴 |
| --- | --- | --- |
| 品　質 | 品質管理 | ・製品の品質の維持・改善・向上<br>・生産段階での不具合や欠陥の防止<br>・品質目標（品質の追求すべき目標），品質保証（顧客が要求する品質の保証）の実現による顧客満足度の向上 |
| 原　価 | 原価管理 | ・材料費，外注費，労務費などの原価の維持・低減・改善<br>・原価管理の構成機能<br>　①標準原価（所定の品質・価格を実現する原価の設定）<br>　②原価維持（標準原価に近づける実際原価の維持）<br>　③原価改善（継続的な原価の低減）<br>　④原価計算（実際原価と標準原価との差異の計算・分析） |
| 納　期 | 工程管理 | ・所定の納期・数量での製品の納入<br>・納期の厳守，生産期間の短縮，必要量の確保，仕掛品在庫の低減などの実現<br>・生産統制としての役割・機能<br>　進捗管理（作業の進行状況の把握・調整）<br>　現品管理（資材・仕掛品・製品などの所在状況の管理）<br>　余力管理（人員や機械設備の能力と仕事量の調節） |

設定（標準原価設定），②標準原価に近づけるような実際の原価の維持・管理（原価維持），③継続的な原価低減を図る管理（原価改善），④実際にかかった原価と標準原価との差異の計算・分析（原価計算）という機能がある。原価管理では「いかに原価を下げるか」に関心が集まるが，原価を下げるために製品の性能や品質を落とすことは避けなければならない。

### （c）納期の管理（工程管理）

工程管理は，生産する製品を所定の納期に所定の数量納入するための管理である。工程における納期の厳守と生産期間の短縮，必要量の確保，仕掛品在庫の低減などを実現するためには，工程を合理的に設計し，生産効率・生産性を向上させなければならない。工程管理には生産統制としての機能や役割があり，作業の進行状況を把握し作業の進み具合を調整する進捗管理，各工程での資材・仕掛品・製品などの所在状況を管理する現品管理，各工程での人員や機械設備の持つ能力と仕事量を調節し進度の適正化を図る余力管理といった管理が関係している。

### ②生産要素（人，原材料，機械設備，生産方法）を管理する個別管理

### （a）人の管理（要員管理）

要員管理は，作業者の効率的な人員配置・機動配置，作業者の技能の維持・向上，作業者に対する教育訓練など，生産現場における作業者の要員やスキルアップを目的とする管理である。

### （b）原材料の管理（資材管理，在庫管理，購買管理）

資材管理は，原材料・部品・仕掛品・半製品などの資材の品目・品質・数量・在庫量などを全般的に管理する活動であり，在庫管理は，資材の在庫状況を把握し，各種品目の在庫を好ましい水準に維持することを目的とする。購買管理は，生産に必要な資材を外部の取引先から効率的に調達するために必要な管理活動である。その他，資材や製品の保管・出庫などに関する倉庫管理やその運搬に関する運搬管理などがある。原材料に関する管理は，各工程で必要な資材を，必要な時期に，必要な数量を，必要とする場所へ供給するために必要

な管理となっている。

### （c）機械設備の管理（設備管理）

設備管理は，装置・機械・工具・計測器などの設備に関する計画，設計，調達を管理するほか，その運用や保全など保有設備の性能を維持することもその目的とする。設備管理は，各種の設備を効率的に活用するために必要である。

### （d）作業方法の管理（作業管理）

作業管理では，作業方法の分析・改善によって，標準作業（最も適切な作業方法）と標準時間（標準作業を行うときの所要時間）を設定する。標準を維持するための一連の活動を管理することで，作業改善と作業標準化を行い，生産性を向上させるねらいがある。

図表7－4　生産要素（人，原材料，機械設備，生産方法）を管理する個別管理

| 生産要素 | 個別管理 | 管理の内容・目的・特徴 |
| --- | --- | --- |
| 人 | 要員管理 | ・作業者の効率的な人員配置・機動配置<br>・作業者の技能の維持・向上<br>・教育訓練 |
| 原材料 | 資材管理 | ・資材（原材料・部品・仕掛品・半製品）の品目・品質・数量・在庫量などの全般的な管理 |
| | 在庫管理 | ・資材の在庫状況の把握<br>・各種品目の適正在庫水準の維持 |
| | 購買管理 | ・生産に必要な資材の外部からの効率的な調達 |
| 機械設備 | 設備管理 | ・設備（装置・機械・工具・計測器など）の効率的な活用<br>・各種設備の投資計画，調達，運用，設備保全 |
| 生産方法 | 作業管理 | ・作業研究（作業方法の分析）を通じた標準作業（最も適切な作業方法）と標準時間（標準作業にかかる所要時間）の設定・維持<br>・作業改善と作業標準化の管理 |

# 3. 生産管理と改善

生産現場では，各部門・工程に対応する個別の生産管理が存在している。生

産管理の個別管理の機能を向上させるとともに生産現場全体の生産性を高めるために，各部門・工程では，絶えずさまざまな改善が行われている。改善とは，「小人数のグループ又は個人で，経営システム全体又はその部分を常に見直し，能力その他の諸量の向上を図る活動」[2]である。ここで，生産管理の機能向上に大きく関わる改善活動についてみてみよう。

### （1）生産現場における5S

生産条件（品質，原価，納期）を管理する前提となる5Sという改善活動がある。5Sは，整理，整頓，清掃，清潔，躾（しつけ）をローマ字表記したその頭文字Sから名づけたものである。それぞれの意味は以下のとおりである[3]。
- 整理…必要なものと不必要なものを区分し，不必要なものを片付けること。
- 整頓…必要なものを必要なときにすぐに使用できるように，決められた場所に準備しておくこと。
- 清掃…必要なものについた異物を除去すること。
- 清潔…整理・整頓・清掃が繰り返され，汚れのない状態を維持していること。
- 躾 …決めたことを必ず守ること。

生産現場で清掃・清潔が守られていないと製品の加工途中に異物が入り不良品が発生したり，それにともなう余分な原材料費や人件費がかかる。また，整理・整頓が実施され工具・機械類が決められた場所に準備されていれば，使用時に探す手間が省け作業時間の短縮につながる。5Sにより作業の効率化，品質の向上，コスト削減，納期の遵守，そして安全性の確保が実現される。

### （2）提案制度と小集団活動

提案制度や小集団活動は，生産現場における個人レベルと集団レベルの改善活動である。提案制度とは，生産現場の作業環境や作業手順などの改善点を作業者個々人から募集しそれを審査・表彰して改善に役立てる制度である。一方，小集団活動とは，同じ職場で働く作業者数人が自主的に小グループを作り，選出したリーダーを中心に業務に関する改善点や目標を設定・実行する活

動である。小集団活動の具体的形態は企業により異なるが，QCサークル（Quality Control：品質管理），ZD運動（Zero Defect：不良ゼロ），JK運動（自主管理運動）などがある。

提案制度や小集団活動はともに，作業環境の改善や製品品質の向上，職場全体の生産性・競争力の向上，作業者の参画意識の高揚，作業者個人の自己実現やモチベーションの向上などを目的としている。

## （3）品質管理とQCサークル

小集団活動の一種であるQCサークルは，品質管理活動を目的として同じ職場で働く作業者が自主的に作る小グループで，全社的な活動を推進する母体となる。QCサークルでは，現場管理者をはじめ参加者全員が，製品の品質向上やコストの低減を目標に日常業務の検討や工程・作業の改善・管理を行う。この活動を通じて，欠陥品や不良品の発生や作業のばらつきの回避，それにともなうコスト低減や納期短縮による生産性の向上，参加者同士の相互協力，個々人の自主性や生きがいの醸成などが達成される。

品質管理を効率的に推進するためには，生産現場だけではなく他部門も含めた協力，経営者をはじめ管理者，作業者まで全員の参加が必要である。もともと生産現場における改善活動，生産部門に関する管理から始まった品質管理活動は，研究開発，生産，販売，人事，財務などの企業活動全般で改善運動を行う総合的品質管理（TQC：Total Quality Control）へと発展した。そして，現在では，顧客を含むすべての利害関係者（ステークホルダー）に満足をもたらすことができるように，経営戦略・経営方針などを含む企業全体の総合的な品質を高める総合的品質マネジメント（TQM：Total Quality Management）へと進化している。

## 4. 生産形態の分類

　生産現場ではどのような生産形態で製品が生産されているのか。生産形態は，①生産時期（注文時期），②生産品種と生産量，③仕事の流し方，④生産指示，⑤製品・加工品の流れ方（機械配置の仕方）などの視点から区分することができる。

### （1）生産時期による分類
　顧客からの注文を受けてから生産するか，注文を受ける前に見込みで生産するかという視点によって，受注生産と見込生産に分類できる。
### （a）受注生産
　顧客からの注文にもとづいて製品の生産を行う形態である。生産活動は受注時点から開始され，顧客が定めた仕様の製品を生産する。受注生産では，顧客の望む納期どおりに必要量の製品を納入すること，すなわち納期の確保が重要な課題となる。受注生産では，原材料・部品・半製品および製品の在庫は発生しないが，自動車の生産のように，受注前に部品や半製品を在庫として保有し，受注後の生産開始に備える場合が多い。その一方，家の注文建築のように，原材料・部品などを在庫に持たず，受注後にそれらを調達し生産を開始する受注生産の形態もある。
### （b）見込生産
　顧客からの注文を受ける前に見込みで製品の生産を行う形態である。見込生産では，市場の需要予測にもとづき設計した仕様の製品を計画的に生産する。それを完成品在庫として保有しておき，顧客からの注文に応じて出荷する。この場合，需要量に応じた数量の生産，あるいは製品の在庫管理が重要な課題となる。需要予測にもとづいて季節ごとに生産される衣料品，ビールやコーヒーなどの飲料品，スーパーやコンビニで売られている食料品などは，見込生産によって生産される製品である。

## (2) 生産品種と生産量による分類

　生産する製品の種類が多いか少ないかという視点によって，多品種少量生産，少品種多量生産，その中間に位置する中品種中量生産に区分される。ここでは，多品種少量生産と少品種多量生産をとりあげる。

### (a) 多品種少量生産

　生産する製品の種類が多く，製品の品種ごとに少量ずつ生産する形態である。多品種少量生産では，製品の種類が多く，生産量や納期も多様であるため，生産管理が複雑になる。また，生産品種の切り替えにともなう段取り替えによって時間がロスするなど生産効率の低下に留意しなければならない。受注生産で生産量の少ない個別生産（あるいはロット生産）により生産される製品は，多品種少量生産で生産される場合が多い。

### (b) 少品種多量生産

　生産する製品の種類が少なく，製品の品種ごとに多量に生産する形態である。少品種多量生産では，生産する製品の品種や生産量にあまり変化がないので生産管理がしやすい。しかも，生産活動が安定しているため，反復的に同一品種を生産する連続生産方式が用いられて継続的に生産が行われる。その一方で，品種や生産量に大幅な変更が生ずると生産システムの変更に対応するのが難しい。消費者ニーズの多様化や嗜好の個別化により多様な品種の製品が求められるようになると，少品種多量生産により生産される製品は限られてくる。

## (3) 仕事の流し方による分類

　仕事の流し方，すなわち同じ作業を連続して流すか流さないかという視点から，個別生産，連続生産，ロット生産に分類できる。

### (a) 個別生産

　個々の注文に応じて設計し，その都度1回限りの生産を行い，製品を1個ずつ完成させていく形態である。個別生産では，受注生産の方式により顧客からの製品仕様や注文量に応じて生産が行われる。この場合，生産現場では，どのような仕様の品種にも対応できる汎用性の高い機械設備を導入していることが

多く，生産品種の切り替えにともない金型や工具の交換などの段取り替えを行う必要がある。個別生産では，段取り替え時間の短縮や生産期間の短縮，機械の稼働率などの安定化を図るための管理が必要となる。

（b）連続生産

同一の製品を反復的に継続して生産する形態である。連続生産では，需要を見込んであらかじめ生産される見込生産の方式がとられ，同一製品を専用の工程・機械設備で長期間続けて生産することで生産性を向上させている。原則として同一製品を生産するため，品種の切り替えによる段取り替えを考慮する必要がない。

（c）ロット生産

品種ごとに一定の数量ずつまとめて（ロット），複数種の製品を交互に繰り返し生産する形態である。ロット生産は，需要量が予測できる複数種の製品で同一の機械設備・技術が利用できる場合などに用いられる。この形態は，生産量の少ない複数の注文をまとめた生産，連続生産に満たない規模の生産に対応できるため，個別生産と連続生産の中間的な生産形態，受注生産と見込生産の両方に対応した形態ともいえる。ロット生産では品種ごとに段取り替えが必要になるため，段取り回数の低減や段取り替え時間の短縮が重要な管理課題となる。

### （4）生産指示による分類

生産指示の仕方，すなわちどのように生産の指示をするかという視点から，プッシュ（押出し）生産，プル（引取り）生産に分類できる。

（a）プッシュ生産

事前に計画されたスケジュールに従い生産活動を行う形態で，前工程が作ったものを後工程に送る（プッシュ，押出す）ことで生産が進む形態である。この形態では，需要予測にもとづいた生産計画に従って生産が進められるため，部品の不良や欠品，需要量の大幅な変動などの不測の事態が発生すると，生産現場の全工程ですぐに生産が停止されずその対応に時間を要することもある。そ

の結果，後工程への産出物の押込み，生産途中の仕掛品，作りだめの製品などさまざまな在庫が過剰に生じる危険性がある。

**（b）プル生産**

後工程から引き取られた部品とその数量を前工程が補充生産する形態であり，後工程引取方式ともいう。プル生産では，後工程は，使用した部品を使用した分だけ前工程に取りに行き（プル，引き取り），前工程は，後工程で使われた分だけを生産し次の引き取りに備えることで生産が進む。製品が需要に連動して生産されるため，無駄な製品を生産することを防止できる。プル生産では，後工程から前工程に補充すべき部品の情報を伝達するために「かんばん」と呼ばれる作業指示票が使用される。かんばんは，ジャスト・イン・タイム生産を実現させるためにトヨタ生産方式（詳細は5を参照）で導入された情報伝達の方法である。

## （5）製品・加工品の流れ方による分類

製品・加工品の流れ方による分類には，フローショップ型生産，ジョブショップ型生産がある。これは，生産現場での機械設備の配置の仕方による分類でもある。

**（a）フローショップ型生産**

機械設備を作業順に直線的に並べて生産が行われる形態である。製品の作り方や順序が同一で大量生産する製品の場合には，フローショップ型生産が用いられる。製品は生産ラインを直線的に移動して加工され，生産の開始時点から各工程を流れるにしたがって，次第に製品として完成する仕組みになっている。

**（b）ジョブショップ型生産**

プレス・溶接・旋盤など機能別に配置された機械設備の設置場所（ジョブショップ，機械群）に，加工品が転々と移動して生産される形態である。注文ごとに作業内容や作業順序が異なる多品種製品の生産を行う場合，ジョブショップ型生産を用いた方が能率的である。

## 5. 生産システムの進化

　製品を作れば売れた大量生産・大量消費の時代は過去のものとなり，消費者のニーズにあった製品でないと売り上げや利益を伸ばすことはできない。消費者の個性化・多様化が進み，需要変動の激しい現在の市場では，「作ったものをいかに売るか」という生産志向型の発想（プロダクト・アウト）から「売れるものをいかに作るか」という消費者志向型の発想（マーケット・イン）が求められている。それにともない，生産現場では既存の生産方式や生産システムの仕組みを変え，市場の需要や消費者ニーズに対応するような生産体制を構築しなければならない。以下では，生産方式や生産システムの進化についてみてみよう。

### （1）フォード・システム
　フォード・システムは，フォード（Ford, H.）が20世紀初頭に考案しフォード社で採用された自動車の大量生産システムである。その特徴は，製品・部品・生産工程の標準化，および移動組立方式の導入により自動車の大量生産体制を確立したことにある。

#### ①製品・部品・生産工程の標準化
　フォード社は，生産車種を「T型車」と呼ばれる単一車種（色は黒一色）に限定し，製品・部品および生産工程の標準化を徹底した。T型車の生産では，単一部品を生産する専門の機械設備や工具，専門工場が使用され，部品が標準化・規格化されてその互換性が高められた。その結果，各部品の大量生産が可能になるとともに，生産工程は作業手順や作業時間に応じて簡単な作業に細分化・単純化・専門化され，非熟練作業者でも分業することで容易に組立作業ができるようになった。

## ②移動組立方式

フォード社は,ベルトコンベヤにもとづく移動組立方式を取り入れた。移動組立方式では,作業順序に従って工程が分割され生産ライン上を車が移動する。作業者は生産ラインに沿って配置され,細分化・単純化された一部の作業を担当する。したがって,作業者はほとんど移動することなくライン上を流れてくる車に部品を取り付けることができる。車台に固定された車に作業者が部品を取り付けに移動していたそれまでの組立方式とは異なり,移動組立方式では,作業者が移動する時間が節約されて生産効率が向上した。また,移動組立方式では,生産ライン上を車が同じスピードで順番に流れるため,同時に多くの車が生産されるという生産の同期化が実現した。

このように,フォード・システムは,製品・部品・生産工程の標準化,作業の細分化・単純化,および移動組立方式の導入により,製品・部品の効率的な生産,部品の互換性,安定した製品品質,原価の削減を実現するとともに,多くの半熟練・非熟練作業者を活用することで標準化された製品(自動車)を大量生産することを可能にした。

## (2) トヨタ生産方式

トヨタ生産方式は,トヨタ自動車(以下トヨタ)で開発・推進された生産管理システムの総称であり,徹底したムダの排除と合理的な生産方法を追求することを目的とする。この生産方式は在庫などの無駄が少ないためにリーン(「贅肉のない」の意味)生産方式ともいわれる。以下,トヨタ生産方式の思想や目的,その仕組みや手段などについてみていこう。

### ①トヨタ生産方式の基本思想[4]

トヨタ生産方式を支える2つの基本思想が,「異常が発生したら機械がただちに停止して,不良品を造らない」という自働化(ニンベンの付いた自働化)と,「各工程が必要なものだけを,流れるように停滞なく生産する」というジャスト・イン・タイム(JIT)である。

## （a）自働化

　自働化とは，生産ラインで品質や設備に異常が発生した場合，作業者や機械が自ら異常を検知して停止させる仕組みのことである。とくに機械に善し悪しを判断させる装置を組み込むことで，不良品の発生を未然に防止することができる。トヨタでは「アンドン」と呼ばれる異常表示盤のシステムが設置され，生産工程の異常がひと目でわかる仕組みになっている。異常があれば機械が止まるので，作業者は１人で何台もの機械を目で見て管理できる（「目で見る管理」）。

## （b）ジャスト・イン・タイム（ＪＩＴ：Just In Time）

　ジャスト・イン・タイムは，「必要なものを，必要なときに，必要な量だけ」という意味である。生産現場の「ムダ・ムラ・ムリ」を徹底的になくして生産効率を向上させるために，必要なものを必要な時に必要な量だけ生産・運搬する仕組みである。ジャスト・イン・タイムは，後工程が使った量だけ前工程から引き取る仕組みのためプル・システム，後工程引取方式ともいう。

### ②トヨタ生産方式の仕組み

　トヨタ生産方式では，徹底したムダの排除と合理的な生産方法を実現するために，かんばん方式，生産の平準化，生産リードタイムの短縮，小ロット生産，１個流し生産，多工程持ち，多能工化，少人化などのさまざまな仕組みや手段が用いられている。

## （a）かんばん方式

　トヨタ生産方式では，かんばんという情報伝達の道具を用いて，日々の生産を処理し，ジャスト・イン・タイム生産を管理する手段が開発された。かんばんには，主に引取りかんばん（運搬指示かんばん）と仕掛けかんばん（生産指示かんばん）の２種類がある。引取りかんばんには，後工程が引き取るべき部品の種類と数量，仕掛けかんばんには，前工程が生産すべき部品の種類と数量などの情報が記載されている。なお，かんばん方式は図表７－５のような仕組みになっている。

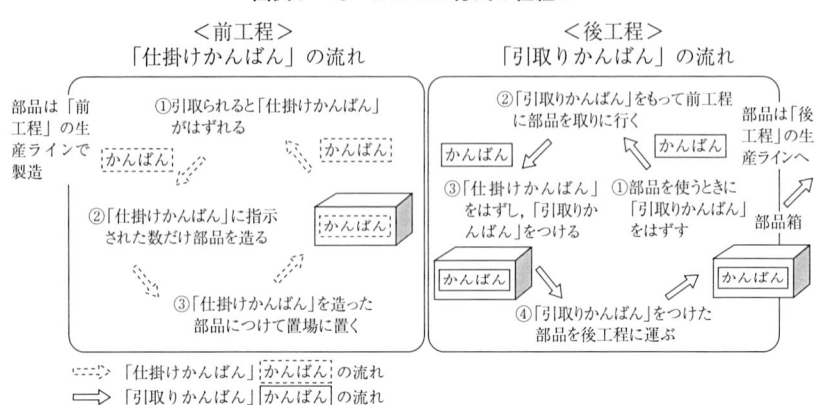

**図表7－5 かんばん方式の仕組み**

＜前工程＞
「仕掛けかんばん」の流れ

部品は「前工程」の生産ラインで製造

① 引取られると「仕掛けかんばん」がはずれる
② 「仕掛けかんばん」に指示された数だけ部品を造る
③ 「仕掛けかんばん」を造った部品につけて置場に置く

＜後工程＞
「引取りかんばん」の流れ

② 「引取りかんばん」をもって前工程に部品を取りに行く
③ 「仕掛けかんばん」をはずし、「引取りかんばん」をつける
① 部品を使うときに「引取りかんばん」をはずす
④ 「引取りかんばん」をつけた部品を後工程に運ぶ

部品は「後工程」の生産ラインへ

部品箱

┈┈▷ 「仕掛けかんばん」 かんばん の流れ
━━▷ 「引取りかんばん」 かんばん の流れ

出所：トヨタ自動車ホームページ（http://www.toyota.co.jp）より作成。

（ｂ）生産の平準化

　ジャスト・イン・タイム生産を管理するかんばん方式が円滑に機能するためには生産の変動を極力抑え，生産を平準化する必要がある。かんばん方式では，後工程が前工程から一度にまとめて部品を引き取れば，前工程は在庫を持つか生産能力を増強しなければならず負担を強いられてしまう。それを避けるためには，最終組立工程が日々の生産量を平準化することが必要である。後工程が前工程から引取る部品の種類や数量が平均化されることで生産が安定する。

（ｃ）生産リードタイムの短縮，小ロット生産，１個流し生産

　生産の平準化を進めるうえでは，生産リードタイム（生産工程などでの部品が準備されてから完成品になるまでの時間）の短縮が必要になるが，そのためには，段取り替え時間を短縮してロットサイズを極力小さくする必要がある。それは小ロット生産，あるいは１個流し生産によって達成される。トヨタでは，必要な生産数量に見合ったスピード（タクトタイム）で生産するとともに，鋳造・鍛造・プレスなどのロット生産工程でも，小ロットで必要な分だけ生産している。

### (d) 多工程持ち,多能工化,少人化

　トヨタでは,作業者が作業工程の流れの順に複数の工程を受け持つ多工程持ちによって,生産リードタイムの短縮や仕掛品の減少などが実現されている。作業者はジョブローテーションにより多能工化し,品種や生産量の変動に柔軟に対応することが可能になっている。多工程持ちや多能工化により少人化が可能になり,需要変動に合わせた作業者数の増減,とりわけ需要の減少時に作業者数を減らして人員の調整と再配置が行われている。

## (3) セル生産方式

　ベルトコンベヤなどの生産ライン上を移動するにつれて作業が進み完成品ができあがるライン生産方式(流れ作業)に対して,セル生産方式は,1つのセル(「細胞,小部屋」という意味)で,1人ないし数人の作業者が手作業で組立や加工を行い1つの製品を作り上げる方式である。その主な形態として,1人方式,分割方式,巡回方式がある(図表7-6参照)。

　セル生産方式では,①セル数や作業者数の増減により生産品種や生産量の変動に迅速に対応できる,②作業者の間隔を詰めることで仕掛品や製品の在庫を

**図表7-6　セル生産方式の形態**

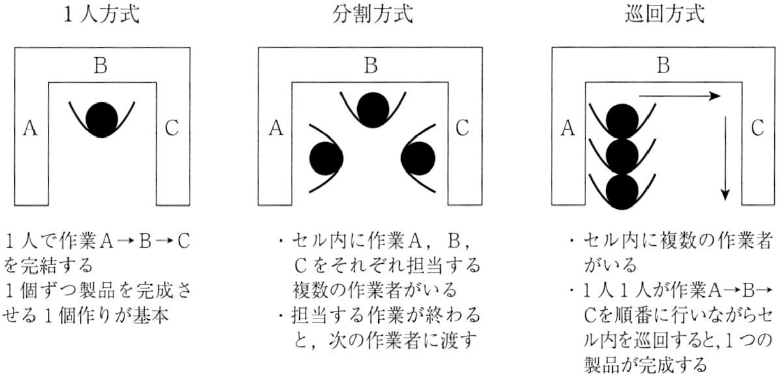

| 1人方式 | 分割方式 | 巡回方式 |
|---|---|---|
| ・1人で作業A→B→Cを完結する<br>・1個ずつ製品を完成させる1個作りが基本 | ・セル内に作業A,B,Cをそれぞれ担当する複数の作業者がいる<br>・担当する作業が終わると,次の作業者に渡す | ・セル内に複数の作業者がいる<br>・1人1人が作業A→B→Cを順番に行いながらセル内を巡回すると,1つの製品が完成する |

削減できる，③作業者は製品の完成まで責任を持って取り組むため，不良品の低減や高品質の製品の生産，作業者のモチベーションの向上といった面でメリットがある。セル生産方式を導入した時点では一時作業効率が落ちることもあるが，それは作業者の習熟度・技能が低いためであり，作業に慣れてくると効率が上昇することが多い。その一方で，①作業者の習熟度・技量の差により生産効率に差が出てしまう，②作業には多能工が求められるため，作業者の教育訓練・育成に時間がかかるといったデメリットも存在する。セル生産方式は，電機・精密機器関連などの工場で導入されており，携帯電話やコピー機の生産にみられる生産方式である。

## 6. これからの生産管理システムおよび生産現場の課題

　最後に，現在の製造業や生産現場を取り巻く環境，および生産管理システムにみられる特徴や変化について取り上げる。そして今後，生産管理システムや生産現場に求められる考え方やその課題についてまとめたい。

### （1）ＩＳＯ認証の取得

　これからの製造業は国際標準に適合した生産活動，とくに品質や環境に関する国際標準を積極的に満たすよう努力することが必要である。品質や環境に関する国際基準には，ＩＳＯ（International Organization for Standardization：国際標準化機構）が発行する品質管理と品質保証に関する「品質マネジメントシステム」の国際規格ＩＳＯ9000シリーズ，および環境監査と環境保全に関する「環境マネジメントシステム」の国際規格ＩＳＯ14000シリーズがある。

　これらのＩＳＯ認証取得によるメリットとして，認証取得過程でのメリットと取得後のメリットがある。ＩＳＯ認証を取得する過程では，①自社の業務内容を見直す機会となる，②業務の標準化とコスト削減が可能となる，③従業員の習熟度や理解度の向上により従業員・職場の意識改革が進むといったメリッ

トがあげられる。一方, ＩＳＯ認証を取得すると, ①国際的取引が可能となることで取引先や取引条件を拡大できる, ②品質や環境問題に積極的に取り組む姿勢を示すことで取引相手や顧客に対する自社のイメージ・知名度を向上させることができる, ③継続的にシステムを改善できるといった効果がある。

　企業がＩＳＯ認証取得に動くのは, ①認証取得を取引条件とする企業の存在, ②公共事業の入札条件, ③グループ企業・親会社の意向, ④競争企業との差別化, ⑤顧客からの信頼性の獲得などさまざまな理由からであるが, これからの製造業や生産現場はＩＳＯ認証を取得することで, 上記のようなさまざまなメリットを享受することができる。また, ＩＳＯ認証を維持するためには, 継続的にマネジメントシステムを改善しなければならず, 結局は企業体質を強化することにもつながる。

## （2）サプライチェーン・マネジメントの構築

　消費者ニーズの多様化, 製品ライフサイクルの短縮化といった変化が激しい現在の市場では, 市場の需要や消費者ニーズに見合った製品を迅速に提供することが求められている。そのためには, 原材料の調達から, 部品の供給, 製品の生産, 在庫, 輸送, 販売に至るまで, 製品供給の一連のプロセス（サプライチェーン）を一貫して効率的に管理すること, すなわちサプライチェーン・マネジメント（ＳＣＭ：supply chain management）の構築が必要となる。サプライチェーン・マネジメントとは,「資材供給から生産, 流通, 販売に至る物又はサービスの供給連鎖をネットワークで結び, 販売情報, 需要情報などを部門間又は企業間でリアルタイムに共有することによって, 経営業務全体のスピード及び効率を高めながら顧客満足を実現する経営コンセプト」[5]である。

　これまでのプロダクト・アウト型の生産活動では, 生産リードタイムの短縮, 品質改善, コスト低減, 在庫管理などは生産部門内での最適化により実現できた。しかし, 現在のマーケット・イン型の生産活動では, 生産部門だけではなく調達, 販売部門などの他の業務部門のほか, 供給業者や物流業者を含めた企業間のサプライチェーンの全体最適化を図る必要がある。

## （3）変種変量生産への対応

　サプライチェーン・マネジメント構築に関連する生産形態の取り組みとして，変種変量生産への対応が求められる。市場の需要動向に迅速・柔軟に対応するためには，生産品種や仕様，生産量を効率的に変更できる生産体制を確立することが必要である。例えば，モジュール生産という複数種類の部品を組み付けたモジュール部品を受注後に顧客の注文に応じて組み立て，多品種の最終製品を生産する方式，また「コアコンピタンスをもつ複数の企業が連携して，特定の顧客のために高品質の製品をスピーディーに開発し，限られた量を生産する」[6]アジャイル（「機敏な，身軽な」という意味）生産などが有効である。

　もちろんすべての産業において変種変量生産が適しているわけではない。しかし，いずれにせよこれからも消費者ニーズの多様化，製品ライフサイクルの短縮化は避けられない状況は続くため，市場の需要に迅速・柔軟に対応できる受注生産を前提とした生産形態が求められるであろう。

## （4）生産管理システムの情報ネットワーク化

　生産管理を系統的に行うための生産管理システムでは，コンピュータ支援，情報通信技術や情報ネットワークが進展している。これらの要因により，生産計画をもとに必要な資材の所要量を計算するＭＲＰ（material requirement planning：資材所要量計画）を発展させたＥＲＰ（enterprise resources planning：統合業務パッケージ）が開発されている。ＥＲＰは，販売管理，在庫管理，管理会計，財務会計，人事管理などの企業の基幹業務を相互に関係づけその実行を支援する総合情報システムである。製造業や生産現場では，こういった情報システムや情報通信技術を活用することで競争優位の確立や顧客満足の向上につなげることが重要となる。なお，ＥＲＰはサプライチェーン・マネジメントのためのツールとしても注目されている。

## （5）企業の社会的責任（ＣＳＲ）と社会貢献

　製造業に限らずいかなる産業に属する企業も利害関係者（ステークホルダー）

に対して，企業の社会的責任（ＣＳＲ：corporate social responsibility）を果たすことが求められる。製造業ではとくに，①消費者への高品質・低価格・安全な製品の提供，②工場の進出による雇用機会の創出や地域住民との良好な関係の確立，③供給業者，流通業者などの関連企業との協力体制の構築，④環境・公害問題への対応，⑤製造物責任などの法令遵守といったさまざまな社会的責任と社会貢献を果たさなければならない。すなわち，これからは顧客のみならず社会全体の利益を追求するという発想で企業活動・生産活動を行うことが重要である。

## 【*Review exercise*】

1. あなたの関心のある製品（パソコン，自動車，ビール…）を取り上げて，その製品がどのような生産工程・生産形態で生産されているか調べてみよう。
2. 消費者ニーズの多様化により生産形態がどのように変化してきたかまとめてみよう。
3. 現在の日本の製造業を取り巻く環境を整理したうえで，これからの製造業の企業や生産現場に求められることは何か考えてみよう。

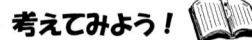

― 考えてみよう！

### 【注】

（1）日本規格協会『JISハンドブック57品質管理』日本規格協会，2006年，181頁。
（2）日本規格協会，同書，179頁。
（3）日本規格協会，同書，199頁。
（4）トヨタ自動車ホームページ（http://www.toyota.co.jp）参照。
（5）日本規格協会，前掲書，186頁。
（6）日本規格協会，同書，188頁。

【勉強を深めるために参考になる文献】

藤本隆宏『生産マネジメント入門Ⅰ・Ⅱ』日本経済新聞社，2001年。

宗像正幸・坂本清・貫隆夫編著『現代生産システム論』ミネルヴァ書房，2000年。

坂本清編著『日本企業の生産システム革新』ミネルヴァ書房，2005年。

大野耐一『トヨタ生産方式』ダイヤモンド社，1978年。

門田安弘『トヨタプロダクションシステム』ダイヤモンド社，2006年。

日本能率協会『競争優位を目指すモノづくり経営革新』日本能率協会マネジメントセンター，2001年。

日本経営工学会編『生産管理用語辞典』日本規格協会，2002年。

岩室宏『セル生産システム』日刊工業新聞社，2002年。

## 《Coffee Break》

### 統計データからみた製造業※

　日本には約570万カ所の事業所があるが，そのうちの約10％にあたる約57万カ所が製造業に関係する事業所である。そこで約1,000万人の従業員が製造業に従事し，年間約100兆円の国内総生産（GDP）の創出に貢献している。産業全体のなかでの製造業のGDPや就業人口に占める比率は，それぞれ約20％となっているが，年々その比率を拡大する傾向にあるサービス業に対して，製造業の産業全体に占めるそれらの比率は縮小傾向にある。

　製造業は下図のように業種別に23業種に分類されるほか，従業員規模別に大事業所・中小事業所に分類できる。なお中小企業基本法では，製造業における中小企業を「資本の額又は出資の総額が3億円以下の会社並びに常時使用する従業員の数が300人以下の会社及び個人」（中小企業基本法第2条）と定義しているように，従業員数300人を境に大・中小の区分がなされる。

　製造業の場合，従業員数が300人以上の大事業所は事業所全体の1％にも満たず，99％以上が中小事業所である。しかも従業員1～4人，5～9人といった家族など身内だけで経営しているような従業員数10人未満の零細事業所の割合が，全体の約70％を占めている。出荷額では，製造業出荷額の約60％を大事業所が産み出し，大事業所で働く従業員の比率は全体の約25％にのぼる。その一方，残りの約75％の従業員は中小事業所に雇用されていることになる。

　製造業の23業種のうち出荷額の多い業種は，「輸送機械」（構成比18.3％），「一般機械」（同9.0％），「化学」（同8.7％），「食料品」（同8.2％），「電気機械」（同7.9％）で，その上位5業種で製造業全体の出荷額の約50％を超えている。また23業種のうち大事業所の占める割合は，「化学工業」，「情報通信」，「電子部品・デバイス」，「石油製品」，「輸送機械」

などの重化学工業・生産財製造に関する業種が他の業種よりも比較的高く（ただし大事業所の割合は3％程度に過ぎない），一方，「衣服・繊維」，「家具・装備品」，「木材・木製品」，「印刷」などの軽工業・消費財製造の業種では，中小事業所の占める割合が非常に高くなっている。

**製造業の23分類の出荷額比率（平成15年）**

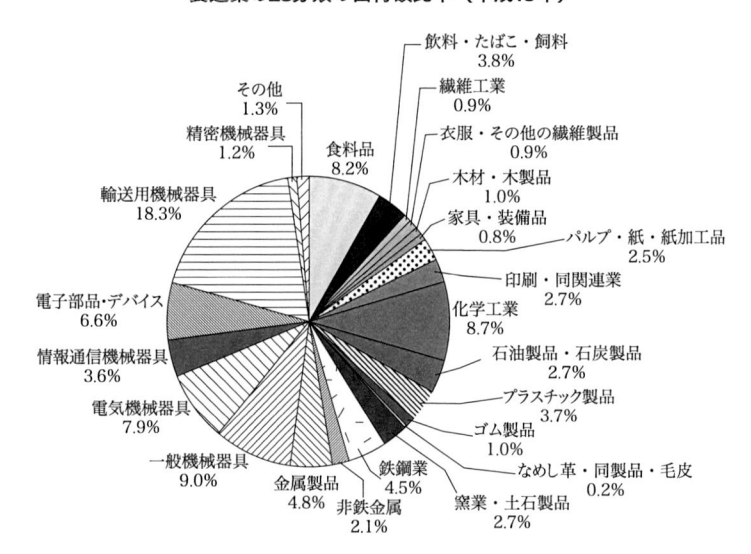

- 飲料・たばこ・飼料 3.8%
- 繊維工業 0.9%
- 衣服・その他の繊維製品 0.9%
- 木材・木製品 1.0%
- 家具・装備品 0.8%
- パルプ・紙・紙加工品 2.5%
- 印刷・同関連業 2.7%
- 化学工業 8.7%
- 石油製品・石炭製品 2.7%
- プラスチック製品 3.7%
- ゴム製品 1.0%
- なめし革・同製品・毛皮 0.2%
- 窯業・土石製品 2.7%
- 鉄鋼業 4.5%
- 非鉄金属 2.1%
- 金属製品 4.8%
- 一般機械器具 9.0%
- 電気機械器具 7.9%
- 情報通信機械器具 3.6%
- 電子部品・デバイス 6.6%
- 輸送用機械器具 18.3%
- 精密機械器具 1.2%
- 食料品 8.2%
- その他 1.3%

出所：経済産業省「平成15年工業統計表」より作成。

※総務省統計局「平成16年事業所・企業統計調査」，内閣府「平成16年度国民経済計算」，経済産業省「平成15年工業統計表」を参照。

# 第8章 ▶流通とマーケティング

〈**Key word**〉
- ▶小売り，卸売り，中抜き
- ▶製造小売り
- ▶業種，業態
- ▶市場分析
- ▶市場創造活動

このことばに注目！

## 1. 流通の仕組み

### (1) 流通と商流，物流

　私達は誰でも日常生活品を購入するために小売店に買い物に行く。ここでの私達は，消費者として小売店に足を運ぶ。

　小売店には，さまざまな商品が陳列されているが，それらは，生産者（メーカー）から消費者の手に届けられるまで，生産者から卸売りへ，卸売りから小売りへ，小売りから消費者へ，という商取引（売買）と，その途中でトラックや鉄道，船，飛行機による輸送や倉庫での保管など，さまざまな過程を経る。これらのシステムを総称して，流通と呼ぶ。

　流通は，商品の所有権を移転させる商的流通（商流）と，商品を輸送したり保管したりする物的流通（物流）に分けられる。このうち一方の商流を担うのは，卸売業と小売業であり，これらを狭義の流通業という。

## (2) 商流と卸売り，小売り

　図表8－1は，生産から販売までの商品の流れを表しているが，生産者から，卸売り（問屋），小売りを経て，消費者にわたる。商品の流れるルートを流通経路（流通チャネル）と呼ぶ。

　卸売業者は生産者と小売業者の仲立ちをし，多数の生産者（もしくは他の卸売業者）から商品を集荷し小売業者に分配する役割と在庫を調整する役割を担っている。

　卸売りは，業種や商品によっては，1次卸，そこから仕入れる2次卸，2次卸から仕入れる3次卸がある。商品の代価は（現金か他の決済手段かは別として）その都度支払われ，商品の所有権はその都度移転する。

　なお，時には生産者や卸売業者が小売店に販売を委託する委託販売もあるが，この場合には，商品の所有権は委託した生産者や卸売業者が持っている。

**図表8－1　生産から販売までの商品の流れ①**

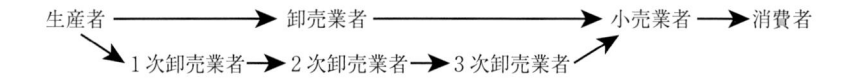

生産者 ─────→ 卸売業者 ─────→ 小売業者 ──→ 消費者
　　　↘1次卸売業者→2次卸売業者→3次卸売業者↗

## (3) 物流と輸送業，倉庫業

　他方の物流を担うのは，輸送業と倉庫業である（輸送業と倉庫業は関連しているので両者を兼ねている企業も多い）。輸送業と倉庫業は，消費者が実際に買い物に行く小売店（小売業）に比べると目立たない業種であるが，これらなしには商品は消費者の手元に届かない。後述する中抜きの場合でも，物流は不可欠である。

　生産者（メーカー）の立場であれ，卸売りや小売りの立場であれ，いかに廉価に安全に効率よく時間通りに配送できるかは大きな関心事となる。自社にとって最適な物流業者に委託できるかどうかは，その企業の盛衰にも関わる。

　単に商品を倉庫に保管し，トラック等で輸送することを指して狭義の物流という。

商品を運ぶ「輸送」、積み込み積み下ろしをする「荷役」、汚れや破損を避けるための「包装や梱包」、商品を倉庫に保存する「保管」、検査や検品、値札付けを行う「流通加工」、さらにコンピュータやＩＴを活用して商品の種類や数と所在、配送先までを一括管理する「情報システム」等、今日では、これらを総称して物流（広義の物流）と呼んでおり、ますます重要度を増している。物流は裏方にあっても、「物流を制する企業は流通を制する」といわれるゆえんである。

輸送業や倉庫業が中心となって大規模な物流センターを作る例は珍しくないが、今日では、生産者（メーカー）や卸売り、小売り自身が、単独もしくは共同で、効率の良い自前の物流センターや物流システムを積極的に構築している。

ブリヂストン（タイヤメーカー）の物流センター、国分（食品卸売り）の八潮流通センター、イオングループの物流センター（日立物流に運営委託）、セブン−イレブン・ジャパンの物流システム（温度帯別共同配送システム、図表8−2）などはその一例である。

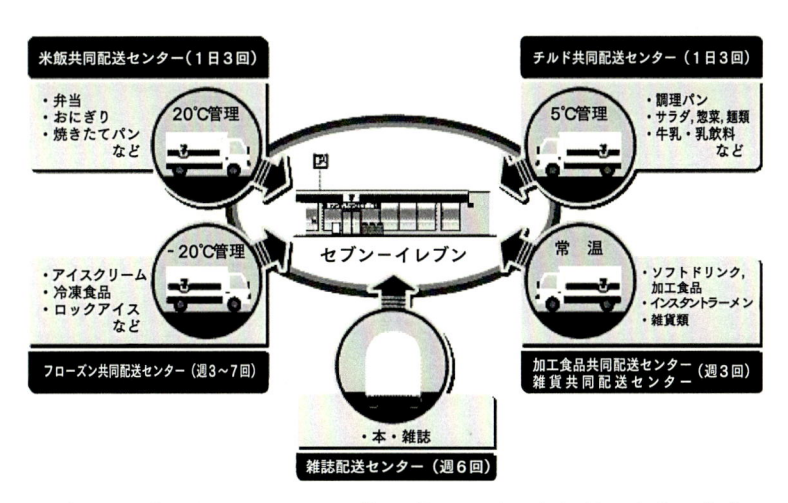

**図表8−2　セブン−イレブン・ジャパンの物流システム**

出所：セブン−イレブン・ジャパンのWebサイト（http://www.sej.co.jp/oshiete/kaibou/kaibou05.html）による。

## （4）卸売業と中抜き，直販

**図表８−３　生産から販売までの商品の流れ②**

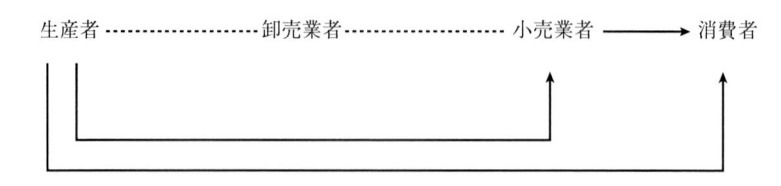

生産者 ················· 卸売業者 ················· 小売業者 ⟶ 消費者

　図表８−１のように，商品は，生産者（メーカー）から卸売業者の手を経て小売業者に渡っていく。本来は卸売りが仲立ちした方が，良質の商品がスムーズに，より安く消費者の手に渡るはずであるが，他面，古い商慣行の残る分野ではとくに，中間業者が介在すればするほど，最終消費者の商品価格は高止まりする傾向がみられる。

　図表８−３のように，小売店どうしで同種商品の販売競争が高まれば高まるほど，また，最終消費者が豊かな商品情報を持ち商品価格に敏感になればなるほど，あるいは内外価格差の大きい商品であればあるほど，一方の小売業者は，中間流通コスト削減を企図し，生産者（メーカー）から直接仕入れ同業者よりも安く販売しようとするようになり，他方の生産者も，自社（もしくは自社の販売会社）から，大量販売の実績や見込みのある小売店（大規模スーパーや量販店）に，より安く売り渡すようになる。

　同じく図表８−３のように，生産者は消費者に直接販売することもある。これを直販という。直販は，昔から農産物が農家の庭先で行われてきたが，昨今はインターネットの普及でいっそう増えている。

　直販で有名な企業には，コンピューター本体やその周辺機器を販売しているデル（Dell）やヒューレットパッカード（ＨＰ）があり，たびたび新聞にも全面広告を掲載している。

　このように，卸売りを飛ばしてしまうこと，あるいは卸売りと小売りを飛ばしてしまうことを中抜きといい，狭義の流通業が不要になることをディスインターミディエーション（disintermediation）という。

## （5）卸売りの役割と変化

　図表8－4は，卸売業の役割を考えるときにしばしば利用される図である。Pは生産者，Wは卸売り業者，Rは小売り業者を意味している。生産者が多くいればいるほど，また小売業者も多くいればいるほど，仲介業者が介在することにより取引が簡素化されることがわかる。

　卸売業者は，上述した集荷分配機能と在庫調整機能のほかに，生産者からも小売店からもさまざまな商品関連情報が集積されるので，情報機能も，また，小売店からの支払いを代金後払い（掛け売り）にする場合には，金融機能も担う。

　しかし，生産者（メーカー）も小売り業者も規模が大きくなり，数が限られてくればくるほど，仲介業者（卸売り）の存在意義は薄まる。大手家電メーカー各

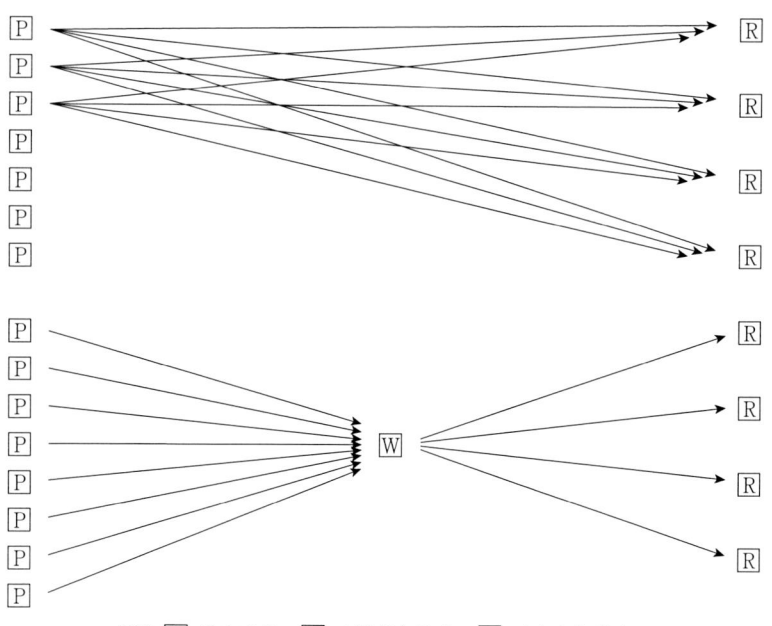

**図表8－4　卸売業の役割**

（注）Pは生産者，Wは卸売り業者，Rは小売り業者。

社（販社）が直接，家電量販店と取引しているのはその一例であるし，この場合，販社は卸売りの役割を担っている。

　卸売業も歴史的に必要があって生まれ発展してきた業種であり，名古屋の長者町問屋街（繊維製品）をはじめ，全国に問屋街として栄えてきた町も多いが，最近では衰退している卸売りや問屋街も多く見受けられる。

　もちろん卸売業であっても上述の国分（食品卸売り）のように，今や食品流通の中核をなしている企業もある。食品関係の場合には，生産者と商品の数があまりにも膨大で卸売りなしには流通（商流）が機能しないからであり，一部で直販がなされてもきわめて限定的にならざるを得ないからである。

　経済産業省『平成16年商業統計調査・概況』によれば，平成16年（2004年）調査における全国の商業事業所数は，161万3,318事業所（前回平成14年比，3.9%減），このうち，23.3%を占める卸売業の事業所数は，37万5,269事業所，前回比，1.1%減と，平成6年（1994年）調査以降減少が続いている。

　業種別では，食料・飲料卸売業（4万5,054事業所，構成比12.0%），建築材料卸売業（4万2,176事業所，同11.2%），農畜産物・水産物卸売業（3万9,485事業所，同10.5%），一般機械器具卸売業（3万3,071事業所，同8.8%）がそれぞれ3万事業所を超えており，これら上位4業種で卸売業全体の4割強を占めている。以下，衣服・身の回り品卸売業（2万4,542事業所，同6.5%），電気機械器具卸売業（2万4,494事業所，同6.5%），医薬品・化粧品等卸売業（1万8,704事業所，同5.0%），…となっている。

　いずれにしても，卸売業は，総合商社も含めて今やその役割が大きく変わり，変化の波のうえにあることは確かである。

## （6）製造小売り（ＳＰＡ）

　第1章でも若干ふれたが，企画，製造，流通，販売を一貫して行う製造小売り（ＳＰＡ）の形態でも，卸売業は，介在しない。ＳＰＡはもともとアメリカのカジュアル衣料大手のＧＡＰが手がけたビジネスモデルである。

　図表8－5は，「中国製衣料の流通ルート」（『日経ビジネス』2001年4月16日号）

であるが，左図のユニクロ（ファーストリテイリング）の場合，中国の委託工場に，原材料の生地を確保したうえで，自社が企画した製品を直接発注し，発注した製品はすべて買い取り，返品はしないで自店舗で売り切る（信用状の発行代行などのため商社を経由することもあるが，企画はあくまでもユニクロ）。

このユニクロモデルこそユニクロが急成長した秘密であるが，このモデルには，中国での生産の優位性，とくに，きわめて安価で豊富な若年労働力の存在が不可欠であった。昨今の中国の高度経済成長＝中国国内の人件費等の急上昇で，委託工場の，ベトナムやカンボジアなど他の東南アジアへのシフトは不可避となっている。

**図表8−5　中国製衣料の流通ルート**

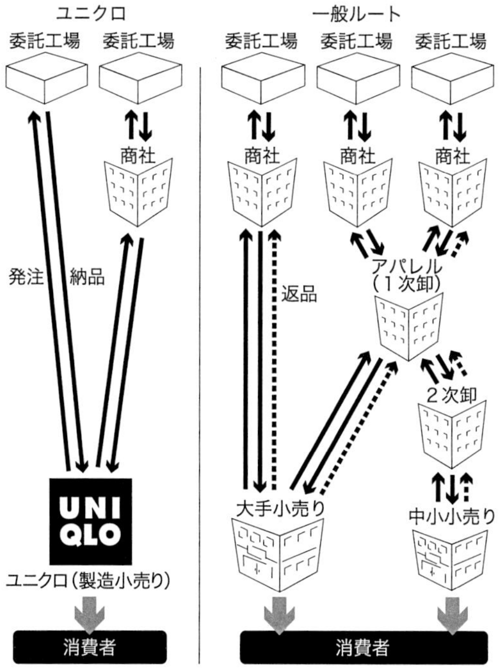

出所：『日経ビジネス』2001年4月16日号による。

## （7）小売業，業種と業態

　コストコ（コストコホールセール）に買い物に行ったことがあるだろうか。入荷したままのパレットに乗っている商品を，大型の倉庫に並べて販売する会員制倉庫型店舗である。同社は，1976年にアメリカ，カリフォルニア州にある飛行機の格納庫を改造して作られた「プライスクラブ」という名前の倉庫店であった。日本での最初の出店は平成11年（1999年），現在では，幕張倉庫店（千葉市）など5つの倉庫店がある。

　ホールセールクラブでは，他にアメリカ，ウォルマートのサムズクラブが知られているが，日本にはまだ未上陸である。

図表8-6　各地に相次いで出店されるSC

（イオン高崎SCで）

　コストコのみならず，ここ10〜20年ほどを振り返ってみても，今までになかった業態の小売店がいろいろ現れているのがわかる。

①　ホールセールクラブ（会員制のディスカウント店。コストコなど。）
②　アウトレットショップ（ブランド品の過剰在庫や旧モデルの在庫品を格安で売る。軽井沢プリンスショッピングプラザ，御殿場プレミアムアウトレットなど。）
③　カテゴリーキラー（特定の商品を豊富に揃えている。トイザらス，ユニクロなど。）

④　ワンプライスショップ（全商品を均一価格で販売する。キャンドゥ，SHOP99など。）
⑤　スーパーセンター（ワンフロアの広大な売り場に衣食住の生活必需品を豊富に取り揃える。ベイシア＋カインズホーム，イオンSuCなど。）

　ところで，昔からある呼び名として，肉屋，魚屋，八百屋等がある。肉を売っているから肉屋，魚を売っているから魚屋・・・，というように，何（絞り込んだ種類の商品）を販売しているかで分類したのが業種である。漫画のサザエさん（昭和21年（1946年）〜昭和49年（1974年））に登場する小売店はほとんどがこの名称である。

　他方，どのような売り方（セルフ方式など）をするかで分けたのが業態である。

　上述の経済産業省『平成16年商業統計調査・概況』によれば，平成16年（2004年）調査における全国の商業事業所数は，161万3,318事業所（前回平成14年比，3.9％減），このうち，76.7％を占める小売業の事業所数は，123万8,049事業所，前回比，4.8％の減少となっている。

　小売業の事業所数は，昭和57年（1982年）（172万1,465事業所）をピークに減少が続いており，昭和33年（1958年）（124万5千事業所）以来の低い水準となっている。肉屋，魚屋といった零細小売店がなくなり，シャッター通りが増えていることを数字が表しているといってよい。

　業種別にみると，飲食料品小売業（44万4,596事業所，構成比35.9％）が最も多く，織物・衣服・身の回り品小売業（17万7,851事業所，同14.4％），家具・什器・機械器具小売業（11万5,132事業所，同9.3％），自動車・自転車小売業（8万6,993事業所，同7.0％），医薬品・化粧品小売業（8万6,684事業所，同7.0％），燃料小売業（6万2,546事業所，同5.1％）・・・となっている。

　つぎに，経済産業省では，小売業の業態をつぎのように定義している。
①　百貨店：「衣」「食」「住」にわたる各種商品を小売りし，そのいずれも小売販売額の10％以上70％未満の範囲内にあり，従業者が50人以上の事業所で非セルフ方式。

② 総合スーパー：「衣」「食」「住」にわたる各種商品を小売りし，そのいずれも小売販売額の10％以上70％未満の範囲内にあり，従業者が50人以上の事業所でセルフ方式。
③ 専門スーパー：衣料品専門スーパー，食料品専門スーパー，住関連専門スーパーに分類されており，売り場面積が250$m^2$以上で「衣」「食」「住」の商品割合がそれぞれ70％以上のセルフ店。
④ 専門店：衣料品，食料品，住関連のセルフ方式を採用していない小売店で，「衣」「食」「住」の商品割合がそれぞれ90％以上の店。
⑤ 中心店：衣料品，食料品，住関連のセルフ方式を採用していない小売店で，「衣」「食」「住」の商品割合がそれぞれ50％以上の店。
⑥ コンビニエンスストア：売り場面積が30$m^2$以上250$m^2$未満の飲食料品を扱っているセルフ店で，14時間以上営業している小売店。
⑦ ドラッグストア：医薬品を扱っている小売店。
⑧ その他のスーパー：総合スーパー，専門スーパー，コンビニエンスストア，ドラッグストア以外の，セルフ店。

経済産業省の統計（『平成16年商業統計表（二次加工統計表）』）によると，平成16年（2004年）小売事業所数123万8,049事業所，業態別では，専門店が72万6,825事業所(小売業全体の58.7％)，中心店が35万8,297事業所（同28.9％），中小規模の対面販売を主体とするこれら2業態で小売業全体の9割近くを占めている。

内訳をみると，専門店では，住関連専門店が44万540事業所（同35.6％），食料品専門店が19万788事業所（同15.4％），衣料品専門店が9万5,497事業所（同7.7％），中心店では，住関連中心店が15万5,759事業所（同12.6％），食料品中心店が13万2,299事業所（同10.7％），衣料品中心店が7万239事業所（同5.7％）となっており，小売業全体の 48.2％が住関連店である。

以下，その他のスーパーが5万6,211事業所（同4.5％），コンビニエンスストアが4万2,738事業所（同3.5％），専門スーパーが3万6,220事業所（同2.9％），ドラッグストアが1万3,095事業所（同1.1％），であり，百貨店（308事業所），総合スーパー（1,675事業所）の構成比はごくわずかである（図表8－7）。

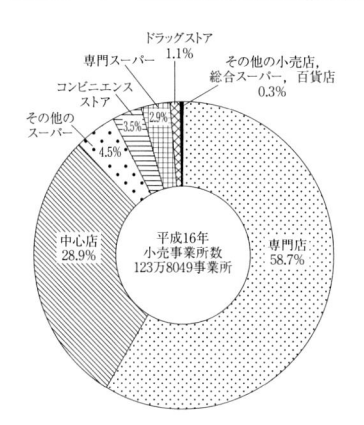

図表 8-7　業態別事業所数の構成比

出所：経済産業省『平成16年商業統計表（二次加工統計表）』
《業態別統計編（小売業）》による。

なお，業態店の違いを実感するためには，それぞれの店舗に足を運んでみるのが最良である。

### （8）通信販売

今日では，私たちは近くの小売店に買い物に行くのと同様の感覚で通販を利用している。通販は，無店舗型小売業に分類される。通販には，インターネット通販，テレビ通販，ラジオ通販，カタログ通販などがあるが，なかでもインターネット通販とテレビ通販の伸びが著しい。

通信販売を行っている企業には，ジャパネットたかたのような専業企業と，ファンケルのような店頭小売と兼業する企業がある。

日本通信販売協会（正会員444社）によれば，平成17年（2005年）度の通信販売売上高は，推計で3兆3,600億円，前年度の3兆400億円に比べて，3,200億円の増加であり，調査開始以来の最高額となっているという。

また，会員社の売上高の合計は2兆4,900億円で，前年度比9.7％増，取扱商品が多岐にわたる総合通販企業で伸び率＋6.8％，ワンカテゴリーの商品を中

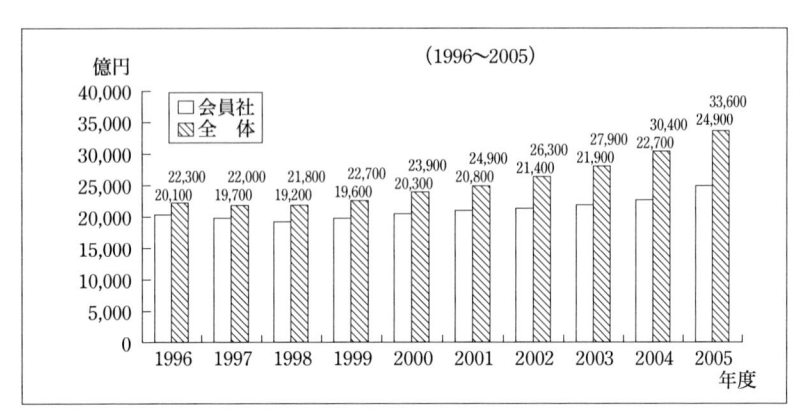

図表 8 - 8　通信販売売上高の推移

(1996～2005)

□ 会員社
▨ 全　体

| 年度 | 会員社 | 全体 |
|---|---|---|
| 1996 | 20,100 | 22,300 |
| 1997 | 19,700 | 22,000 |
| 1998 | 19,200 | 21,800 |
| 1999 | 19,600 | 22,700 |
| 2000 | 20,300 | 23,900 |
| 2001 | 20,800 | 24,900 |
| 2002 | 21,400 | 26,300 |
| 2003 | 21,900 | 27,900 |
| 2004 | 22,700 | 30,400 |
| 2005 | 24,900 | 33,600 |

(単位：億円)

出所：社団法人日本通信販売協会Ｗｅｂサイト (http://www.jadma.org/) による。

心に取り扱う単品通販企業で＋7.3％であるという（図表8－8）。

## （9）流通関連企業のランキング

　図表8－9は，『週刊ダイヤモンド（法人申告所得ランキング）』（2006年7月1日号）を利用して，平成17年（2005年）の，「総合卸売」「洋服卸」「スーパー」「コンビニエンスストア」「貨物運送」「倉庫」「冷蔵倉庫」「運送取次・代理業」の各上位5社までを列挙したものである。

　法人申告所得の公示制度が平成18年（2006年）3月に廃止されたため，法人申告所得ランキングの掲載はこの号が最終となるが，同誌のバックナンバーを利用して過去36年間のさまざまな業種や企業の浮き沈みを調べてみると面白い。

　ついでに，海外にも目を向けてみよう。

　図表8－10は，『ニューズウィーク日本版（グローバル最強企業ランキング）』（2006年10月11日号）掲載の，平成18年（2006年）の，「小売り」「航空貨物・物流」の営業利益ランキングである。これによると，「小売り」ではイオンが，1位ウォルマートの11分の1，「航空貨物・物流」ではヤマトホールディングス

が，1位UPSの10分の1，世界的にみると日本企業の規模の小ささが理解できよう。

図表8－9　法人申告所得ランキング（平成17年）

| 業種<br>順位 | 総合卸売 | 洋服卸 | スーパー | コンビニエンスストア |
|---|---|---|---|---|
| 1 | 三井物産 | ファイブ・フォックス | イトーヨーカ堂 | セブン-イレブン・ジャパン |
| 2 | 三菱商事 | ワールド | カインズ | ローソン |
| 3 | 豊田通商 | オンワード樫山 | イズミ | ファミリーマート |
| 4 | 日立ハイテクノロジーズ | インパクト二十一 | ヨークベニマル | サークルKサンクス |
| 5 | 日本生活（連） | 美濃屋 | 平和堂 | ミニストップ |

| 業種<br>順位 | 貨物運送 | 倉　庫 | 冷蔵倉庫 | 運送取次・代理業 |
|---|---|---|---|---|
| 1 | 日本通運 | 三菱商事ロジスティクス | 東部冷蔵食品 | 郵船航空サービス |
| 2 | 佐川急便 | 三菱倉庫 | ニチレイ・ロジスティクス | 近鉄エクスプレス |
| 3 | 山九 | 住友倉庫 | 関西 | 三洋電機ロジスティクス |
| 4 | 日本梱包運輸倉庫 | 三井倉庫 | キョクレイ | バンテックワールドトランスポート |
| 5 | 鴻池運輸 | 富士フィルムロジスティクス | 東京団地冷蔵 | |

出所：『週刊ダイヤモンド（法人申告所得ランキング）』（2006年7月1日号）による。

図表8－10　営業利益世界ランキング（2006年）

「小売り」

| 順位 | 企業名 | 国　名 | 営業利益<br>（100万ドル） | 売上高<br>（100万ドル） |
|---|---|---|---|---|
| 1 | ウォルマート | アメリカ | 16,211 | 313,335 |
| 2 | ターゲット | アメリカ | 4,296 | 52,620 |
| 3 | テスコ | イギリス | 3,962 | 70,959 |
| 4 | カルフール | フランス | 3,951 | 92,708 |
| 5 | ウォルグリーン | アメリカ | 2,452 | 42,202 |
| (7) | セブン&アイ・ホールディングス | 日　本 | 2,186 | 34,776 |
| (17) | イオン | 日　本 | 1,483 | 39,547 |

「航空貨物・物流」

| 順位 | 企業名 | 国名 | 営業利益（100万ドル） | 売上高（100万ドル） |
|---|---|---|---|---|
| 1 | UPS | アメリカ | 6,143 | 42,581 |
| 2 | ドイツポスト | ドイツ | 4,542 | 55,495 |
| 3 | FedEx | アメリカ | 3,093 | 32,294 |
| 4 | TNT（旧TPG） | オランダ | 1,395 | 12,575 |
| 5 | ヤマトホールディングス | 日本 | 608 | 10,127 |

出所：『ニューズウィーク日本版（グローバル最強企業ランキング）』（2006年10月11日号）による。

## 2. マーケティング

### （1）マーケティングとは

　すでに述べたように，生産者のもとで生産された商品は，卸売り，小売りをへて消費者の手に渡る。または，卸売りや小売りを飛ばして消費者の手に渡る。

　商品の種類や量が限定的でどんな商品でも作れば売れる時代（物不足の時代）であれば，特別な工夫がなくても売れる。少品種大量生産，大量消費の時代には，売り込みの技術を磨けば飛ぶように売れた。

　しかし，今日のようにモノが豊富な社会にあっては，消費者のニーズが高度化細分化多様化して，どんな商品でも「作れば売れる」わけではない。作っても売れなければ在庫だけが積み上がり，その生産者（企業）は生き残ることができない。

　他方，必要とは思われなかった商品でも，消費者の潜在需要に働きかけることによって爆発的に売れることも多い。

　Coffee Break で取り上げたキシリトール配合ガムは，虫歯罹患率の高い日本人の潜在需要を刺激し，またたく間に顕在需要に転化させ，準必需品化させて

しまった一例である。

　また，すでに人々の間に十分に行き渡っている商品であっても，意図的に買い換え需要を引き起こすことによって人々に同種商品の購買に向かわせることもできる（計画的陳腐化，機能的陳腐化，心理的陳腐化）。

　ここに，セリングでなく，マーケティングの重要性がある。セリングが生産者中心の発想（生産ありき）であるのに対し，マーケティングは消費者中心の「顧客志向」であるということができる。今日にあっては，商品の生産計画はもちろんのこと，流通計画も販売計画も，マーケティング活動と密接に連携していなければならない。

　ところで，マーケティングの定義は，国や時代や環境によって，また人によって，さまざまな定義がなされる。

　代表的なものには，アメリカマーケティング協会（AMA）の「マーケティングとは，個人や組織の目的を満足させる交換を創造するため，アイデア，商品，サービスの，概念，価格設定，プロモーションそして流通を，計画し実施する過程である（Marketing is the process of planning and executing the conception, pricing, promotion and distribution of ideas, goods and services to create exchanges that satisfy individual and organizational objectives.）」（1985年）という定義や，「マーケティングとは，組織とその利害関係者の利益になるよう，顧客に価値を作りだし，伝え，引き渡すための，また顧客関係性を管理する（CRM＝顧客関係性管理）ための，組織的な機能と一連の過程のことである（Marketing is an organizational function and a set of processes for creating, communicating and delivering value to customers and for managing customer relationships in ways that benefit the organization and its stakeholders.）」（2004年）という定義がある[1]。

　また，日本マーケティング協会（JMA）では，「マーケティングとは，企業および他の組織がグローバルな視点に立ち，顧客との相互理解を得ながら，公正な競争を通じて行う市場創造のための総合活動である」（平成2年（1990年））と定義している。

　このような定義を念頭に置きつつ，わかりやすくいいかえれば，マーケティ

ングとは,「消費者の求めているニーズを分析し,新たな潜在需要や買い換え需要を呼び起こし,消費者を満足させるために行われる一連の諸活動」のことであり,その結果としての「売れて儲かる仕組みづくり」ということになる。

## (2) 市場分析(マーケティングリサーチ)

マーケティングの基本は,3Cと4Pを知ることにある。

3Cとは,顧客(customer),競合相手(competitor),自社(company)のことをいい,4Pとは,製品(product),価格(price),流通(place),プロモーション(promotion)のことをいう。

マーケティング活動の1つの柱は,市場分析(マーケティングリサーチ)である。

市場分析は,「市場の大きさをはかるとともに,市場での自社のランク付けをしたり,競合製品との競争力を比較したり,新製品への反応を調査したり開発のヒントを探ることなど[2]」を目的としている。

自社のマーケティング市場を分析するには,自社だけ,または自社と競合相手だけを分析対象としていては,成功につながらない。まず顧客となりうるのは誰か,その顧客はどのような商品(またはサービス)を望んでおり,かつ必要としているのかを知り(顧客分析),つぎに,競合相手とその商品の現状,強みと弱みを知り(競合分析),ひるがえって自社と自社商品の現状,強みと弱みを把握する(自社分析)。

自社でPOSシステム(point of sales system)を導入している場合には,蓄積データを分析することによって,売れ筋商品のピックアップや不良在庫のチェックをはじめ自社分析の活用に有用である。

図表8-11は,POS分析新製品週間ランキング(日経MJのWebサイト,データは日経POS情報サービスによる)の一例である。調査対象は全国34チェーン195店舗,商品は「冷凍食品」「その他食品」「家庭用品」「飲料」「菓子」の,首都圏,近畿圏に登場後13週間以内の新製品,販売金額は1週間の来店客1,000人あたり,カバー率はその商品が1つでも売れた店舗の比率,である。

図表8－11　POS分析新製品週間ランキング

(調査期間2006/12/24 – 12/30)

| 順位(前回) | メーカー名 | 商品名 | 登場日 | 来店客1000人当たり金額(円) | 前週比増減 | 平均単価(円) | 前週値 | カバー率(%) |
|---|---|---|---|---|---|---|---|---|
| <冷凍食品> | | | | | | | | |
| 1(1) | ハーゲンダッツジャパン | ミニカップ・マルチパック6個入り(リッチミルク・ショコラ クラシック・カスタードプディング) 75ml×3フレーバー×2個 | 11月18日 | 389 | 104 | 701 | 699 | 80.5 |
| 2(2) | ハーゲンダッツジャパン | ミニカップ アフォガート (バニラエスプレッソ) 120ml | 10月1日 | 270 | 46 | 189 | 190 | 91.3 |
| 3(6) | ロッテ冷菓 | 雪見だいふく＜生チョコレート＞ 50ml×2個 | 11月5日 | 180 | 122 | 103 | 102 | 60.0 |
| 4(4) | ハーゲンダッツジャパン | ミニカップ 洋梨コンポート 120ml | 11月18日 | 177 | 23 | 189 | 190 | 83.1 |
| 5(15) | 加ト吉 | 蕎麦打ち職人 肉そば 290g | 12月19日 | 64 | 40 | 199 | 168 | 12.8 |
| <その他食品> | | | | | | | | |
| 1(1) | 越後製菓 | お鏡もち 押すだけポン橙 160g | 11月22日 | 1,640 | 1,243 | 311 | 308 | 49.7 |
| 2(2) | 越後製菓 | お鏡もち 押すだけポン 160g | 11月19日 | 1,010 | 772 | 287 | 284 | 42.6 |
| 3(34) | フジッコ | 丹波黒豆 大袋 200g | 11月22日 | 371 | 313 | 474 | 467 | 9.2 |
| 4(59) | 丸大食品 | 熟成 ホワイトロースハム ブロック 450g | 12月5日 | 369 | 326 | 1,287 | 1,320 | 21.0 |
| 5(5) | バンダイ | キャラデコクリスマス 轟轟戦隊ボウケンジャー 1台 | 10月13日 | 334 | 201 | 2,660 | 3,160 | 48.2 |
| 6(8) | バンダイ | キャラデコクリスマス ふたりはプリキュアSplash Star 1台 | 10月10日 | 328 | 211 | 2,691 | 3,168 | 48.2 |
| 7(20) | 佐藤食品工業 | サッと鏡餅 切り餅入り 7個入り 350g | 11月20日 | 322 | 242 | 918 | 903 | 15.4 |
| <家庭用品> | | | | | | | | |
| 1(1) | 花王 | アタック 1.1kg | 10月20日 | 810 | 47 | 287 | 287 | 99.5 |
| 2(4) | マックスファクター | SK-Ⅱ サインズデュアルトリートメントマスク 6枚 | 11月18日 | 421 | ▲83 | 9,319 | 9,475 | 24.6 |
| 3(3) | カネボウ化粧品 | ブランシール ホワイトニングコンクルージョンセットⅡ 40ml＋25ml＋2枚＋10g | 11月25日 | 366 | ▲290 | 8,597 | 8,591 | 39.5 |
| 4(5) | コーセー | アスタリュージョン プロモーション キット Ⅱ ア | 11月10日 | 319 | ▲178 | 6,727 | 6,712 | 28.7 |

出所：『日経MJ（流通新聞）』のWebサイト（http://www.nikkei.co.jp/mj/, http://www.nikkei.co.jp/mj/mjranking2007-2.html）による。一部のみ転載。

現在では，日本経済新聞社（日経ＰＯＳ情報サービス）をはじめ，多くのマーケティング会社より，有料でさまざまなＰＯＳ分析データが提供されている。このようなＰＯＳ分析データやレシートデータ，購買履歴データは，過去の消費者行動データであるが，マーケティング市場を分析するには利用価値が高い。

　マーケティングリサーチには，このような行動データを利用する以外にも，さまざまな具体的手法がある。

① 調査票を作成し，対象者に質問をする質問法：電話による電話法，郵便による郵送法，調査員が面接する面接法，事前に配布し後日に回収する留置法，インターネットを活用したインターネットリサーチなど。

② リサーチと実際の販売を兼ねる実験法：アンテナショップや一部の地域，スーパーの店頭で，テスト販売をしながら調査をする方法。

③ 観察法：調査員が消費者（被験者）の動向を観察する方法。

　このようにして収集された膨大なデータは，目的に沿って整理され，自社のマーケティング市場分析に利用される。市場の大きさや自社商品のランク付け，競合商品との比較，新発売商品の反応，顧客の満足度と不満足度，顧客の潜在ニーズと希望する商品（あったらいいな！）など，さまざまな有効情報が獲得できる。

　このマーケティング活動（市場分析）は，もう１つのマーケティング活動（市場創造活動）の基礎データとして提供される。

## （３）市場創造活動

　マーケティング活動のもう１つの柱は，市場創造活動である。市場創造活動は，顕在需要を満たすとともに，潜在需要を掘り起こしそれを実需につなげる役割を担っている。この手法としてよく知られているのが４Ｐ活動であり，もともとアメリカのマーケティング学者，マッカーシー（MaCarthy E.J.）によって提唱されたものである。

　Product＝製品（製品計画）は，ターゲットとなる消費者層を限定し，その人々のニーズにあった製品を開発し，商品化することである。対象を誰にでも

ではなく，熟年層，若年層，主婦，独身女性，独身男性，富裕層等，ターゲットを絞る。

Price＝価格（価格設定）は，買ってもらう商品の価格水準を決定するための活動である。この場合，安さを前面に出すことも，その反対に高さを前面に打ち出し消費者の購買意欲を駆り立てることもある。

前者の一例は，100円ショップや99円ショップであるし，後者の一例は，雪国まいたけの雪国もやしがある。雪国もやしは，お笑い芸人のはなわさんを起用したテレビＣＭで一躍知られるようになり，売り上げを伸ばしている（♪♪雪国もやしはメチャめちゃ高いから〜みんな絶対買うなよ〜雪国雪国雪国もやし〜♪♪）。トヨタ自動車の高級車レクサスも後者の例に入る。

Place＝流通（チャネル構築）は，消費者の手に商品が渡るまでの，最も効率の良い流通経路（チャネル）の決定または開発をする活動である。卸売り，小売りを通すことも，中抜きすることも，またはドミノピザのようにデリバリーバイクでピザを自宅まで配達することも，このPlaceの範疇に入る。

Promotion＝プロモーション（プロモーション活動）は，広告やＰＲ，セールスプロモーション（販売促進）活動を通じ，消費者の需要を喚起する活動である。

なお，ピーアール（ＰＲ）は和製英語で，「新商品のピーアール（ＰＲ）をする」というように，日常会話では「商業的な宣伝や広告の意味」で使われることが多い。しかし英語では，商業的な宣伝や広告はadvertisement，ＰＲ（public relations）は広報活動の意味であり，最近のマーケティングの世界では，ＰＲ（public relations）は「組織が社会の諸団体や個人との間に良好な関係を築くために行うコミュニケーション活動[3]」，という意味で使われる。

図表8－12は，キヤノンの新聞広告である。プロモーション活動＝広告ではなく，広告はプロモーション活動の1つに過ぎない。

広告には，新聞広告や雑誌広告，テレビ広告，ラジオ広告，新聞折り込み広告などがあるが，最近ではWeb広告の利用がきわだって増えている。Web広告とは，Webサイトに掲載される広告のことであり，バナー広告やポップアップ広告，検索連動型広告などがある。なかでも，グーグルのアドワーズ広告

（グーグルの検索結果の右側に出てくる文字広告）の効果は抜群で，したがってグーグル社の収益も驚異的となっている<sup>(4)</sup>。

図表8-12　新聞広告（キヤノン）

出所：キヤノンWebサイト（http://cweb.canon.jp/satera/gallery/pdf/newspaper/02_aomori.pdf）より。「連続日本一シリーズ（第26回新聞広告賞受賞）」

　電通の統計調査によると，平成17年（2005年）の日本の総広告費は，5兆9,625億円，前年比101.8％，2年連続の増加，媒体別広告費では，テレビが前年比99.9％，新聞が同98.3％，雑誌が同99.4％，ラジオが同99.1％で，「マスコミ四媒体広告費」が3兆6,511億円，前年比99.3％であったという。

　「マスコミ四媒体広告費」以外では，販売促進広告費が1兆9,819億円，前年比101.3％，衛星メディア関連広告費が487億円，前年比111.7％，インターネット広告費が2,808億円，前年比154.8％であり，とくにインターネット広告費の前年比の増加がきわだっている（図表8-13を参照）。

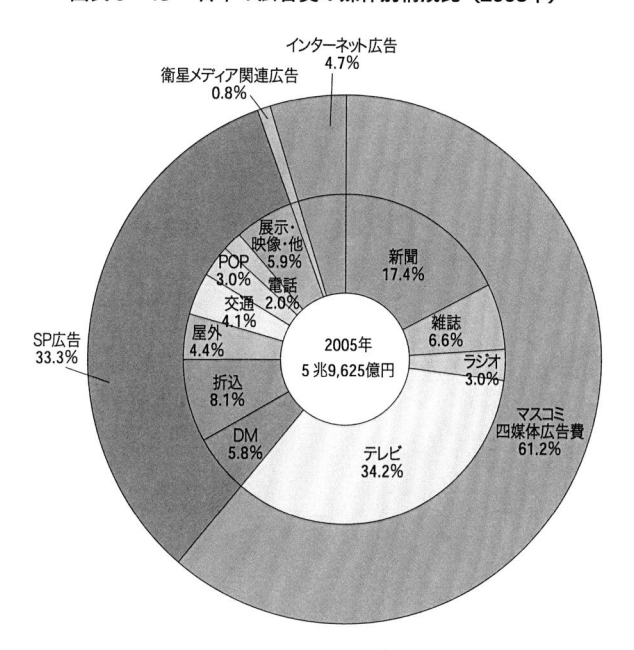

図表 8-13　日本の広告費の媒体別構成比（2005年）

- インターネット広告 4.7%
- 衛星メディア関連広告 0.8%
- 展示・映像・他 5.9%
- POP 3.0%
- 電話 2.0%
- 交通 4.1%
- 屋外 4.4%
- 折込 8.1%
- DM 5.8%
- SP広告 33.3%
- 新聞 17.4%
- 雑誌 6.6%
- ラジオ 3.0%
- テレビ 34.2%
- マスコミ四媒体広告費 61.2%
- 2005年 5兆9,625億円

出所：電通Webサイト（http://www.dentsu.co.jp/marketing/adex/adex2005/_media5.html）「日本の広告費」による。

　ところで，上述の4P活動は，単独で行われるのではなくその企業や商品にふさわしい方法で4Pを組み合わせ，結果として「売れて儲かる仕組み」をつくることにある。この組み合わせをマーケティングミックスといい，これらの管理をマーケティングマネジメントという。

　なお，アメリカマーケティング協会（AMA）のマーケティング定義（2004年）には，顧客関係性管理（CRM＝customer relationships management）の重要性が指摘されている。顧客関係性管理（CRM）とは，まだ馴染みの薄い用語であるが，「企業が既存顧客との間で，双方にとってメリットが享受できるような長期的かつ継続的な良好な関係を構築しようとする取り組みのこと[5]」をいう。

　すなわち，マーケティングとは，「売れて儲かる仕組みづくり」であるが，

「売れば終わり」「売れて儲かれば終わり」の一過性ではない。売ったあとのアフターサービスを含めて，顧客に買って良かったという満足感を与え，顧客情報のデータベース化とデータ管理を通して既存顧客に，適宜，最適な商品情報を提供し，繰り返し顧客であり続けてもらう（リピーター）良好な関係性を構築していくことが不可欠であることを明示している。

このような現代のマーケティング活動には，コンピュータや情報技術を利用することが多いが，考え方は決して目新しいものではない。考え方の根底には，江戸時代，全国各地に行商にまわった近江商人の「三方よし（売り手よし，買い手よし，世間よし）」の精神（商人道）に通じるものがあるといえよう。

### (4) ブランドの構築とその崩壊

ブランドとは，もともと放し飼いの牛が隣の牧草地に紛れ込んでも，誰の牛か区別できるように焼き印（brand）をつけたのが始まりといわれているが，今日では，企業やその企業の商品（あるいはサービス）を，他社や他社商品と差別化し，消費者が商品を購入する際の，拠り所になりうるものをいう。

時には企業名そのものや商品名であることもあるし，商品や包装紙のデザインであることも，あるいはロゴマークであることも，または人形やキャラクターであることもある。

人形の例をあげれば，ケンタッキーフライドチキン店頭のカーネルおじさんや，不二家洋菓子店店頭のペコちゃんが有名である。

カーネルおじさん立像やペコちゃん人形を見ただけで，通行人（消費者）に，美味しい，安心，親しみ，子供へのプレゼント等の感情を与え，購入意欲（実需）を起こさせることにつながる。

このようなブランド化は，一朝一夕にではなく，その企業や創業者，経営陣，従業員と顧客との間の長年にわたる良好な信頼関係から醸成される。したがって，企業名や商品名，デザイン，ロゴマーク，人形，キャラクターが，金銭では換算できない莫大な価値を持つことになり，当該企業にとって代え難い資産となる。

他方で，いったん不祥事を起こしその対応が後手後手に回り，人々の非難の的になると，長年築きあげたブランドも（三菱マークもペコちゃんも）一瞬のうちに崩れ去ってしまう。

ブランド崩壊の事例はこのところ多発している[6]。

雪印乳業の食中毒事件（発覚，平成12年（2000年）），三菱自動車のリコール隠し（発覚，平成12年（2000年）），雪印食品の牛肉偽装事件（発覚，平成14年（2002年），のち解散），パロマ湯沸器死亡事故（発覚，平成18年（2006年）），不二家期限切れ原材料使用事件（発覚，平成19年（2007年）），関西テレビ納豆ダイエットデータ捏造事件（発覚，平成19年（2007年）），など枚挙にいとまがない。

他方，松下電器産業のFF式石油温風機死亡事故（発覚，平成17年（2005年））は，発覚後の対応の早さや誠実さが評価されて，ブランドイメージを守り抜いている。

今日のマーケティングでは，ブランドマーケティングも重要視されているが，不祥事の発覚とその後の不手際は，新聞や雑誌の記事のみならず，Web上で瞬時に駆けめぐる。当該企業にとっては，負のPR（public relations），負の口コミ，負のブランドマーケティングとなり，長年築いてきた信用が一挙に崩れ落ちることを肝に銘じておかなければならない。

## 【*Review exercise*】

1. 日本の卸売り業と小売業の歴史について調べなさい。
2. 近くにある複数の業態店に行き，それらの特徴について調べなさい。
3. マーケティングで成功している企業には，日用品メーカーでは，P＆G，花王，資生堂などがあげられる。これら企業のマーケティング戦略について調べなさい。

考えてみよう！

## 【注】

（1）アメリカマーケティング協会のマーケティング定義（2004年）訳については，訳文をめぐって議論がなされている。那須幸雄「マーケティングの新定義（2004年）について」『文教大学国際学部紀要』第16巻1号，2005年，を参照のこと。なお，本文中の訳は筆者の独自訳である。

（2）日本経済新聞社編『一目でわかる会社のしくみ（第4版）』日本経済新聞社，2006年，116頁。

（3）野口智雄『マーケティングの基本（第2版）』日本経済新聞社，2005年，174頁。

（4）『ニューズウィーク日本版（グローバル最強企業ランキング）』（2006年10月11日号）によると，グーグルは，「ネットサービス」で1位，営業利益21億2,900万ドル，売り上げ高61億3,900万ドル，であった。

（5）小林末男監修『現代経営組織辞典』創成社，2006年，3頁。

（6）ブランド崩壊の事例としては，産経新聞取材班『ブランドはなぜ墜ちたか－雪印，そごう，三菱自動車事件の深層』 角川書店，2001年，などを参照のこと。

## 【勉強を深めるために参考になる文献】

阪野峯彦ほか『企業経営学の基礎』税務経理協会，2002年。

日本経済新聞社編『一目でわかる会社のしくみ（第4版）』日本経済新聞社，2006年。

月泉博『よくわかる流通業界』日本実業出版社，2004年。

野口智雄『マーケティングの基本（第2版）』日本経済新聞社，2005年。

小林末男監修『現代経営組織辞典』創成社，2006年。

藤田康人『99.9％成功するしかけ』かんき出版，2006年。

産経新聞取材班『ブランドはなぜ墜ちたか－雪印，そごう，三菱自動車事件の深層』 角川書店，2001年。

経済産業省『平成16年商業統計調査・概況』，2006年公表。

経済産業省『平成16年商業統計表（二次加工統計表）《業態別統計編（小売業）》，2006年公表。

『日経ビジネス』日経ＢＰ社。

『週刊ダイヤモンド』ダイヤモンド社。

『ニューズウィーク日本版』阪急コミュニケーションズ。

『日経新聞』日本経済新聞社。

『日経ＭＪ（流通新聞）』日本経済新聞社。

## 《Coffee Break》
### またたく間に成功したキシリトール

　日本人の虫歯罹患率は世界的にみてもきわめて高い。簡単にしかも安価に虫歯を予防できるモノが発売されれば，人々は毎日でもお金を出すことに躊躇はしない…こんな風に考えていた人は意外に多いのではないだろうか。これがまさに潜在需要である。この潜在需要を顕在需要に転化させることができれば，間違いなく大きな市場に育つ。

　素材メーカーのザイロフィンファーイースト（現ダニスコジャパン）は，平成4年（1992年），虫歯予防効果が高いとされる甘味料キシリトールの認可を厚生省（現厚生労働省）に申請，平成8年（1996年）に認可を受け，翌9年（1997年）にキシリトール配合ガムがガムメーカー（ロッテなど大手5社）より発売された。

　他方で，認可前からテレビや新聞，雑誌，口コミを通じて素材キシリトールの認知度を盛り上げ，認可後わずか9年で，キシリトール配合製品約2,000億円，うちキシリトール配合ガム約1,600億円の市場に作り上げ，今やガム市場の約8割がキシリトール配合ガムになっているという。

　この大成功の陰には，ダニスコジャパンのマーケティングディレクター，藤田康人氏の「素材メーカーという川上から仕掛けたマーケティング活動」と，「意図的に広告を抑え，新聞や雑誌の記事やテレビの情報番組のなかに登場させていくパブリシティ（publicity）戦略」の存在があったことは見逃せない。

　川上の素材メーカーが，advertisement ではなく，public relations を重視する戦略をとったということが大きなポイントである。

　なお，ダニスコ社（Danisco，本社はデンマーク）は，現在，世界のキシリトール市場で約9割のシェアを持っている。

## 《Coffee Break》

### The New York Times で賞賛された安藤百福翁

　カップヌードルを食べたことがあるだろうか。もっともこういう質問は愚問であろう。今やカップヌードルは日本人の国民食であり，世界中で最も楽しまれているカップ麺である。

　即席麺を発明し日本と世界の食文化に大きな影響を与えたのは，安藤百福翁，日清食品の創業者である。昭和33年（1958年）に，自宅の実験小屋で熱湯をかけるだけで食べられる世界初の即席麺の開発に成功，これが大ヒット商品「日清のチキンラーメン」として世に出る。その後，昭和46年（1971年）にやはり自ら発案した初の即席カップ麺「カップヌードル」が発売された。そして今や年間売上高2,440億円余の大企業に成長している。

　安藤翁は，平成19年（2007年）1月5日急逝，96歳。日本の最も有名な創業者，起業家の1人であった。

　訃報は，日本の新聞各紙はもちろんのこと，外国紙でも大きく伝えられた。アメリカのニューヨークタイムズ紙は，同翁を悼み称える署名入り社説「Appreciacions Mr. Noodle」を掲載し，「魚を取ることを教えよ，その人を一生食わせられる。即席めんを与えよ，何も教えなくてすむ。」と結んでいる。

　日清食品のマーケティングには学ぶところが多い。同翁の最後となった年頭所感「大衆の声こそ神の声であり，天を動かすことができる」（平成19年（2007年））は，マーケティングの神髄を一言で表現した名言ではなかろうか。

　なお，図表8－14は，訃報を伝えるニューヨークタイムズ電子版，右下は，第40回カンヌ国際広告映画祭でグランプリを受賞したテレビCM（Are you hungry?）である。

　ご冥福をお祈りします。

第 8 章　流通とマーケティング　○────203

図表 8 - 14　安藤翁を悼み称えるニューヨークタイムズ紙と日清食品のテレビCM

日清食品のテレビCM

出所：The New York Times 電子版，2007年1月9日付（http://www.nytimes.com/）。
　　　右下は，第40回カンヌ国際広告映画祭（1993年）グランプリ受賞作品（日清食品Webサイト（http://www.nissinfoods.co.jp/com/katsudou/katsudou7.html）より）。

ちょっと一息！

# 第9章 ▶企業の社会的責任とCSR

〈**Key word**〉
- ▶水道哲学
- ▶社会の公器
- ▶フェアトレード
- ▶コンプライアンス
- ▶トリプル・ボトム・ライン

このことばに注目！

## 1. 企業の社会的責任とは何か

　まず初めに，企業の社会的責任とはいかなるものかという問題について考えてみることにしよう。企業には政府等が出資し，公共サービスを担う「公企業」と株式会社に代表されるように私的な利潤を追求する「私企業」の2種類があるが，経営学が扱う対象は主に後者の方である。したがって読者は，ここでいう企業とは，私的利潤の追求を目的とする株式会社を想定すればよい。

　さて，我々の身の回りにはたくさんの株式会社が存在し，さまざまな業界で利益の最大化を目的にライバル企業としのぎを削っているわけであるが，こうした企業に求められる社会的責任とはいかなるものであろうか。そもそも経済学が想定する企業とは，一定の原材料，工場設備，労働力，土地用役等を購入し，それを用いて一定の財貨，サービスを生産，販売する経済主体である。一方，経営学の場合は，企業組織内部の管理の問題が含まれるため，経済的な側面のみならず社会的な側面にも関心が向けられるが，基本的には企業を営利追

求のための組織体としてとらえている。こうした認識の下では，企業の社会的責任とはまず第一に，良質の製品，サービスを生産し，それを社会に提供することであろう。我々の日常生活は，企業の提供する製品，サービスの恩恵に浴しており，それらなしの生活は考えられない。つまり，企業はさまざまな製品，サービスを社会に提供することで，豊かで便利な社会の形成に貢献している。これは立派な社会的責任の遂行である。次に，企業は製品，サービスを提供する代価として利益を得，それにより雇用を生み出し，人々に働く場を提供している。従業員は企業に労働力を提供する見返りとして給料をもらい，それにより生活している。人々に働く場を提供し，生活していくための給与を支給する，これもまた企業の果たすべき重要な社会的責任の1つである。さらに，利益の一部は，株主に対する配当金として支給されたり，国や地方自治体に税金として支払われたりもする。とくに後者のケースは，国や地方自治体の重要な財源であり，それらをもとに道路や橋，学校，図書館等が建設され，人々の生活に貢献していることを考えれば，これらもまた重要な社会的責任である。

　このように，営利追求を目的に活動している企業に求められる社会的責任とは，企業が本来の活動を忠実に実行さえしていれば自ずと遂行されるものであるという考え方が従来は強かった。ただし，ここで注意しなければならないことは，この企業が本来の活動を忠実に実行するという至極当たり前のことが，実際には非常に難しく，そのことが逆に社会的責任論の発展を促すことにつながったといえる。この点については後述する。

　さて，企業の社会的責任においていまひとつ重要なことは，企業の社会貢献活動との関係である。企業の社会貢献活動は，欧米諸国，とりわけアメリカ企業できわめて活発に行われており，コミュニティや慈善団体への寄付行為は企業活動の一部に組み込まれている。最近では，マイクロソフト社（Microsoft）の創業者であるゲイツ（Gates, B.）が創設したゲイツ財団の活動などが社会的に注目されている。アメリカでは企業が企業活動の結果，利益を得ることができるのは，自由で公正な社会と市場が存在するからであり，それ故企業は，利益の一部を社会に還元しなければならないという社会風土が存在する。また，そ

うしたことができて初めて一人前の企業として社会的に認知される。したがって，アメリカでは優良企業は例外なく社会貢献活動にきわめて熱心である。こうしたことから，アメリカでは企業の果たすべき社会的責任は，前述した本来の企業活動のみならず社会貢献活動も含まれるとする考え方が一般的である。また，日本企業のなかにも企業の社会的責任イコール社会貢献活動と考えている経営者は少なからず存在する。しかしながら，企業の果たすべき社会的責任のなかに社会貢献活動が含まれるかどうかは議論の分かれるところである。まず強調すべき点は，社会貢献活動はあくまでも企業の自発的な意思にもとづくものであって，法的な義務ではないということである。これに対して，従業員に対する給与の支払いや株主への配当，納税等の行為は法律上の責任にもとづくものである。したがって，仮に社会貢献活動を社会的責任に含めるとしても，その責任の意味する内容は法的な責任ではなく，あくまでも道義的，倫理的責任であるという点を理解しておく必要がある。

図表9－1　ステークホルダーに対する企業の社会的責任の内容

| ステークホルダー | 社会的責任の内容 |
| --- | --- |
| 株　主 | 適正な配当，適正な株価，情報開示 |
| 従業員 | 適正な労働条件，公平な処遇 |
| 消費者 | 良質の製品・サービスの提供 |
| 地域社会 | 地域の環境保全，寄付，慈善活動 |
| 行　政 | 法的義務の履行，遵守 |

## 2. 経営者のパーソナリティに依存した社会的責任の遂行

さて，企業が自社の果たすべき社会的責任の問題を考え，遂行する際に，どのような考え，あるいは戦略にもとづいているかを知ることは重要である。なぜなら，それを知ることで当該企業の社会的責任の本質が見えてくるからである。企業の社会的責任論が経営学のテーマとして取り上げられるようになるの

は，アメリカでも1960年代の末頃であるが，実際の企業活動の現場ではそれよりもはるか以前にこの問題は認識され，なおかつ実践されてきた。例えば，欧米諸国では企業の社会的責任論の源泉を19世紀のパターナリズム（家父長主義経営）に求める傾向がある。パターナリズムとは，企業を家族になぞらえ，経営者を父親，従業員を子供という親子関係としてとらえ，父親である経営者が慈愛をもって子供である従業員の管理に当たるという考え方である。すなわち，近代工業社会が成立して間もない19世紀の欧米諸国では，現代社会では想像もできないような劣悪な労働環境の下での過酷な労働がまかり通っていた。安全・衛生，労働時間等に関する法律も不備で，劣悪な労働条件のなかで健康を害したり，命を落としたりする従業員も少なくなかったのである。こうしたなかにあって，心ある経営者は慈愛と温情を持って従業員の安全・衛生や福利厚生の向上に努力した。イギリスのオーウェン（Owen, R.）などはその代表的な経営者の1人である。

一方，日本においても古くは江戸時代に企業の社会的責任の原型を見ることができる。代表的な事例としてよく取り上げられるのが，近江商人の「三方よし」の考え方である。古くから商業が発達していた近江地方（現在の滋賀県）では商人が全国を行商して歩いたが，そうした豊富な商売の経験から導き出された考え方が「三方よし」の経営理念である。「三方よし」とは売り手よし，買い手よし，世間よしを意味するもので，そこには私的利益の追求のみに走るのではなく，顧客満足や社会からの支持といった現代の社会的責任論に通じる重要な要素が内包されている。さらに，明治時代を代表する資本家，経営者である渋沢栄一の「道徳経済合一主義」の考え方も重要である。近代日本の資本主義の発展に重要な役割を果たした渋沢栄一は，生涯に多くの事業を手掛けたが，その経営理念には儒教の影響が色濃く反映されていた。少し難解ではあるが，渋沢の言葉を紹介しておこう。「道徳と経済は両者共に進めていくもので，生産殖利の経済は仁義道徳によって発展し得られるもの，又，仁義道徳の人道は経済によって拡大するものである」。

このように，企業の社会的責任に関する考え方は欧米，日本ともにかなり古

くから存在していた。しかしながら，ここで重要なことはそれらは皆，経営者の個人的信条やパーソナリティ，あるいは経営に対する深い洞察から生まれたものであり，法的義務にもとづいたり，社会的な要請から実施されたものではないということである。

　例えば，経営学を学ぶ者であれば1度はその名前を聞いたことがあるであろう有名な2人の経営者，松下幸之助とフォード（Henry Ford 1）の場合も同様である。松下電器の創業者で「経営の神様」とも称される松下幸之助の経営理念である「水道哲学」「企業は社会の公器」は松下電器の関係者のみならず，広く社会一般に知られている。その意味するところは，社会の基本的インフラである水道が社会の隅々まで行き渡っているのと同じように，松下電器の生産するさまざまな電器製品が広く一般家庭に行き渡ることで，豊かで便利な社会の形成に貢献しようというものであり，また，企業は社会の大切な資本である原材料や人材を使用することで経営を行っているのであるから，私企業であっても公共の意識を持たなければならないというものである。

　さらに，フォード自動車（Ford Motor）の創業者であるフォードの経営哲学である「企業は社会に対する奉仕の機関」「高賃金・低価格政策」もまた，経営学の教科書などで取り上げられ，広く知られている考え方である。世界で最初に自動車の量産化に成功したフォード自動車は，ベルトコンベアによる大量生産方式，いわゆる「フォード・システム」を生み出し，大量の自動車を社会に送り出した。そしてそれまで一部の特権階級の乗り物に過ぎなかった自動車を一般大衆の手の届くものにするために，従業員には高賃金を支払い，自動車は低価格で販売する方針をとったのである。ここにも，松下幸之助の場合と同じく，自動車の普及を通して豊かな社会の形成に貢献しようとするフォードの考え方を見て取ることができよう。

　このように，企業の社会的責任の遂行は過去においては経営者個人の主義信条やパーソナリティ，経営観といったものに依拠していた場合が多く，また現在においてもそうした傾向は少なからず見受けられる。ただし，松下幸之助やフォードの例にみられるように，優れた経営者ほど独自の経営観を持ち，企業

の社会的責任についての深い理解を有していると言うことはできよう。

## 3. コンプライアンスに基づいた社会的責任の遂行

　コンプライアンスとは法令遵守を意味する用語であり，企業の社会的責任との関連においてしばしば用いられている。すなわち，企業が社会的責任を遂行する動機や理由はさまざまであるが，いかなる企業であっても法令遵守は企業活動の大前提であり，違法行為は許されない。したがって，コンプライアンスは企業の社会的責任論の根底に関わる問題であり，この問題を抜きにして社会的責任の問題は語れないという見方である。確かに，社会的責任に関していかに優れた理念を語ったところで，当該企業が違法行為をしていたのでは話にならないわけであり，コンプライアンスは企業の実施するさまざまな社会的責任の土台に位置するものである。しかしながら，こうした考え方が定着したのはそんなに古い話ではない。ここでは，わが国の公害問題を例にあげながらこの問題を考えてみることにしよう。

　第2次世界大戦の敗戦により壊滅的打撃を被った日本経済は，1950年代から復興に向かい，1960年代に入ると年間経済成長率が10％を超える高度経済成長時代を迎えた。企業は旺盛な設備投資により規模を拡大し，大量生産により消費者の購買意欲を刺激した。国民の多くが豊かさを享受できるようになった反面，急激な経済成長のひずみが現れるようになった。いわゆる4大公害問題と呼ばれる熊本，新潟の水俣病，富山のイタイイタイ病，四日市のぜんそくがそれである。

　水俣病は，熊本県のチッソ水俣工場と新潟県の昭和電工加瀬工場の排水に含まれていた有機水銀が原因となって引き起こされたものであり，患者には異常知覚や精神障害などの症状が現れた。また，イタイイタイ病は三井金属神岡鉱業所がカドミウムなどの有害物資を富山県の神通川に垂れ流したことに起因し，付近の住民に激しい痛みと病的骨折の症状を持つ患者が続出した。さらに四日市ぜんそくは，三重県の四日市市にある石油コンビナート各社の工場が大

気中に排出する煤煙による大気汚染が原因で，地域住民にぜんそく患者が続出したというものである。有機水銀やカドミウムなどの有害物資を適正な処理をせずに，そのまま排水として川や海に垂れ流すという行為は現在の我々の感覚からすると想像し難いものであるが，当時はこうした行為を規制する法律が存在しなかった。また，有機水銀やカドミウムが人体にどのような影響を与えるかについても十分知られていなかったのである。したがって，こうした事態を引き起こした企業の行為は無論許されるべきものではないが，企業側の立場から言えば法令遵守を犯したわけでもなく，引き起こされた事態を事前に予測できたわけでもなかったといえる。そして，公害問題が引き起こされた背景には，高度経済成長の社会において経済至上主義，企業至上主義の価値観が支配的となり，企業活動にマイナスとなるようなことは避けようとした行政の対応があったことも事実である。公害問題が大きな社会問題となり，企業批判，行政批判の声の高まりを受けて，公害対策基本法が制定され，大気汚染防止法，水質汚濁防止法等，一連の法律が制定されたのは1960年代の終わりから70年代の初めにかけてのことである。これによりようやく企業は，環境汚染に対するコンプライアンスを求められるようになったのである。

　一方，アメリカにおいても状況は同じであったといえる。世界最大の自動車会社であるゼネラル・モーターズ（GM）はアメリカの経済，社会に巨大な影響力を持つ存在であり，一般消費者がゼネラル・モーターズに対して異議を申し立てるような事態は1950年代においては起こりえなかった。しかし，1960年代に入ると状況は変化する。弁護士のネーダー（Nader, R.）が先頭に立ち，多くの消費者を巻き込んでゼネラル・モーターズに対して欠陥車生産の責任を追及する運動が起こり，訴訟問題にまで発展したのである。勝訴したネーダーは，ゼネラル・モーターズに対して社会的責任の遂行を求める運動を継続して展開した。この一連の運動は「キャンペーンGM」と呼ばれている。アメリカでは，キャンペーンGMが契機となり消費者の権利意識が高まり，1970年代に入るとさまざまな消費者団体が結成されて製品の安全性等に関して消費者の知る権利を要求するようになっていく。こうした動きは「コンシューマリズム」

と呼ばれ、やがてアメリカから世界各国に普及していくことになるのである。コンシューマリズムの潮流のなかで、製品の安全性や健康、社会に与える影響等に関する法整備が行われ、今日、企業はこうした問題に対してコンプライアンスを求められている。

　上記したように、企業にとってコンプライアンスは社会的責任の根幹に位置づけられる問題であり、あらゆる企業活動の基本であるべきテーマである。にもかかわらず、違法行為を犯す企業が後を絶たない。その結果、企業活動が大きな打撃を受けるのみならず、場合によっては倒産、廃業にまで追い込まれる企業もあることは論を待たないところである。コンプライアンスの重要性を認識しながらも、なかなかそれを履行できないところにこの問題の難しさが秘められている。

## 4. ブランド戦略に基づいた社会的責任の遂行

　企業が社会的責任を遂行する際、単に倫理観や道徳心にのみ依拠しているわけではない。むしろ社会的責任を遂行することで企業イメージを向上させ、ブランドを確立し、それにより生産、販売活動を有利に進めようとする計算にもとづいている場合が多い。いわば、戦略的思考にもとづいた社会的責任の遂行である。企業が果たす社会的責任の一環として、よく社会貢献活動が引き合いに出されるが、こうした活動は一見、企業本来の活動とは無関係のように思われるが、社会貢献活動を通じて企業イメージを向上させ、企業収益の増大に貢献することができればその意義は大きいといえる。企業の社会貢献活動は、メセナ、フィランソロピーとも呼ばれるが、戦略的思考をともなった活動は「戦略的メセナ」あるいは「戦略的フィランソロピー」と定義することができよう。こうした活動は、アメリカの企業においてとりわけ盛んである。

　アメリカ社会において企業の社会貢献活動がきわめて盛んなことは広く知られている。企業収益の5％を社会貢献に拠出するための企業団体である「5％

クラブ」をはじめとして，ＩＢＭやフォード自動車会社等，多くの企業が社会貢献活動に熱心に取り組んでいる。コミュニティの図書館や美術館あるいは大学の設備等が企業からの寄付によって運営されていることはよく知られている。アメリカで企業の社会貢献活動が盛んな理由としては次の４点が考えられる。①企業は自由で公平なアメリカ市場が存在することで利益を得ているのであるから，利益の一部は社会に還元するのが当然であるという社会風土が存在すること，②キリスト教の価値観が社会に浸透しているアメリカでは，寄付行為はきわめて自然な行為であること，③貧富の格差が大きいアメリカ社会では，「持てる者」が「持たざる者」に施すことで社会の均衡が保たれていること，④多くの社会問題を抱えるアメリカでは行政の対応のみでは限界があること。アメリカ企業の社会貢献活動は，単にお金を出す寄付行為にとどまらず，ＩＢＭが実施しているように麻薬の危険性を子供に教えるための冊子を作成し，全米の小学校に配布する等の活動もあり，その内容は多岐にわたっている。しかしながら，こうした活動の多くは上記したような戦略的思考にもとづいて実践されている。ここでは，マイクロソフト社とスターバックス社（Starbucks）の２社の事例を紹介しておこう。

　コンピュータのソフトウェアの巨人であるマイクロソフト社は，世界市場で圧倒的な競争力を誇る巨大企業であるが，一方で社会貢献活動にも熱心に取り組んでいる企業でもある。最近では，創業者のビル・ゲイツ会長が近い将来，経営の第一線を退き，自ら設立した社会貢献のための財団の活動に専念することが発表されて話題となった。マイクロソフト社が実践している社会貢献活動の１つに，デジタル・デバイドの解消がある。デジタル・デバイドとは，低所得者層の人々がパソコンやインターネット等，ＩＴがもたらす利便性を受けることができず，格差が生じている問題である。例えば，富裕層が多く住む地域の小学校ではインターネットの設備があり，子供はインターネットを通じてさまざまな情報を知ることができるが，貧困層の住む地域の小学校にはそうした設備が整っていないため，情報量に格差が生じるといった問題である。マイクロソフト社はこうしたデジタル・デバイドの問題を解消するために，貧困地域

の学校に同社製造のソフトを無料で提供する活動を続けている。同社のこうした活動は高い評価を受けているが，その背景には貧困地域にもマイクロソフト社のブランドイメージを浸透させ，将来の販路拡大につなげたいという戦略的な意図が込められているといわれている。

　一方のスターバックス社は，アメリカのシアトルに本社を置くコーヒー会社であり，アメリカ国内のみならず世界各地に店舗を展開し，高いブランドイメージを確立している。カフェの伝統文化を有するヨーロッパに比べ，コーヒー文化の土壌が薄いアメリカでスターバックス社が短期間に急成長した背景には，従業員管理やサービスの質，オリジナル・グッズの存在等いくつかの要因があげられているが，そのなかに同社が社会貢献活動に積極的に取り組んだことも指摘されている。すなわち，同社はフェアトレードに本格的に取り組んでいる企業としても知られている。フェアトレードとは，先進国の企業が発展途上国と取引する際に，市場メカニズムにもとづいた価格ではなく，発展途上国の人々の生計が成り立つことを前提とした価格で取引することをいう。こうした取引が必要とされる背景には，発展途上国の主要な輸出品である農産物が先進国の企業に安値で買い叩かれ，農民の生活が困窮しているという実情がある。コーヒー豆などはその典型といえる。スターバックス社は，フェアトレードの活動を推進するNGOの助言をいち早く受け入れ，アフリカや南米諸国でコーヒー農園を営む農民の実情を調査し，彼らが利益を得られる価格での取引を行っている。また農民に対してさまざまな支援も行っている。こうした同社の姿勢が消費者に支持され，ブランドイメージが高められるとともに販路拡大に結びつくという好循環が生まれているのである。

## 5. 株主主権論に基づいた社会的責任論の展開

　アメリカでは1980年代から90年代にかけて，「企業市民」(Corporate Citizenship)という考え方が普及した。企業市民とは，企業も社会を構成するメンバーの一

員として社会のルールを守り，良識ある行動をとり，社会の発展のために貢献すべきであるという考え方であり，企業活動により一層の社会的責任を求めるものであった。こうした加熱する社会的責任論に対して，一方ではその危険性を指摘し，企業が本来果たすべき社会的責任とは何かという議論も展開された。そうした議論の中心的な存在であったのがフリードマン（Friedman, M.）である。フリードマンは，企業が本業とは直接関係のない社会貢献活動に資金を出すのは出資者である株主に対する重大な背任行為であり，利益最大化の妨げになるような行動は取るべきではないとの主張を展開した。フリードマンの主張を要約すると次のようなものになる。

① 企業が企業活動の最適効率とコスト削減を通じて利益の最大化を図れば，結果として社会に大きな恩恵をもたらすことになる。これこそが企業活動の究極の目的であり，使命である。
② 仮に企業が①以外の活動に関与しコスト負担を増大させるとしたら，それは企業利益を圧迫し，株主をはじめとする多くの利害関係者に不利益をもたらすことになる。
③ 多くの企業は社会的な諸問題に関与し，処理するだけの知見を持ち合わせていない。
④ 現代社会における企業はすでに十分すぎるほどの社会的影響力を保有しており，この上さらに社会問題に関与させることは企業権力のさらなる巨大化を招きかねない。
⑤ 企業は行政機関とは異なり，大衆に対する説明責任を有してはいない。したがって，大衆は企業の社会問題への関与に関してコントロールする術を持たない。

このフリードマンの主張は，1960年代から70年代にかけてなされ，80年代に入ると株主主権論の台頭に大きな役割を果たすことになる。株主主権論とは，現代企業の主要な企業形態である株式会社においては，出資者である株主こそ

が主権者であり，経営者は株主から一時的に経営を委任されているに過ぎない。したがって，経営者は主権者である株主の利益最大化のためにのみ行動すべきであり，それに反するような行動をとってはならないという考え方である。株主の力の強いアメリカでは株主主権論は一定の支持を得ており，また日本においても90年代以降，「会社は誰のものか」という議論が盛り上がりを見せるなかで株主主権論は注目されている。

　ここで注意すべき点は，フリードマンは企業の社会的責任や社会貢献活動をすべて否定しているわけではないという点である。仮にそうした活動が企業利益の増大に貢献し，株主をはじめとする利害関係者の利益増大につながるのであれば，有益な活動として評価するという考え方である。しかしながら，社会的責任や社会貢献と称する活動と企業利益との間に明確な相関がみられない場合には，企業はそうした活動に関与すべきではないとしているのである。フリードマンは，ノーベル経済学賞を受賞した経済学者であり，彼の企業観は基本的に経済学が想定する企業観にもとづいている。すなわち，財やサービスを生産・販売する経済主体としての企業という考え方である。これに対して，経営学が想定する企業観はもっと幅が広く，企業を単なる経済主体としてではなく社会的な存在としてとらえようとする傾向が見受けられる。前述したように，松下幸之助やフォード等優れた経営者の企業観はきわめて社会的である。にもかかわらず，フリードマンの主張が今日まで一定の影響力を保っているのは，企業の社会的責任に関する統一された定義が未だ確立されておらず，その解釈はまちまちであり，また，企業利益との関連性が必ずしも明瞭でない等の理由によるものであろう。「株式会社の主権者は株主であり，経営者は第一に主権者である株主の利益を考えるべきである」という主張は論理的に筋が通っており，正面きって反論しづらい。

　しかしながら，この問題は企業の社会的責任に関する取り組みが企業評価を高め，利益増大に貢献し，株主を満足させられることに明確に結びつくのであれば解決する問題でもある。そして，そうした兆候は最近の社会的な変化のなかに見て取ることができる。すなわち，最近の社会的責任論の盛り上がりのな

かで，企業を従来のように経済的な指標，パフォーマンスのみで評価する（例えば売上高，利益，株価等）のではなく，環境問題への取り組みや地域社会への貢献等，環境性，社会性の指標も加えて総合的に評価をしようとする動きが広まってきている。例えば，新しいタイプの投資ファンドとして注目されるＳＲＩ（socially responsible investment：社会的責任投資）は，従来の経済的な指標に加えて環境性，社会性の指標も検討した上で，投資先の企業を選別しようとするもので，新たな企業格付けの動きとして注目されている。こうした動きが広がりを見せれば，社会的責任の問題に熱心に取り組んでいる企業ほど市場から評価され，資金調達が容易になるという流れが形成されることになる。

## 6. CSRの考え方

1990年代の後半以降，欧米諸国を中心にＣＳＲの考え方が急速に広がってきている。ＣＳＲとは corporate social responsibility の略であり，企業の社会的責任と訳されるが従来の企業の社会的責任とＣＳＲの意味する内容には違いがある。ここではそうした問題について触れておこう。

まずＣＳＲが社会的に注目されるようになった背景について述べておきたい。キーワードは「地球環境問題の深刻化」「グローバリゼーションの進展」「市民パワーの台頭」の３つであり，いずれも1990年代に顕著な社会問題として注目されたテーマである。このうち，「地球環境問題の深刻化」は地球温暖化問題に代表されるように深刻の度合を深めているが，1990年代以前においては社会的な関心はそれほど高くなかったといえる。1992年にブラジルのリオデジャネイロで「国連環境開発会議」（通称　地球サミット）が開催されてから国際的な関心が高まりを見せ，企業に対しても環境に配慮した行動をとることが強く求められるようになっていく。環境に配慮した企業であることを証明する資格として今ではすっかり定着した感があるＩＳＯ14001が発行されたのは，1996年のことである。環境問題に対する社会的な関心の高まりがＣＳＲの普及

に大きな役割を果たしたことは間違いない。

次に「グローバリゼーションの進展」についてであるが，1990年代は地球規模で企業活動が展開される時代の幕開けであった。きっかけとなったのは，90年代の初めにアメリカで起こったインターネットの普及による，いわゆる「IT革命」である。IT革命は企業活動に劇的な変化をもたらし，グローバルな企業活動の展開と競争の加速をもたらした。さらに，90年代にはソ連，東欧諸国の社会主義経済体制が次々と崩壊し市場経済体制に移行したこと，あるいは中国の市場経済化と経済発展等により市場が拡大したこともグローバリゼーションの進展を後押しした。しかしながら，グローバリゼーションの進展は必ずしも良いことばかりではなかった。国際的な競争が激しくなるなかで，競争に勝って富を蓄積する者と競争に敗れて富を失う者の優勝劣敗の構図がより鮮明になり，富の偏在，貧富の格差の問題が大きな社会問題として取り上げられるようになった。また，先進国の企業のなかには発展途上国で企業活動を展開するなかで，先進国では許容されない労働条件（低賃金労働，児童就労，劣悪な安全衛生対策等）の下で利益を上げる企業もあった。こうした問題の存在が，やはりCSRの普及に大きな影響を与えたといえる。

最後に「市民パワーの台頭」については，欧米諸国ではすでに1980年代までに市民社会は成熟段階に達しており，環境問題をはじめ人権，平和，労働，女性等の問題に関して市民団体は大きな発言力を持っていた。それが90年代に入るとインターネットの普及により，市民団体間の情報交換や共有化，連帯が急速に進み，さらに強力なパワーを有するに至った。有力な市民団体の活動は，しばしば世論をリードし，時には行政や企業の取り組み，対応に対して強力な反対運動を展開した。例えば前出のグローバリゼーションとの関係でいえば，90年代にロイヤル・ダッチシェルとナイキという2つの巨大企業がいずれもNPOの反対キャンペーンにより方針の転換を余儀なくされている。

さて，以上述べたような社会的事情を背景としてCSRは90年代の後半以降，広がりを見せることになるのであるが，CSRの考え方に大きな影響を与えたのが「トリプル・ボトム・ライン」の考え方である。トリプル・ボトム・

ラインとは，平成9年（1997年）にイギリス，サスティナビリィティ社のエルキントン（Elkington, J.）が提唱したもので，企業活動を「経済性」「環境性」「社会性」という3つの指標から評価しようとする考え方である。

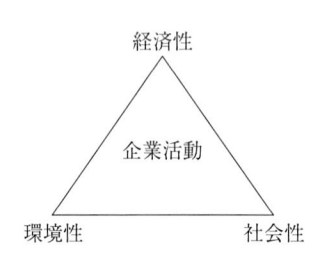

**図表9－2　トリプル・ボトム・ライン**

```
         経済性
          △
       企業活動
      ／      ＼
   環境性      社会性
```

　すなわち，従来の企業評価の尺度は売上高や利益の大きさ，あるいは株価といった財務データのみであり，財務データの内容が良い企業ほど優良企業として高い評価を受けてきた。しかしながら，現実には高い利益を上げている一方で，不祥事を引き起こしたり，あるいはまた過酷な労働条件により社員の定着率がきわめて低い企業なども少なからず存在する。このような企業は果たして「優良企業」の名に値するのであろうか。トリプル・ボトム・ラインは，従来の財務データに偏った企業評価を是正し，「環境性」や「社会性」の指標も加味した上で総合的に企業を評価しようというものである。このトリプル・ボトム・ラインにもとづいた企業評価は近年，急速に広がってきている。

　従来，企業の社会的責任といえば本業の経済活動以外に社会貢献活動をすることというとらえ方がされてきた。したがって，社会的責任の遂行はあくまで本業で利益が出ていることが前提とされたわけである。ＣＳＲもその流れの延長線上においてとらえ，「経済性」一辺倒ではなく，社会の変化に合わせて「環境性」や「社会性」の問題も考慮し，バランスをとるべきだという主張，考え方が少なからず見受けられる。ＣＳＲに関するこうしたとらえ方は間違ってはいないが，ＣＳＲの本質を正確に理解しているとは言い難い。ＣＳＲが本来目指しているところとは，すべての企業活動のプロセスにＣＳＲの考え方を

組み込むことである。例えば，ある製品を生産するにあたって，それがどのような原材料を使い，どのような労働条件で作られたのかを「経済性」の視点のみならず「環境性」や「社会性」の視点からも考慮することが求められる。したがって，ＣＳＲの取り組みとは本業とは別に行うのではなく，本業の活動そのもののなかで実施すべき性質のものであることを理解しておく必要がある。

## 【*Review exercise*】

1．松下幸之助やヘンリー・フォード１世の経営理念と企業の社会的責任の考え方の関連性について整理しなさい。
2．株主主権論の考え方の功罪について述べなさい。
3．ＣＳＲと従来の社会的責任論の相違について説明しなさい。

考えてみよう！

**【勉強を深めるために参考となる文献】**

谷本寛治編著『ＣＳＲ経営―企業の社会的責任とステイクホルダー』中央経済社，2004年。
谷本寛治『ＣＳＲ―企業と社会を考える』ＮＴＴ出版，2006年。
伊吹英子『ＣＳＲ経営戦略―社会的責任で競争力を高める』東洋経済新報社，2005年。
十川廣国『ＣＳＲの本質―企業と市場・社会』中央経済社，2005年。
所伸之『進化する環境経営』税務経理協会，2005年。

## 《*Coffee Break*》

　　企業の社会的責任の問題は，単に経済界のみならず政治の世界にも影響を与えている。イギリスやフランスではＣＳＲ担当大臣という役職が設けられており，ＣＳＲの普及は政治的課題として扱われている。また，国連は「グローバル・コンパクト」と呼ばれる10の原則を提示し，人権・労働・環境・腐敗防止の分野で企業に責任ある行動をとるよ

う求めている。今や，社会的責任の問題を抜きにして企業活動は成り立たない時代なのである。

# 第10章 ▶財務戦略と経営分析

〈**Key word**〉
- ▶貸借対照表
- ▶利益とキャッシュフロー
- ▶運転資本
- ▶企業価値
- ▶ROA

このことばに注目！

## 1. 貸借対照表

　企業財務についての知識を深める第一歩は，貸借対照表（Balance Sheet：B／S）の仕組みを正確に理解することから始まる。通常，貸借対照表とは企業の一時点における財政状態を明らかにするものであると説明される。ここで注目すべきは「一時点」という言葉であり，それは貸借対照表がストック概念であることを意味している。ストックとは企業の経済状況をある特定の日の静止画でとらえたようなものであり，個人の家計にたとえるならば，ある日の財布（あるいは金庫や銀行）のなかにお金がいくら入っているのかを表す概念である。

　貸借対照表は「資産」「負債」，そして「資本」から構成され，さらに企業のストックの状態を，資金の調達源泉ならびに資金の運用形態という2つの側面から把握するところに大きな特徴がある。

**図表10－1　貸借対照表**

```
          貸借対照表
      ┌─────┬─────┐
      │     │ 負 債 │
資金の運用形態│ 資 産 ├─────┤資金の調達源泉
      │     │ 資 本 │
      └─────┴─────┘
```

　貸借対照表の右側（貸方）は資金をどこから調達したかを示す場所であり，銀行など他人から借入れた場合は負債に，株主によって払い込まれた資金は資本に記入される。一方，左側（借方）は，調達した資金をどのように運用しているかを示す場所であり，現金，商品，建物など運用している資産で示される。例えば，銀行から2,000円借入れ，株主からの出資が1,000円という場合，その資金の合計3,000円のうち2,000円で商品を仕入れ，残りを現金のまま保持しているケースの貸借対照表は図表10－2のようになる。

**図表10－2　調達と運用**

```
      貸借対照表
┌──────┬──────┐
│ 現　金  │ 借入金  │
│ 1,000円 │ 2,000円 │
├──────┼──────┤
│ 商　品  │ 資本金  │
│ 2,000円 │ 1,000円 │
└──────┴──────┘
```

　貸借対照表の仕組みを，資金の調達源泉と運用形態という観点から理解する方法は，企業財務を学ぶ上での基礎となる。ここでさらに資産と負債を「流動」と「固定」に区分する。1年基準（ワンイヤールール）は1年以内に現金化されるか返済期限が来るかどうかで流動，固定に分類する基準である。正常営業循環基準は，商品の仕入から販売という営業循環内にある仕入債務，売上債権，棚卸資産を流動項目とする基準である。元来これらの区分は流動性配列法という会計制度上の表示基準の問題であるが，これらはさらに図表10－3のよ

うに貸借対照表を3つの領域に分類し，キャッシュフロー計算とも深く関わる企業財務の詳細な構造を浮き彫りにさせる。なおここで，資本は株主持分を強調する「株主資本」（あるいは自己資本）とする。

**図表10-3　流動と固定の区分**

```
              貸借対照表
営業活動 ┤ 流動資産 │ 流動負債 │
         ├─────────┼─────────┤
         │         │ 固定負債 │
投資活動 ┤ 固定資産 ├─────────┤ ├ 財務活動
         │         │ 株主資本 │
```

出所：西山茂『戦略財務会計』ダイヤモンド社，2001年，49頁を参考にして作成。

　流動資産，流動負債の領域は，主として現金，売上債権，棚卸資産，仕入債務など，いわゆる運転資本を構成しており，ここに営業活動に関わる短期資金の回転を見ることができる。固定負債（社債や長期借入金），株主資本は長期の資金調達，すなわち財務活動を示す領域であり，固定資産はその長期の資金がどのような設備に投下され運用されているかを示す，投資活動の領域である。こうした貸借対照表を3領域に区分して分析する方法は，次節でみるキャッシュフロー計算書を理解する基礎となる。

## 2．利益とキャッシュフロー

### （1）損益計算

　企業のストックである資産は，企業価値の源泉となる。しかし，守銭奴のようにただ資産を静的に保持しているだけでは企業価値は形成されない。資産を動的に運用しフローを生み出すことによって初めて，企業価値は認識されるの

**図表10-4　損益計算書**

損益計算書

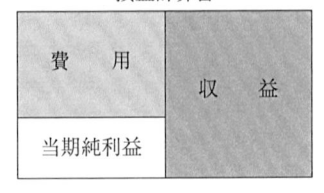

| 費　　用 | 収　　益 |
|---|---|
| 当期純利益 | |

である。

　ストックが時点概念であったのに対し，フローは期間概念である。例えば今現在，財布のなかに50,000円入っているというのはストック概念であるが，今週１週間アルバイトで10,000円稼いだというのはフロー概念である。企業財務の理解をさらに深めていくためには，このストックとフローの関係をしっかり押さえておく必要がある。財務会計上フローには，「利益」と「キャッシュフロー」の２つがあるが，ここではまず利益から見ていくことにする。

　利益（マイナスは損失）は，収益－費用という計算式で算出され，この関係を表したものが損益計算書（Profit and Loss Statement：P／L）である。通常，損益計算書は，企業の「一期間」の経営成績を明らかにするものであると説明されるが，ここでは貸借対照表との関係を具体例を用いて探ることにより，財務会計におけるストック・フロー計算の仕組みを明らかにしていくことにしよう。

【例１】①株主による払込30,000円，銀行からの借入れ50,000円（いずれも現金）により事業開始。そして商品20,000円を現金で仕入れ，さらに建物50,000円を現金で購入する。
　　　　②商品15,000円を30,000円で売上げ現金で受け取る。建物の取得原価の10分の１を減価償却費として計上する。

　これは①の状態で事業を開始し，②の取引をへて期末を迎えた１会計期間の事例である。その他の取引は一切ないと仮定すると貸借対照表と損益計算書の

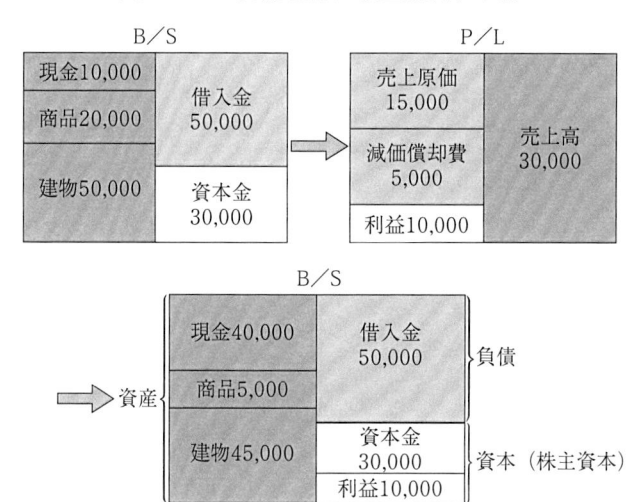

**図表10-5　貸借対照表と損益計算書の関係**

B/S
| 現金10,000 | 借入金 50,000 |
| 商品20,000 | |
| 建物50,000 | 資本金 30,000 |

P/L
| 売上原価 15,000 | 売上高 30,000 |
| 減価償却費 5,000 | |
| 利益10,000 | |

B/S
| 現金40,000 | 借入金 50,000 | 負債 |
| 商品5,000 | | |
| 建物45,000 | 資本金 30,000 | 資本（株主資本） |
| | 利益10,000 | |

←資産

関係は図表10-5のようになる。

　この流れをよりわかりやすい形に図式化すると次のようになる。

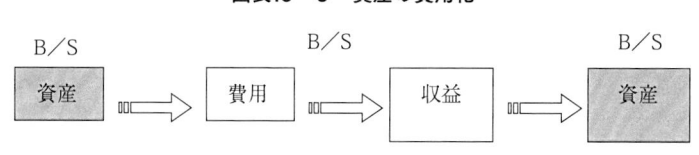

**図表10-6　資産の費用化**

B/S 資産 ⇒ 費用 ⇒ 収益 ⇒ B/S 資産

　資産のうち商品15,000円，建物5,000円を費用化し，収益として売上高30,000円のリターンを現金で回収したということである。つまり，資産20,000円を活用して，収益30,000円－費用20,000円＝利益10,000円のフローを生み出したのである。ここで費用化とは収益30,000円をもたらすのにかかった価値の犠牲である。

　この費用化をイメージできるかどうかが損益計算を正確に理解できるかどうかの鍵となる。「現実」がそうだからなのではなく，貸借対照表や損益計算書

などの財務諸表が逆にそうした「現実」を合理的に作り出すのである。こうした理屈を体系化したものが会計理論であり，制度化し，規則化したものが会計基準である。

　費用配分の原則は損益計算の根本原理である。例えば，建物や機械などの固定資産の取得原価は，定額法や定率法などの規則的な方法により，耐用年数にわたり減価償却費として徐々に費用化するのである。この減価償却こそが費用配分の典型的例であるが，その目的はあくまで適正な期間損益計算，すなわち収益・費用を正確に各会計期間に帰属させ，期間ごとの収益力（利益というフローを生み出す力）をリアルに表現することにある。ちなみに商品や建物のような費用化する資産のことを費用性資産，これから費用性資産に投下されるもの，あるいは収益として回収済みの現金などを貨幣性資産という。これらの用語を使って費用化の図式をより一般化して示すと次のようになる。

　　　貨幣性資産 ⇒ 費用性資産 ⇒ 費用 ⇒ 収益 ⇒ 貨幣性資産 ⇒（繰り返す）

　これがいわゆる資本の回転であり，資本（資産）を回転させながら利益というフローを生み出すさまを明らかにするのが損益計算である。後に詳しく見るROAやROEなどの資産利益率は，資産を効率的に用いて利益を生み出しているかを端的に表現するものであり，財務管理上欠くことができない経営分析指標となる。

## （2）キャッシュフロー

　損益計算は，収益・費用という尺度で，リアルな企業業績のダイナミズムを測定しようとする。例えば，営業所の家賃はそれを現金で支払った時点ではなく，部屋の提供というサービスを受けている時間の経過とともに費用となるのである。このような現金の収支ではなく，経済的事実の発生という視点から企業活動を認識しようとする考え方を「発生主義」もしくは「発生主義会計」という。

しかし，こうした発生主義の計算方法が普及しだした19世紀の末から20世紀の初頭にかけて，当時のイギリスやアメリカの経営者たちを奇妙な現象で悩ますようになった。それは利益が出ているにもかかわらず，手許に現金がないという現象であった。損益計算上黒字なのに，配当や税金を支払うために，銀行から借入れをする羽目になったのである。なかにはこの現象で倒産する企業も出てきた。これがいわゆる「黒字倒産」である。黒字倒産は，20世紀の発生主義会計が生み出した象徴的な問題であった。そこでこうした問題に対処すべく，貸借対照表でも損益計算書でもない，第3の財務諸表としての資金計算書探求の歴史が始まるのである。

　発生主義会計の欠点は，現金の動きを見えにくくした点にある。現金収支では十分に把握できない企業活動のダイナミズムを，発生という概念でとらえようとした結果，現金の動きを背後に押しやってしまったのである。そこで現金の動きを探るべく資金計算書の議論が始まったが，当初「資金」という概念は，「総資本」ととらえられたり，「運転資本」と定義されたりして，あいまいであった。しかし，その後対象を「現金」に限定した「キャッシュフロー」という概念が考えだされ，1980年代には「キャッシュフロー計算書」がアメリカで制度化されたのである。

　キャッシュフロー会計の持つ意味は，資金繰り計算にとどまるものではない。キャッシュフローという概念が生み出された背景には，黒字倒産以外に，損益計算の「恣意性」という問題があった。費用配分という考え方には，客観的事実が必ずしもそこにあるわけではなく，経営者の判断が入る余地が生じる。これに対して現金の流れは紛れもない客観的事実である。つまり，キャッシュフローとは，恣意性がある利益概念に対して，客観性という点からリアリティを補完するもう1つのフロー概念なのである。以下，具体例を用いて説明していくことにしよう。

【例2】商品50,000円を掛で売上げたが未回収。売上原価を含めた諸費用は30,000円で10,000円は現金で支払い済み。

こうしたケースで，損益計算とキャッシュフロー計算の結果はそれぞれつぎのようになる。

〔損益計算〕　　　　50,000円－30,000円＝20,000円
　　　　　　　　　　　売上高　　営業費用　　利　益

〔キャッシュフロー計算〕　0円　－10,000円＝－10,000円
　　　　　　　　　　　現金収入　営業支出　キャッシュフロー

　損益計算では，商品を引き渡した時点で売上収益を計上する。この計上基準を「実現主義」というが，これによれば売上高が現金で回収されない売上債権（売掛金，受取手形）の状態でも，売上収益を認識することになる。また，売上原価については，仕入商品の原価をその商品が販売された時点で計上する。この際，仕入原価が現金で支払済みであるか，仕入債務（買掛金，支払手形）の状態であるかは関係ない。その他の営業費用は現金支出時に費用として認識する。

　一方，キャッシュフロー計算では，売上代金は現金でまだ回収されていないので現金収入は0円，仕入代金は10,000円支払ったので現金支出は10,000円，その結果マイナス10,000円のキャッシュフローとなる。結局損益計算ベースでは20,000円の黒字であるのに対してキャッシュフロー計算ベースでは，マイナス10,000円の赤字となるのである。ここに黒字倒産の可能性が出てくるのであるが，その主な原因は売上債権の回収などいわゆる運転資本の管理にあることがあげられる。

　キャッシュフローを正確に理解するためには図表10－7のような簿記における現金勘定を利用するのが一番わかりやすいといえる。

## 図表10－7　キャッシュフロー

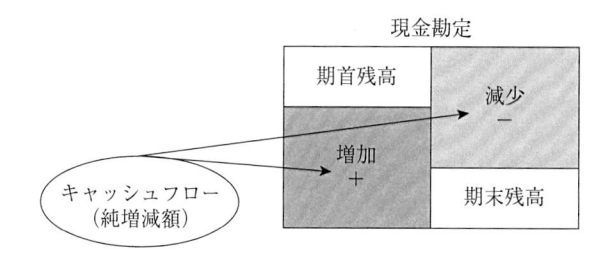

現金勘定

| 期首残高 | 減少 − |
| 増加 ＋ | 期末残高 |

キャッシュフロー（純増減額）

　ここでキャッシュフローは現金勘定の左側（借方）の増加と右側（貸方）の減少との差額の純増減額を意味する。あくまでフローであり，期末残高を意味するものではないことに注意を要する。キャッシュフロー計算書では，この現金の純増減額を営業活動，投資活動，財務活動の3つの活動に概念的に分類して把握する。

## 図表10－8　キャッシュフロー計算書

キャッシュフロー計算書
営業活動によるキャッシュフロー
±投資活動によるキャッシュフロー
±財務活動によるキャッシュフロー
──────────────
＝　　現金の純増減額
＋　　現金の期首残高
──────────────
＝　　現金の期末残高

　図表10－8のようにキャッシュフロー計算書はその基本的構造においては現金勘定となんら変わるところはない。ただキャッシュフロー計算書の理解を初学者に困難ならしめているのは「営業活動によるキャッシュフロー」の計算方法の特殊性にある。営業活動によるキャッシュフローは，営業収入−営業支出（直接法）で求めることができるが，通常は収益・費用のフロー計算である損益計算から逆算で算出する。その理由は今日の会計がそもそも損益計算をベー

スに帳簿が組み立てられており、キャッシュフローのための帳簿が存在しないことにある。それは発生主義にもとづく収益－費用＝利益を、現金収入－現金支出＝キャッシュフローに変換する作業を意味する。その方法を間接法というが計算式は次のようになる。

営業活動によるキャッシュフロー＝当期純利益＋減価償却費－運転資本の増加額

　この式は、損益計算とキャッシュフロー計算の違いを理解するための基本式でもある。そこでつぎのような具体的なケースを使ってこの式の意味を説明することにしよう。

【例3】損益計算とキャッシュフロー計算に次のようなズレがあったと仮定する。

〔損益計算〕　　　1,000円－800円＝200円　←ズレ
　　　　　　　　　売上高　諸費用　当期純利益

〔キャッシュフロー計算〕　700円－200円＝500円　←
　　　　　　　　　営業収入　営業支出　営業活動によるキャッシュフロー

ズレの原因に関する資料は次のようであった。

〔修正項目〕

| 諸費用の内訳： | | 運転資本の変化： | |
|---|---|---|---|
| 売上原価 | 500 | 売掛金の増加 | 300 |
| 減価償却費 | 200 | 商品の減少 | 100 |
| 人件費支出 | 100 | 買掛金の増加 | 300 |

　ここで当期純利益200円から出発して、修正項目を加減することにより営業活動によるキャッシュフロー500円を算出してみよう。ポイントは、まず減価償却費のようなノンキャッシュの費用は現金支出がないので加算（収益の場合は減算）する。つぎに、売上債権の回収と仕入債務の支払いのタイムラグにより

**図表10-9　営業活動によるキャッシュフロー（間接法）**

|  |  |  |
|---|---|---|
|  | 当期純利益 | 200 |
| 現金支出のない費用 ─ | 減価償却費 | +200 |
| 運転資本の変化 ─┬ | 売掛金の増加 | －300 |
| ├ | 商品の減少 | +100 |
| └ | 買掛金の増加 | +300 |
|  | 営業活動によるキャッシュフロー | 500 |

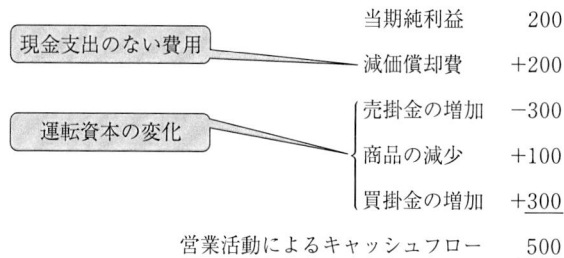

必要となる，「つなぎ資金」としての運転資本の増加を減算（減少は加算）することである。その結果は，図表10-9のようになる。

　当期純利益に比べて営業活動によるキャッシュフローの方が大きくなる原因としては，近年実施された巨額な設備投資の減価償却費が考えられるし，反対にキャッシュフローが少ない原因としては，運転資本の管理がうまくいっていないことが考えられる。なお，投資活動によるキャッシュフローは，設備投資や有価証券投資にかかわるキャッシュフロー，財務活動によるキャッシュフローは，資金調達にかかわるキャッシュフローで，それぞれ収入－支出（直接法）で算出される。

# 3. 運転資本

　資金計算書の歴史は，19世紀末のイギリスにおける比較貸借対照表から始まった。それは損益計算の背後に隠された現金の動きを貸借対照表の各項目の変化のなかから探そうとするものであった。このことはキャッシュフロー計算書にもあてはまる。図表10-3をもう一度見ていただきたい。営業活動によるキャッシュフローは，貸借対照表における流動資産・流動負債の部，そして損益計算書，投資活動によるキャッシュフローは，固定資産の部，財務活動によ

るキャッシュフローは固定負債と株主資本の部，における現金の動きとほぼ対応する。

運転資本は，商品の仕入，販売という営業循環を維持していくために必要な資金であり，常に仕入代金の支払いより，売上代金の回収の方が時間的に早ければ0円となる。それは現金以外の流動資産と流動負債の差額として定義され，営業活動のキャッシュフロー増減の原因を理解するための鍵となる。以下，具体例を使って説明しよう。

【例4】①商品10,000円を掛で仕入れる。
②商品5,000円を6,000円で売上げ掛とする。
③買掛金10,000円の支払期限が近づいてきたため銀行より現金10,000円の短期借入れを行う。
①から③の流れを貸借対照表の流動資産・流動負債の部で表すと，次のようになる。

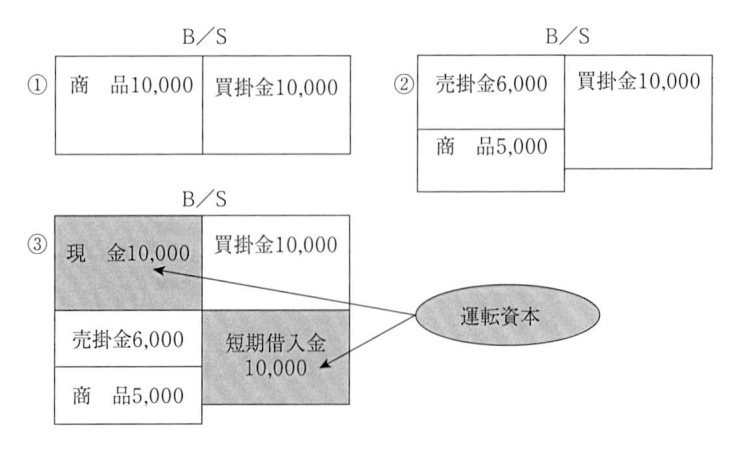

**図表10-10 運転資本の計算例**

① B/S
| 商　品10,000 | 買掛金10,000 |

② B/S
| 売掛金6,000 | 買掛金10,000 |
| 商　品5,000 | |

③ B/S
| 現　金10,000 | 買掛金10,000 |
| 売掛金6,000 | 短期借入金10,000 |
| 商　品5,000 | |

運転資本

ここで③において，銀行より借入れた現金10,000円が運転資本である。企業内部に余裕資金があれば必ずしも借入れる必要はない。ただ，売掛金6,000円

と商品5,000円が販売され，かつ現金で回収されていれば，不要な資金となる。運転資本が，営業活動を継続していくための「つなぎ資金」といわれる理由はここにある。

　このように運転資本とは，商品の仕入，販売という営業循環に投下される必要資金のことをいい，その大きさは，損益計算には影響を与えないものの，キャッシュフロー計算，ひいては企業価値の側面からは，できるだけ圧縮することが望ましい。それは，売掛金と受取手形からなる売上債権を早く回収し，在庫は可能な限り保有しないという財務戦略が企業価値を創造することを意味している。この視点からは，仕入債務の支払期限は遅ければ遅いほど有利となる。したがって，狭義には，運転資本は次のように定義される。

$$運転資本＝売上債権＋棚卸資産－仕入債務$$

　これにさらに，前払金，未払金などのその他の流動資産，流動負債を含めると次のような式となる。この際，キャッシュフロー会計では，有価証券は投資活動として，短期借入金は財務活動として扱うので，控除する。

$$運転資本＝（流動資産－現金－有価証券）－（流動負債－短期借入金）$$

　営業活動におけるキャッシュフローの間接法による計算では，この式が用いられている。

# 4.　フリー・キャッシュフローと企業価値評価

　営業活動におけるキャッシュフローからさらに設備投資に必要な現金純支出額を差し引いたものを「フリー・キャッシュフロー」という。それは営業ならびに設備投資という，いわゆる事業活動に必要な現金を除いたキャッシュフ

ローであり，資金提供者や経営者にとって完全に自由になるキャッシュフローを意味する。

フリー・キャッシュフロー＝当期純利益＋減価償却費－運転資本の増加額－
　　　　　　　設備投資純支出額

　コーポレート・ファイナンスの企業価値評価論で用いられるキャッシュフローは通常この概念を意味し，金融市場において利益以上に重要な意味を持つ指標となってきている。損益計算の目的が一定期間にどれほど利益を稼ぎ出すことができるかという収益力を明らかにすることにあるのに対して，キャッシュフロー計算の目的は，一定期間にフリー・キャッシュフローをどれだけ作り出すことができるかという「現金創出力」を明らかにすることにあり，単なる資金繰り計算でない。それは現金の動きというものは常に客観的事実であり，実体のない概念的な損益計算に対して補完的にリアリティを与えるものとなる。

　このように今日の財務会計は，損益計算とキャッシュフロー計算という２つの「フロー」で企業活動をとらえ，金融市場における透明性を制度的に担保することに主眼を置いている。一方，コーポレート・ファイナンスにおいては，企業価値とは「フリー・キャッシュフローを生み出す力」と定義される。効率的市場仮説によれば，その値は常に投資家の期待を表す株式時価総額と一致することになる。これはあくまで理論上の話であるが，通常企業価値は，将来における期待キャッシュフローをその企業のリスク（不確実性）を反映した資本コストで割り引いた現在価値として計算する。この計算方法をＤＣＦ法（Discounted Cash Flow）という。

　ここでは貸借対照表を使って，企業価値の意味を考えてみよう。これまで見てきた会計制度上の貸借対照表は取得原価で評価されており，それは「企業の簿価」となる。これに対して企業価値とは，その企業が将来にわたって生み出すであろうと投資家に期待されるキャッシュフローの流列の割引現在価値であ

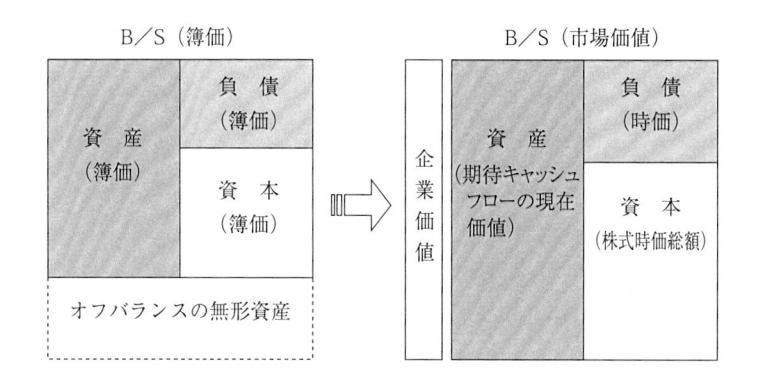

**図表10−11　企業価値と貸借対照表**

```
    B/S（簿価）                    B/S（市場価値）
┌──────┬──────┐          ┌─┬──────┬──────┐
│      │ 負 債 │          │ │      │ 負 債 │
│      │（簿価）│          │ │      │（時価）│
│ 資 産 ├──────┤   ⇒     │企│ 資 産 ├──────┤
│（簿価）│      │          │業│（期待キャッ│      │
│      │ 資 本 │          │価│シュフロー│ 資 本 │
│      │（簿価）│          │値│の現在価値）│（株式時価│
├──────┴──────┤          │ │      │ 総額）│
│オフバランスの無形資産│          └─┴──────┴──────┘
└──────────────┘
```

り，それは「企業の市場価値」となる。

　企業の市場価値を貸借対照表で表すと図表10−11のようになる。簿価としての貸借対照表の場合，資産は取得原価で評価されることになるが，市場価値の貸借対照表では，その企業が保有する事業から期待される将来キャッシュフローを，割引率（資本コスト）で割り引いた現在価値を資産の評価額とする。そして，理論上，この評価額は負債（社債）と株式の時価総額に一致すると考えられるのである。つまり，負債の部分を除けば，企業価値は株価の理論値を示すことになる。

　貸借対照表の簿価と市場価値との差額には，ビジネスモデル，技術，販売網などのオフバランス化した無形資産が存在していることが想定される。したがって企業価値向上を目標とする財務戦略の主眼は，会計制度上の貸借対照表をスリムにしながら，こうした企業価値評価上認識される無形資産をいかに増大させるかに置かれることになる。

【例5】　ＡＢＣ航空は，新規の国際路線を開発し，今後5年間毎年1,000億円のフリー・キャッシュフローが生み出されることが予測された。なお，資金調達に要する資本コストは10％と計算された。負債による資

金調達はないものとする。

　割引率を資本コストの10％とし，ＡＢＣ航空の企業価値を割引現在価値法で計算すると次のようになる。

$$企業価値 = \frac{1,000}{1+0.1} + \frac{1,000}{(1+0.1)^2} + \frac{1,000}{(1+0.1)^3} + \frac{1,000}{(1+0.1)^4} + \frac{1,000}{(1+0.1)^5}$$

$$\approx 3,791 億円$$

　もし，ここで簿価の資産が2,000億円程度であったとしたら，オンバランスされない無形の資産が1,800億円程度存在することが考えられる。なお，資本コストとは，企業側から見た概念であり，投資家の側から見れば，配当ならびに株価の値上がり益からなる「期待収益率」である。それはいわゆる投資に対するリターンであり，その企業のリスクが高まれば期待収益率は上がり，企業価値は下がることになる。ここでリスクとは不確実性（株価の変動性）の度合を意味する。

# 5. 財務諸表の分析

　ストックとしての資産のフローを生み出す力が企業価値を決める。それを端的に表す財務指標が資産利益率である。資産利益率にはＲＯＡ（return on assets：総資産利益率）とＲＯＥ（return on equity：株主資本利益率）が代表的であるが，ここではＲＯＡを用いて，事例分析を行ってみよう。

【例6】 Ｘ社とＹ社における過去３年間の財務データの推移は下記のとおりであった。なお，売上高以外の収益項目はなかったものとする。

**図表10-12 財務諸表の分析**

(単位：千円)

| | | X社 | | | Y社 | | |
|---|---|---|---|---|---|---|---|
| 年度 | | 2003 | 2004 | 2005 | 2003 | 2004 | 2005 |
| B/S | 資産 | 2,000 | 2,200 | 2,200 | 1,500 | 1,600 | 1,700 |
| | 負債 | 1,810 | 2,040 | 1,950 | 1,350 | 1,390 | 1,350 |
| | 資本 | 190 | 160 | 250 | 150 | 210 | 350 |
| P/L | 売上高 | 2,000 | 1,900 | 2,100 | 1,200 | 1,300 | 1,400 |
| | 諸費用 | 1,989 | 1,895 | 2,070 | 1,177 | 1,274 | 1,373 |
| | 当期純利益 | 11 | 5 | 30 | 23 | 26 | 27 |
| C/F | 営業活動CF | 150 | 70 | 135 | 90 | 150 | 130 |
| 指標 | ROA（％） | 0.6% | 0.2% | 1.4% | 1.5% | 1.6% | 1.6% |
| | 売上高利益率（％） | 0.6% | 0.3% | 1.4% | 1.9% | 2.0% | 1.9% |
| | 資産回転率（回） | 1.0 | 0.9 | 1.0 | 0.8 | 0.8 | 0.8 |
| | CFマージン（％） | 7.5% | 3.7% | 6.4% | 7.5% | 11.5% | 9.3% |

ここでROAは総資産を使用して，どれほど効率的に利益を生み出しているかを示す指標であり，その式は，ROA＝当期純利益÷総資産と表されるが，さらに次にように分解できる。

$$\frac{当期純利益}{総資産}_{(ROA)} = \frac{当期純利益}{売上高}_{(売上高利益率)} \times \frac{売上高}{総資産}_{(資産回転率)}$$

このように，ROAは売上高利益率と資産回転率を乗じたものとなる。売上高利益率は収益力を示す指標であり，資産回転率は，売上高をあげるのにどの程度資産を効率的に用いているのかを示す指標である。利益率を上げれば，通常，販売量が減少することから，両者はトレードオフの関係にあるとされる。以下，この式を適用して，事例を見ていくことにする。

まず，ストックとしての資産を規模で比較すると，X社の方が常に大きく推

移している。これに対してフローとしての当期純利益は，2005年は若干逆転しているものの，全体的にはＹ社の方が大きく推移していることがわかる。Ｙ社は，少ないストックで，より多くのフローを生み出しているのであり，このことがＲＯＡに端的に現れている。Ｘ社のＲＯＡがこの３年間で平均約0.7％程度であるのに対して，Ｙ社のそれは平均約1.6％に達しており，Ｙ社の方が資産の効率性が高いことを示している。

　この原因を，ＲＯＡの分解式を使って調べてみよう。資産の回転率は，それほど変わらないが，多少Ｘ社の方が高い。これに対して，利益率は，Ｘ社が平均約0.8％であるのに対して，Ｙ社のそれは，平均約1.9％であり，明確にその違いが現れている。営業活動におけるキャッシュフローで見ても，金額そのものは平均するとそれほど変わらないものの，キャッシュフロー・マージン（＝営業活動におけるキャッシュフロー÷売上高）では，Ｘ社が平均5.9％であるのに対して，Ｙ社のそれは9.4％とＸ社を大幅に上回っている。

　これらのデータに限定して結論づけるならば，Ｙ社の方が，資産を効率的に活用してリターンを生み出しているということができる。

　近年の企業経営は，フローを生み出さないぜい肉資産を落とし，筋肉質になることが求められてきている。フローに変化がなければ，できる限り資産を圧縮することが効率的な経営と評価されるからである。そこで，資産を流動化する証券化などさまざまな金融技術が，財務戦略上の視点から注目されてきている。

　こうしたなかでＲＯＡやＲＯＥなどの資産利益率指標の過去数年間の推移は，投資家が将来キャッシュフローを予測し，企業価値評価を実施するにあたり，企業のファンダメンタルズ（経済の基礎的条件）を示すのである。財務諸表分析の主たる目的は，こうした資産の収益性についての，ファンダメンタルズをつかむことにある。

## 【*Review exercise*】

1. 商品5,000円を仕入れ半分を現金で支払い残りを掛とした。この商品を8,000円で売上げ6,000円は現金で受取ったが，残りは掛となった。この場合における利益とキャッシュフローの金額をそれぞれ計算しなさい。（単位：円）

2. ＸＹＺ社のＸ２年度における損益計算と運転資本項目の増減は，下記のとおりであった。なお，この年における資本的支出（設備投資純現金支出額）は28,000円であり，ノンキャッシュの収益・費用項目は，減価償却費だけである。ＸＹＺ社がＸ２年度において生み出したフリー・キャッシュフローの金額を求めなさい。（単位：円）

損益計算書

| 減価償却費 10,000 | 収　益 100,000 |
|---|---|
| 諸費用 50,000 | |
| 利益 40,000 | |

運転資本増減

| | Ｘ１年B／S残高 | Ｘ２年B／S残高 |
|---|---|---|
| 売掛金 | 25,000円 | 30,000円 |
| 商品 | 23,000円 | 20,000円 |
| 買掛金 | 18,000円 | 10,000円 |

3. Ａ社ならびにＢ社のＸ５年度における財務内容は下記のとおりであった。両社の資産利益率を比較分析しなさい。この際ＲＯＡを使い，さらに売上高利益率と資産回転率に分解すること。なお，収益は売上高しかないものとする。（単位：円）

A社B／S

| 資産 10,000 | 負債 7,000 |
|---|---|
| | 資本 3,000 |

A社P／L

| 諸費用 7,200 | 売上高 8,000 |
|---|---|
| 利益 800 | |

B社B／S

| 資産 3,000 | 負債 2,000 |
|---|---|
| | 資本 1,000 |

B社P／L

| 諸費用 3,500 | 売上高 4,000 |
|---|---|
| 利益 500 | |

考えてみよう！

## 【勉強を深めるために参考となる文献】

グロービス・マネジメント・インスティテュート『〔新版〕ＭＢＡアカウンティング』ダイヤモンド社，2004年。

グロービス・マネジメント・インスティテュート『ＭＢＡファイナンス』ダイヤモンド社，1999年。

中沢恵，池田和明『キャッシュフロー経営入門』日経文庫，1998年。

マッキンゼー・アンド・カンパニー，本田桂子監訳『企業価値評価【第4版】（上・下）』ダイヤモンド社，2006年。

ヒギンズ，R.C.，グロービス・マネジメント・インスティテュート訳『〔新版〕ファイナンシャル・マネジメント』ダイヤモンド社，2002年。

## 【Review exercise 解答】

1. 利益計算：8,000円－5,000円＝3,000円
   キャッシュフロー計算：6,000円－2,500円＝3,500円

2. 期首の運転資本：25,000円＋23,000円－18,000円＝30,000円
   期末の運転資本：30,000円＋20,000円－10,000円＝40,000円
   運転資本の増加高：40,000円－30,000円＝10,000円
   フリー・キャッシュフロー：40,000円＋10,000円－10,000円－28,000円＝12,000円

3. A社ＲＯＡの計算：

$$\frac{800}{10,000} = \frac{800}{8,000} \times \frac{8,000}{10,000}$$

$$8\% = 10\% \times 0.8回$$

   B社ＲＯＡの計算：

$$\frac{500}{3,000} = \frac{500}{4,000} \times \frac{4,000}{3,000}$$

$$16.7\% = 12.5\% \times 1.3回$$

［分析結果］

B社の方が，ＲＯＡがA社の2倍ほどであり，資産の収益性が高い。その原因はB社の方がA社より，利益率，回転率ともに勝っているからであるが，とくに回転率が1.6倍ほどあり差が著しいことによる。

## 《*Coffee Break*》

### グッドウィルとゴーイング・コンサーン

　企業価値を創造する源泉は何であろうか。20世紀の初頭，アメリカの経済学者J. R. コモンズはそれを，グッドウィル（Goodwill）に求めた。コモンズは，企業を「モノ」としてではなく，未来に向けて休むことなく前進する事業体，すなわち「ゴーイング・コンサーン」（going concern）としてとらえた。つまり，企業価値とは，事業を継続可能にする力のことであり，それは予測される将来収益の割引現在価値として測定されることになる。ここでグッドウィルとは，建物や機械設備などのモノをゴーイング・コンサーンとして脈動させる，人間の意志なのである。今日，会計上無形資産として認識されるのは，まさにこのグッドウィルであり，特許権などの知的財産権はもとより，技術力，信用力，ブランド，そしてホスピタリティなど人間のさまざまな知的・精神活動を含む概念となってきている。企業の市場価値とは，このグッドウィルの価値にほかならないのである。

# 第11章 ▶企業経営と情報

〈**Key word**〉
- ▶データ・情報・知識
- ▶人間の情報処理活動
- ▶経営情報システム
- ▶ネットワーク・コンピューティング
- ▶情報セキュリティ

――このことばに注目！

## 1. 情報の特性

　ヒト，モノ，カネの他に「情報」が重要な経営資源として経営学が展開されるようになって久しい。これはコンピュータをはじめとする情報技術（ＩＴ：information technology）あるいは情報通信技術（ＩＣＴ：information and communication technology）の登場を契機としたものであり，情報技術の進展にともない，情報の重要性が増大している。

　企業では，その重要な経営資源である情報の効率的・効果的活用を目指して，多額の情報化投資を行い，高度な情報システムを導入している。しかし，それらの企業すべてが情報を効率的・効果的に活用しているわけではなく，むしろ多くの企業では，期待したほどの効果が達成されていないのが現状である。

　本章では，まず情報そのものの特性を検討することにより，情報技術を活用した情報処理の効果と限界点を指摘するとともに，人的な情報処理の重要性を認識する。また経営情報システムの歴史的展開から，その役割期待の変化を確

認する。そして，現在の情報技術環境や情報セキュリティ問題なども検討する。

## （1）データ・情報・知識

　われわれは日常的に，情報（information）という言葉のほかにデータ（data）や知識（knowledge）という類似の言葉をとくに意識して区別することなく使用していると思われる。しかしこれらの言葉の差異や関連性を検討することにより，情報の効率的・効果的活用について理解することができる。

　データとは，「評価されていないメッセージ」「世界の状態の観察や，いずれ情報になる生の事実・材料のことで，それらの個々の事実や材料の間にはなんら関係づけがなされていないもの」などと定義される。例えば各種財務諸表やWeb上の企業概要などは，その企業の実態を示すものである。しかしそれらを次期予算編成のために企画部門が利用する，あるいは投資家が投資の判断材料として利用するなど，利用者が評価や意味づけをすることがなければ，それらのメッセージはデータである。

　データ・情報・知識と区別する場合の情報は，「データ＋特定の状況における評価」「適合性と目的を付与されたメッセージ」「文脈的意味をもって解釈・評価されたメッセージであり，判断や行為に影響を与えるもの」などと定義される。予算編成のために前期財務諸表を分析する，投資のために企業概要を評価するなどにより，それらのメッセージは利用者にとって情報となる。

　知識とは，「データ＋将来の一般的な使用の評価」「情報のなかから一般性・普遍性があるものと評価されて，貯蔵されたもの」などと定義される。長年の営業活動を通じて身についてくる効果的な接客方法や売上予測のノウハウなどは，以降の営業活動にも普遍的なものとして利用され得るので知識といえる。

　これらデータ・情報・知識は別々に利用されるのではなく，相互に関連している。例えばある営業社員の営業活動について考えてみよう。営業先の過去の納品リスト（この時点ではまだデータ）を参考に，今回の受注を取りたい。その営業社員は，これまでの営業活動や先輩営業社員の助言から得られたノウハウ

（これは知識）をもとに過去の納品リストを評価・分析し（この時点で納品リストが情報となる），営業先に今回の納品数量を提案するという行為につなげる。このような営業活動を繰り返してさまざまな情報を取り入れることにより，自ら持っている営業ノウハウがさらに精緻化されていく。

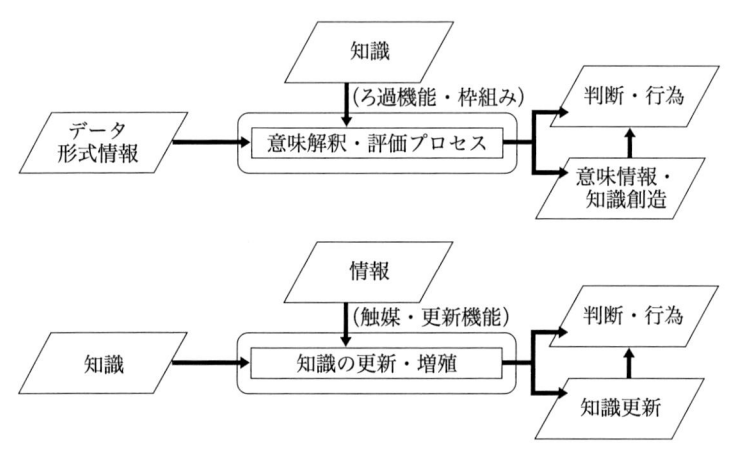

**図表11－1　データ・情報・知識の関係**

```
         知識
          │
     (ろ過機能・枠組み)            判断・行為
          ↓                         ↑
データ ─→ 意味解釈・評価プロセス ─→
形式情報                           意味情報・
                                   知識創造

         情報
          │
      (触媒・更新機能)             判断・行為
          ↓                         ↑
知識 ─→  知識の更新・増殖  ─→
                                   知識更新
```

出所：遠山暁・村田潔・岸眞理子『経営情報論』有斐閣アルマ，2003年，14頁。

つまりデータは利用者の知識をもとにして解釈，意味づけがなされ情報となる。また知識は，情報活動を通じてさまざまな情報を取り入れ解釈することにより更新されたり洗練されたりするのである（図表11－1）。

そこで，企業における情報活動を検討する場合には，データ，情報，知識の違いを認識しつつ包含した，より広い意味で「情報」という言葉をとらえなければならない。吉田は，最広義から最狭義まで4つのレベルで情報を定義しており，データ，情報，知識を区別した場合の情報は「最狭義」の情報，それらを包含する「人々が意味を規約的に関連付けた記号の集まり」を「狭義」の情報として定義している[1]。つまり，情報システム，経営情報，情報管理，情報技術等々で示される「情報」は，「狭義」の情報概念でとらえる必要があ

る(2)。

## （2）情報の形式的側面と意味的側面

　情報については，その形式的側面と意味的側面について，しばしば検討される。情報の形式的側面（形式情報）とは，文字や数値記号などの表現形式，あるいは意味が固定的ではっきりと定まっているものである。情報の意味的側面（意味情報）とは，それら文字や数値，記号が意味するもの，あるいは文字や記号などの表現形式ではうまく表現できない曖昧なものである。

　これらの情報の側面は，あえて「側面」と表現しているように，ある情報の見方を示しているのであって，完全に二分できるというものではない。しかし，たとえ同じようなメッセージを受け取っても，そのメッセージを利用する人によって，意味的側面のとらえ方が異なる可能性がある。

　例えば，上司が部下に対してモチベーション向上の意味を込めて「売上目標ひとり1,000万円」というメッセージを，電子メールを利用して送信したとする。この場合，1,000万円という金銭的価値，すなわち客観的・固定的な形式的側面の情報は容易に伝達されるだろう。しかし実際にこのメッセージを受け取った部下は，到達可能な目標として自らのモチベーションを上げるかもしれないし，あるいは「到底達成できない無謀な目標である」と弱気になり，かえってモチベーションを下げるかもしれない。つまり，人によってそれぞれ意味の解釈が異なる場合がある。

　情報の効率的・効果的活用を検討する際には，この「解釈する意味の相違」を十分に考慮する必要がある。例えば会議の場では，ある情報についてさまざまな意味解釈がなされた方が，多様な意見をもとに議論が行われ，今まで思いつかなかった新しいアイディアが生まれる可能性がある。しかし具体的目標や方針を組織に広めて行動するためには，意思疎通や方向性の統一，すなわち意味的側面の情報の共有が必要である。このような情報のダイナミズムを考慮しなければ，効果的な情報活動を行うことができない。

## （3）形式知と暗黙知

　経営（学）研究の領域では，1990年代初頭から，形式知と暗黙知の相互変換プロセスを通じていかに優れた知識を組織的に創造できるかということに主眼を置いた「知識創造理論」が展開されている[3]。

　形式知とは，「言葉や文章で表現できる客観的で理性的な知識のことで，コンピュータ・ネットワークやデータベースを活用して容易に組み換えや蓄積が行える」ものである。また暗黙知とは，「言葉や文章であらわすことの難しい主観的で身体的な知識のことで，具体的には，想い，視点，メンタル・モデル，熟練，ノウハウ」などのものである[4]。

　これらの知識は，共同化，表出化，連結化，内面化という知識変換モード（SECIモデル）を通じて組織的な知識創造活動が行われる（図表11-2）。

　共同化（Socialization）とは，共体験やフェース・トゥ・フェースのコミュニケーションを通じて，表現が難しい暗黙知を共有することである。

　表出化（Externalization）とは，暗黙知を第三者にも理解しやすいように言葉や図表などに表現していく，つまり暗黙知を形式知に変換して，広く参加メンバーで共有することである。

　連結化（Combination）とは，参加メンバーで共有された形式知同士を結びつ

**図表11-2　知識変換モード（SECIモデル）**

|  | 暗黙知 | 暗黙知 |  |
|---|---|---|---|
| 暗黙知 | 共同化 Socialization | 表出化 Externalization | 形式知 |
| 暗黙知 | 内面化 Internalization | 連結化 Combination | 形式知 |
|  | 形式知 | 形式知 |  |

出所：野中郁次郎・竹内宏高『知識創造企業』東洋経済新報社，1996年，93頁。

ける，組み合わせることである。

　内面化（Internalization）とは，結びつけられた形式知を個人の身体にまで取り込む，つまり形式知を暗黙知に変換することである。

　ＳＥＣＩモデルでは知識を中心に展開しているが，もちろんこのなかでデータ，情報，知識の相互変換は行われている。また形式知と暗黙知の相互変換活動という視点は，情報の形式的側面と意味的側面と同様，組織のなかでの情報活動をダイナミックなプロセスとしてとらえている。

## 2. 経営情報システム

### （1）人間の情報処理活動という視点

　さてこれまでに，データ・（最狭義の）情報・知識の区別，情報の形式的側面と意味的側面，形式知と暗黙知という情報の見方の違いを説明してきたが，いずれにも共通することとして「人間の情報処理活動」の重要性があげられる。

　例えば売上表を，単に数値の羅列としてとらえる，すなわちデータと認識するのか，あるいは過去の販売ノウハウをもとにして次期の経営活動に有用な優れた法則性を導き出す，すなわち（最狭義の）情報や知識と認識したり，新たな知識・情報を創造したりするかは，その情報を利用する人の認識方法や能力に依存する。

　情報の意味的側面は前述の通り，やはり情報の利用者がどのように解釈するかにより，その意味内容は大きく異なる場合がある。

　ＳＥＣＩモデルでは，暗黙知を形式知に変換する表出化でも，あるいは形式知を自分の身体に取り込んで暗黙知に変換する内面化でも，人の解釈能力によってその内容や効果が大きく異なるだろう。

　このような情報の意味の伝達や解釈，あるいは新たな情報の創造は，情報技術により行うことができるだろうか。データレベルの情報，情報の形式的側面，形式知は基本的に数値やメモ等で比較的はっきりと表現されている情報で

ある。これらは情報技術を活用すれば，瞬時に加工・変換でき，遠隔地にでも容易に伝達することが可能である。しかしたとえ情報技術を活用して情報を伝達・加工できたとしても，その情報の意味を解釈する，あるいはそこから新たな情報を創造するということまでは，情報技術では十分に処理できない。つまり，情報の意味的側面や暗黙知を，情報技術を利用して処理することには限界がある。むしろこのような解釈・創造行為は，人間固有の情報処理活動といえる。情報活動を考える場合には，この人間の情報処理活動という視点を重視する必要がある。

　これはある意味「あたりまえ」のことと考えられるかもしれないが，これまでの企業における情報化の失敗例のなかには，少なからず存在するものである。例えば，最前線の現場での生の情報を共有・活用しようという目的で導入された電子メールや電子コミュニケーションシステムが，上司が部下の行動を管理するために利用され，次第に利用されなくなってしまったという失敗例は，そのシステムを利用する組織構成員に，システムの目的が十分に共有されていなかったという，いわば人的な情報処理の問題ととらえられる。

## （2）経営情報システム

　そこで，われわれは情報の送受信，情報の解釈や加工・変換，新しい情報の創造，情報の貯蔵・蓄積等々の情報処理活動を通じて組織構成員が行う「情報的相互作用[5]」を支援するメカニズムとして経営情報システムを認識する[6]。そのフレームワークは遠山[7]によって提示されている（図表11-3）。

　このフレームワークでは，これまで一般的に情報システムとして認識してきた「情報技術による情報システム」だけでなく，「マニュアル（手作業）ベース情報システム」，人間同士のフェース・トゥ・フェースのコミュニケーションを中心とした「情報共有と組織学習のシステム」という「人間による情報システム」をその構成要素としている。さらには組織の価値観や行動様式を規定する「組織文化」をそのシステムの基盤としている。

　企業での情報活動は，組織構成員で共有された価値観や行動様式である組織

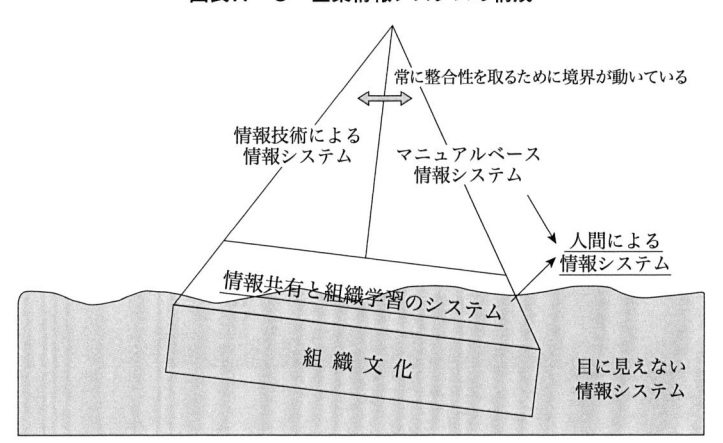

図表11−3　企業情報システムの構成

常に整合性を取るために境界が動いている

情報技術による情報システム

マニュアルベース情報システム

人間による情報システム

情報共有と組織学習のシステム

組織文化

目に見えない情報システム

出所：遠山曉『現代　経営情報システムの研究』日科技連，1998年，111頁。

文化をもとにして行われる。そのなかで，QCなどの小集団活動，OJTなどの教育訓練活動，提案制度，ジョブローテーションなどの情報共有と組織学習のシステムが機能することにより，組織構成員間で信頼関係が生まれ，容易には形式化できない暗黙知や意味的側面の情報を解釈する能力が共有・活用され，新しい情報が創造される[8]。そのような意識や価値観，信頼関係のもとでパーソナルコンピュータや通信ネットワークを利用した情報システム，あるいはマニュアルベースの情報システムが機能するのである。

## 3. 経営情報システムの変遷

従来の情報技術を中心とした企業の情報化は，業務の自動化，意思決定支援，戦略的活用，ビジネス革新という経営情報システムの役割期待の変化をもとに行われている[9]。それらの変遷を考察することにより，人的な情報処理も含めた，企業での情報活動に必要な考え方を導き出すことができる。

## （1）電子データ処理

　企業経営でコンピュータが利用され始めたのは，1950年代の終わり頃からである。その当時の経営情報システムの役割期待は，各種業務の自動化であり，電子データ処理システム（ＥＤＰＳ：electronic data processing systems）として展開された。

　初期の段階では，省力化，コスト削減などの効率化を目的として，個々の業務を一定量あるいは一定期間のデータをまとめて処理するバッチ処理を中心とした自動データ処理（ＡＤＰ：automatic data processing）が行われた。

　その後，自動化の範囲が個々の業務レベルから職能単位部門レベルまで水平的に拡大され，中央のコンピュータで各部署の処理を集中的に行うリモート・バッチ処理を中心とした統合データ処理（ＩＤＰ：integrated data processing）が行われるようになった。

　ＥＤＰＳは定型業務を自動化することによって，目的である効率化に一定の成果を上げたといえる。

## （2）伝統的経営情報システム[10]

　企業でのコンピュータ活用範囲は，1960年代半ば以降，さらに拡大された。ＥＤＰＳでは個別業務から職能単位部門への水平的拡大だったが，さらに管理活動の自動化・統合化へと垂直的拡大が行われ，経営情報システム（ＭＩＳ：management information systems）というスローガンが登場した。その最終目標は「経営管理のあらゆる階層に影響を与える経営内のすべての活動を，それらの階層に絶えず完全に知らせること[11]」である。戦略的計画を行うトップ・マネジメントから，マネジメント・コントロールを行うミドル・マネジメント，オペレーショナル・コントロールを行うロワー・マネジメントまで，すべての階層の構成員が必要な情報はすべて，必要な形態で必要なときに提供することを目的としている。

　しかし，管理者により多くの情報を与えればいい（実際はその情報の評価や取捨選択に多大な労力がかかる），管理者は自分が必要な情報をよく理解している（実

際には，管理活動の前に必要な情報を明確に定義できる場合は少なく，むしろ管理活動のなかで情報を解釈しながら，必要な情報を利用している），管理者に必要な情報を与えれば管理活動が改善される（管理者によっては誤った判断をする可能性もある）等々の誤った仮説による展開や，当時の技術的限界もあり，期待された成果は達成されなかった。

　このように，伝統的ＭＩＳは当初の役割期待は担えなかったものの，データを統合した実績報告にもとづく定型的・反復的な管理業務に対しては貢献したと評価されている[12]。

## （３）意思決定支援システム

　伝統的ＭＩＳ以降，その成果の検討をもとに，非定形業務への役割期待について模索され始め，意思決定支援システム（ＤＳＳ：decision support systems）が登場した。

　意思決定は，一般的に構造的（定型的）意思決定と非構造的（非定形的）意思決定という２つのタイプにより説明される[13]が，ＤＳＳが対象とする意思決定は，その中間的存在である準構造的意思決定である。

　構造的意思決定とは，意思決定の内容や手続き，ルールを明確に定義できる，日常的反復的な意思決定であり，情報技術を駆使して自動的に決定することも可能である。非構造的意思決定とは，内容や手続き，ルールを明確に定義できない，例外的な意思決定であり，情報技術による自動決定は困難なので，人間の経験や勘，判断力が必要となる。

　しかし，実際に企業で行われている意思決定は，構造的な部分と非構造的な部分が入り混じった，つまり両者の中間領域の準構造的（半構造的）意思決定である場合が多い。例えば企業の買収・合併は，相手先の財務データの詳細な数値解析がコンピュータで行われるが，その解析結果をもとに自動的に決定するわけではなく，その解析結果をトップ・マネジメントが自らの経験や価値判断に照らし合わせて決定するものである（図表11-4）。

　またＤＳＳは，意思決定を行うのではなく，あくまで意思決定を支援するシ

図表11-4　情報システムのフレームワーク

|  | オペレーショナル・コントロール | マネジメント・コントロール | 戦略的計画 |
|---|---|---|---|
| 構造的 | 受取勘定<br>受注処理<br>在庫管理 | 予算分析<br>（技術コスト）<br>短期予測 | タンカーミックス<br>倉庫・工場立地 |
| 準構造的 | 生産スケジュール | 差異分析<br>（総合予算） | 合併・買収 |
| 非構造的 | 現金管理<br>RERT／コスト<br>システム | 予算編成<br>販売・生産 | 新製品計画<br>研究開発計画 |

出所：Gorry and Scott Morton, 'A Framework for Management Information Systems', "Slon Management Review", Vol.13, No.1, 1971, p.62.

ステムである。ＤＳＳ自体が意思決定を自動的に行うのではない。それは対象が準構造的意思決定であることからも明らかである。

さらにＤＳＳは意思決定の効率性向上に貢献するのではなく，有効性向上に貢献することを目的としている。伝統的ＭＩＳは構造的意思決定に対して，迅速化や省力化等の効率性向上に関して貢献しているが，迅速化を追求するあまり，組織構成員の意思疎通が図れないまま不十分な分析をもとにした意思決定を行ったのでは，必ずしも質の高い意思決定を実施したとはいえない。

ＤＳＳは具体的に，対話サブシステム，データサブシステム，モデルサブシステムから構成される[14]（図表11-5）。

対話サブシステムはＤＳＳの利用者とシステムとが対話をするためのインタフェースの部分で，対話生成管理ソフトウェア（ＤＧＭＳ：dialog generating and management software）が利用される。

データサブシステムは，過去の取引データや財務データ等のデータベースを，データベース管理ソフトウェア（ＤＢＭＳ：database management software）によって管理する部分である。

モデルサブシステムは，データ分析や予測のためのモデル（プログラム）をモデルベース管理ソフトウェア（ＭＢＭＳ：model base management software）によっ

図表11-5　DSSの構成要素

```
              DSS
┌─────────────────────────────────────┐
│  ┌─────────┐      ┌─────────┐       │
│  │         │      │         │       │
│  │         │      │         │       │
│  └─────────┘      └─────────┘       │
│   データベース      モデルベース       │
│        ↕    ┌──────────┐  ↕        │
│             │DBMS│MBMS │           │
│             │────┴─────│  ソフトウェア │
│             │  DGMS    │   システム   │
│             └──────────┘            │
│                ↕                    │
│              [PC]                   │
│  タスク                      環境    │
└──────────────↕──────────────────────┘
             [ユーザ]
```

出所：スプレーグ，R.H.・カールソン，E.D.，倉谷好郎・土岐大介訳『意志決定支援システム：DSS』東洋経済新報社，1986年，38頁。

て管理する部分である。

　予算編成を例に，DSSを説明しよう。次期の予算を編成するためには，データベースに蓄積されているこれまでの販売や費用のデータを，時系列分析や回帰分析等を行う予測モデルを利用して分析する。その分析をもとに次期の予測財務諸表が作成され，経営分析等が行われる。利用者はコンピュータ上に表示されているこれらの結果を見ながら，自分の経験や勘をもとに目標利益や目標売上高等の操作変数を変更し（つまりコンピュータと対話をし），満足のいく予算編成を行うのである。

　このようにDSSは，データベースやモデルベースを活用して意思決定の構造的な部分の処理を行い，インタフェースを通じて利用者の勘や経験を取り入れることによって，準構造的な意思決定を支援するのである。DSSが支援する意思決定自体が組織に有効であるかどうかが検討外である，意思決定者の能力によりDSSの有効性も異なる等の問題も指摘されるものの，DSSの発想

は今日の情報化においてもなお重要であると評価されている。

## （4）エンドユーザ・コンピューティング

　DSSが登場した当時は，コンピュータはまだ専門家にしか扱うことができないものであった。しかしパーソナルコンピュータの登場以来，必ずしも情報技術の専門家でなくてもコンピュータを利用できるようになった。この背景のもとに，エンドユーザ・コンピューティング（EUC：end-user computing）というスローガンが登場した。

　EUCは，「情報処理の専門家ではないユーザが，自らの情報ニーズを自らの責任で充足しようとする[15]」ものである。

　その要因には，昨今の変化の激しい環境に対応するためのアドホックな情報や非定型的情報へのニーズの高まり，そのような情報に対応できるだけの情報専門部門のマンパワー不足，パーソナルコンピュータの普及やソフトウェアの劇的な性能向上等があげられる[16]。

　EUCの基本的な考えた方はDSSと変わらない。つまり意思決定の有効性向上を目的として，人間の意思決定を支援するということである。言い換えれば，DSSを現在の最新情報技術を活用して，発展的に展開しているものともいえる。

　現在のEUCは，基本的に，クライアント・サーバ・システム（後述）で展開される場合が多い。例えば，経営企画部門の社員が，データベースサーバに蓄積されている過去データをダウンロードし，表計算ソフトウェアで作成した分析モデルや予測モデルを使用して予算編成を行う。これはまさに情報技術の専門家ではないユーザが情報技術を駆使して自らの意思決定を行っているという意味で，EUCであり，DSSである。

　しかし情報処理専門部門は，EUC実践に必要な技術環境を整備するという新たな業務が生じる，あるいはエンドユーザの情報活用能力の醸成等への対応も求められる。

## （5）戦略的情報システム

1980年半ば頃からは，経営情報システムの戦略的活用という新たな役割期待が生まれ，戦略的情報システム（ＳＩＳ：strategic information systems）というスローガンが生まれた。ＳＩＳとは「競争優位を獲得・維持したり，敵対者の競争力を弱めたりするための計画である企業の競争戦略を，支援あるいは形成する情報技術の活用[17]」である。

このスローガンでは，従来の業務の自動化や意思決定支援と同様の技術を活用した情報化でも，それが競争戦略の支援・形成という目的に適合するなら，すべてＳＩＳとなる。ＳＩＳの典型的事例としてしばしば取り上げられるアメリカン航空のＳＡＢＲＥシステムは，旅行代理店が使用する航空券予約端末の画面に，自社の航空便をリストのはじめの方に優先的に表示させるものである。これは業務の自動化レベルの情報化であるが，これによりアメリカン航空は40％以上のシェアを取ることに成功し，さらにＳＡＢＲＥを使用している旅行代理店からのリース料，ＳＡＢＲＥを利用している他の航空会社の利用料等々，新たな収入が得られた。

このようにＳＩＳは，その内容は従来の技術と同様かもしれないが，あくまで競争戦略の形成や支援を企図して構築・活用されたものなので，情報化の視点，パースペクティブが異なる。ＥＤＰＳから伝統的ＭＩＳ，ＤＳＳという情報化は，基本的には企業内部の情報処理を対象とした「意思決定論的パースペクティブ」，ＳＩＳは「戦略的パースペクティブ」をもとに展開されたといえる[18]。

しかしＳＩＳのように，情報技術による競争優位の獲得は，短期的には有効かもしれないが，同様の技術を使用すれば他社でも比較的容易に模倣することができ，長期的・持続的な競争優位にはつながらないという限界が，資源ベース経営戦略論等から指摘されている[19]。

## 4. 経営手法と情報技術

　SIS以降，明確に経営情報システム推進を掲げたスローガンは現れていない。しかし，ビジネス革新を中心とした経営手法では，むしろ情報技術を活用することが前提となっており，経営情報システムもビジネス革新の支援という役割期待に変化しているといえる。とくにここではBPR，SCM，CRMについて概説する。

### （1）ビジネス・プロセス・リエンジニアリング

　ビジネス・プロセス・リエンジニアリング（BPR：business process reengineering）は，「コスト・品質・サービス・スピードのような，重大で現代的なパフォーマンス基準を劇的に改善するために，ビジネス・プロセスを根本的に考え直し，抜本的にそれをデザインし直すこと[20]」である。ここでいうビジネス・プロセスとは「1つ以上のことをインプットして，顧客に対して価値のあるアウトプットを生み出す行動の集合[21]」である。つまり顧客満足を達成するために，個々の職能部門や業務レベルではなく一連のビジネス・プロセスを対象に，抜本的に設計しなおすことである。しかも，リエンジニアリングには情報技術は際立って重要な役割を担っている。

　ハマー（Hammer, M.）らは，IBMクレジットを例にあげて説明している。IBMクレジットでは，顧客への融資決定業務を，案件を受け取り書類に記入する，顧客の信用度を調査する，顧客にあわせて融資契約を調整する，顧客への適正な金利を決定する，書類をまとめるという5ステップで実行していた。この5つのステップはすべて別部門で行われ，別部門へ書類を回すことに多くの時間を費やし，すべての処理が終了するのに平均6日間かかっていた。これらのステップをマネジャーが見直し，すべての処理がコンピュータ化できるものであることを理解し，ひとりの担当者がコンピュータで5つの処理すべてを行うように変更して，4時間で終了することが可能となった。

BPRは，ビジネス・プロセス全体を抜本的に変革する，あるいは劇的に短期間（1年程度）で変革するということに関しては，非現実的であるという評価を受けている。しかし従来の情報技術活用のアプローチ，すなわち問題点を見つけ，その問題点に対して情報技術での解決方法を検討するという「演繹的」アプローチから，現在利用できる情報技術環境を前提にして，その情報技術で何が可能になるのかというところから変革活動を始めるという「帰納的」アプローチを採用したという点では評価できる[22]。

## （2）サプライチェーン・マネジメント

サプライチェーン・マネジメント（SCM：supply chain management）とは，材料調達から製造，販売，顧客への輸送という一連のサプライチェーンを，情報技術を駆使することによって改善し，収益向上を実現するための手法である[23]（図表11-6）。従来のように，各職能部門内やサプライチェーン内の一企業のプロセスの部分最適化を達成しても，必ずしも全体的な整合性がとれるわけではない。むしろメイクマネーを目標に，サプライチェーン全体としての最適化・整合化を図るもので，チェーンあるいはプロセスを中心とした改善・改革はBPRと共通している。

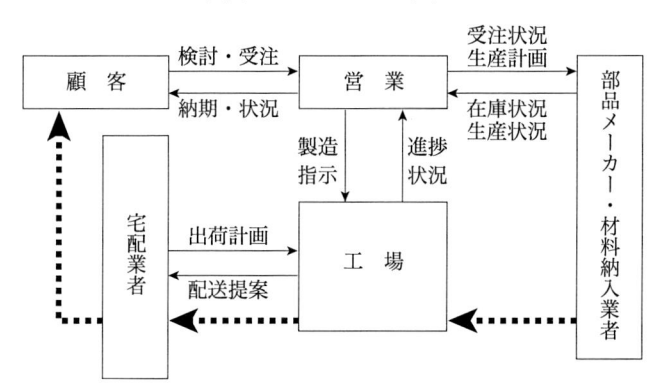

**図表11-6　SCMの仕組み**

出所：島田達巳・遠山暁編『情報技術と企業経営』学文社，2003年，202頁。

ＳＣＭは具体的には，スループット[24]の向上を目指すものである。そのために，まずサプライチェーン上のボトルネックとなる工程を探し出す。いくらボトルネック以外の工程を改善しても，結局はボトルネックの処理能力や時間に合わせざるを得ないからである。つぎに，ボトルネックと他の工程を同期化させる。これでボトルネックに合わせた整合化は達成される。さらにボトルネック工程自身の改善を図り，全体的なスピードアップ・整合化を図る。このようにボトルネックに合わせて改善・改革を図ることを制約条件の理論（ＴＯＣ：theory of constraint）と呼ぶ。

　ＳＣＭを成功させるためには，同期化を図るためにも，各部門や各企業との綿密な情報共有が必要となり，情報ネットワーク等の情報技術の活用は不可欠なものであるといえる。

## （3）カスタマー・リレーションシップ・マネジメント

　カスタマー・リレーションシップ・マネジメント（ＣＲＭ：customer relationship management）は，顧客の体験・経験を強化することによって，顧客と企業との長期的な関係性を築こうとする手法である。従来の伝統的なマーケティング手法は，製品やサービスの機能や便益性を追求してきたが，顧客1人ひとりの複雑な要求に対応することができなくなった。むしろ顧客は購入する際の楽しさ，使用しているときの快適さ，使用した後の余韻などを求めており，そのような心地よい経験を顧客とともに創造することに焦点をあてた手法である[25]。

　顧客1人ひとりの要求に答えるという点では，ワン・トゥー・ワンマーケティングがＣＲＭの理論的基盤ともいえるが，顧客の複雑な要求に答えるためには，複数の企業が組み合わさる必要があることも想定され，また複数の顧客も存在することからも，多対多のマーケティングともいえる。

　ＣＲＭでは，例えば顧客からの受注や質問・クレームを受け付けるような，顧客との接点としてWebサイトが利用される。しかしフロント・エンドのWebサイトだけでなく，顧客データを多角的に分析し法則を見つけ出す多次元データ分析やデータマイニング技術，顧客への満足いく営業活動を支援する

ＳＦＡ（sales force automation），最終顧客への満足いく価値提供を行うためのＳＣＭ等々，バックヤードでの情報技術活用と組み合わせることによって，顧客への体験価値を促進させることができる。

　例えば，Web販売サイト大手のアマゾンは，書籍販売からスタートして現在ではＣＤ，ＤＶＤ，エレクトロニクス商品と，アイテム数を増やしている。そのなかでワンクリックという顧客が買いやすいような手法を提供する，顧客の購買情報を分析することによっておすすめ商品を提供する，顧客の感想を掲載することによって商品の使用を疑似体験したり購買を促進させたりする等々，顧客が購買行動を楽しむ仕掛けをいくつも提供しているという点では，アマゾンは優れたＣＲＭの事例として取り上げることができる。

## 5. 現在の情報技術環境

　本節では，とくに現在の企業経営において主流として活用されている情報技術環境について概説する。

### （１）オフィス系ソフトウェアの活用
　パーソナルコンピュータの普及は，オペレーティングシステムをはじめとするソフトウェアの発展をともなうものであった。そのなかで，文書処理や表計算ソフトウェア等のビジネス向けソフトウェアの機能が向上し，今ではオフィス系統合ソフトウェアとして販売されている。統合ソフトウェアには基本的に以下のようなソフトウェアが含まれている。

・文書処理ソフトウェア
　通常の文書作成のほかに，図形などを用いたＤＴＰ機能，長文作成のためのアウトラインや文書校正機能，データの差し込み機能等を持つソフトウェアである。

・**表計算ソフトウェア**

　表作成機能，グラフ作成機能，データベース機能，自動化機能等を持つ，オフィスのエンドユーザが最も活用しているソフトウェアのひとつである。とくにマクロ言語や専用言語を用いた自動化機能を駆使することにより，優れたDSSの構築やEUCを実践することができる。

・**データベース管理ソフトウェア**

　エンドユーザ向けの，比較的小規模なデータを管理するためのソフトウェアである。複数のテーブル（表）を連結させるリレーショナル型データベースを採用している場合が多い。テーブル作成機能，問い合わせ（クエリ）機能，自動化機能等を持つ。

・**プレゼンテーションソフトウェア**

　社内会議や取引先への営業活動，新製品発表等，さまざまなプレゼンテーションを促進させるためのスライドを作成するソフトウェアである。各種図表作成機能やアニメーション機能等を持つ。

　これらのソフトウェアはそれぞれ単体で使用するほかに，組み合わせることで業務を効率的・効果的に行うことができる。例えば，データベース管理ソフトウェアで作成したデータベースをもとに，表計算ソフトウェアで分析を行い，結果の表やグラフを，文書処理ソフトウェアで作成した報告書やプレゼンテーションソフトウェアで作成したスライドに反映させる。さらに自動化機能を活用すれば，ソフトウェア間の処理も自動化でき，エンドユーザの業務の大半を処理することができる。

　その他に，電子メールやWebブラウザ，グループウェア等のコミュニケーションツールを使用することにより，オフィス系統合ソフトウェアで作成したファイルを共有することが可能となる。

## (2) ネットワーク・コンピューティング

　現在の経営情報システムは，中央集中処理方式から分散処理方式の割合が高くなっている。

　中央集中処理方式は，中央にある大型コンピュータに端末がつながっており，分散された端末から指示が中央のコンピュータに送られ，すべての処理が中央のコンピュータで行われる方式である。オンライン・リアルタイムシステム[26]やタイムシェアリングシステム[27]はその代表的な処理形態である。

　分散処理方式は，中央のコンピュータではなく，分散されたコンピュータをネットワークで結び，それぞれの処理を行う方式である。その代表的形態として，現在ではクライアント・サーバ・システムが多く採用されている。

　クライアント・サーバ・システムは，エンドユーザが使用するクライアント機と，専用の処理を行いクライアント機にサービスを提供するサーバというコンピュータをネットワークで接続する処理方式のことである。サーバには，ファイル共有のためのファイルサーバ，プリンターを複数のユーザで共有するためのプリントサーバ，メールの送受信を行うメールサーバ，ネットワークの管理をするネットワークサーバ等々がある（図表11－7）。

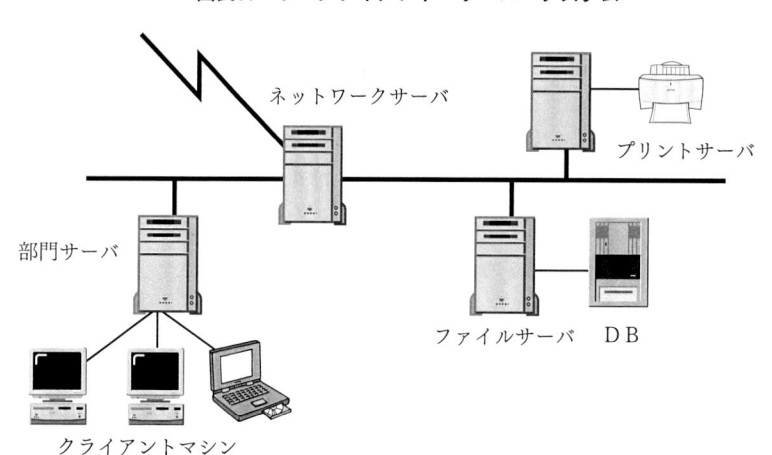

**図表11－7　クライアント・サーバ・システム**

比較的安価なパーソナルコンピュータやサーバでも構築できるが，ネットワーク管理やユーザ教育等の費用がかかり，当初期待されたコスト削減は達成されないことが多い。しかしエンドユーザが自らの情報要求を処理しやすくなったという点では，ＥＵＣ推進に寄与しているといえる。

### （３）インターネットの活用

インターネット（the Internet）は，ＡＲＰＡＮＥＴという軍事向け研究ネットワークを起源とする，弱連結型[28]のネットワークであり，「ネットワークのネットワーク」と称される。技術的には，ＴＣＰ／ＩＰという共通プロトコル（通信規約）を使用している。ＡＲＰＡＮＥＴから研究目的のＮＳＦＮＥＴが分かれ，それが一般にも開放されて急速に広まった。

インターネットの情報を閲覧するためには，基本的にブラウザというソフトウェアが必要である。そのほかにも，音声や動画を再生するためのソフトウェアや特定文書を閲覧するためのソフトウェアを併用することもある。

インターネットは個人ではもちろんのこと，企業での情報活用のためにも不可欠なネットワークであり，さまざまな形で利用されている。

例えば，一般消費者や株主，関連企業への情報提供のために自社のWebサイトを開設するのが最も一般的である。経営理念や業務概要，組織形態，事業報告等が閲覧できる。

また顧客とのコミュニケーションにも利用される。関連企業とのを取引を行うＢ to Ｂ（business to business）や，一般消費者との情報交換や販売等を行うＢ to Ｃ（business to consumer）が，Webサイトを通じて行われる。複数の企業や消費者を結びつけるために，ｅマーケットプレースというインターネット上の市場も存在している。

さらに，インターネットで利用されている標準的な技術を採用し，社内ネットワークを構築するイントラネットや，それを関連企業にも拡張したエクストラネットという利用形態もある。標準技術を採用することにより，比較的容易にネットワーク構築やインターネット接続が可能となるというメリットがある。

# 6. 情報セキュリティと情報倫理

　パーソナルコンピュータやインターネットの普及により電子ネットワークが頻繁に利用され，利用者はその利便性を享受している。しかし同時に，個人情報が流出される，Web サイト上の誹謗中傷等の問題が発生していることも事実である。個人情報保護法等の法的整備が進むなかで，企業としても対応を迫られている。

## （1）主な脅威

　企業の情報化に対する主な脅威については，例えばコンピュータ・ウイルスや不正アクセス，情報漏えい等があげられる。

　コンピュータ・ウイルスは，コンピュータ内のデータやファイル，あるいはコンピュータ・システムそのものを破壊したり改ざんしたりするために作られたプログラムのことである。

　また，ネットワークからコンピュータ・システムに不正に侵入し，データの改ざんや削除などが行われてしまうこともある。

　さらに不正にユーザの個人情報や履歴などの情報を収集し，他人に配信してしまうプログラムであるスパイウェアを使用する例も多くみられる。

　これらのプログラムは，電子メールの添付ファイルで送信されたり，無防備な Web サイトへのアクセスにより侵入したり，ファイルを開くことにより感染したりと，感染・進入経路はさまざまである。

## （2）情報セキュリティ対策

　このような脅威に対応するために，情報セキュリティ対策を実施する企業も多くなってきている。

　情報セキュリティとは，情報そのものや情報を処理するためのシステムを，脅威から保護するものであり，機密性，可用性，完全性という要件を満たすも

のである（ＩＰＡセキュリティセンターサイト，ＪＩＰＤＥＣセキュリティマネジメントシステムサイト）。

　機密性とは，情報や使用する権限がある人や組織にのみ，使用できる状態であることをいう。例えば重要な顧客情報は，個人情報保護の観点から，社内でも使用者を限定する必要がある。

　可用性とは，情報システムを使用する権限がある人や組織が，その情報システムを使用することができる状態をいう。可用性が低い場合は，例えばコンピュータ・ウイルスによって特定のサーバが攻撃され，そのサーバが利用できない状態になってしまう。

　完全性とは，情報が正確かつ完全であること，あるいは情報が正確かつ完全に情報システムで処理されることをいう。不正アクセスによりWebサイトの情報が簡単に改ざんされる，信頼性が低い情報を掲載してしまうこと等への対策が必要である。

　具体的な技術的対応とすれば，ウイルス駆除やファイアウォールのためのソフトウェアやシステムを導入する必要がある。またセキュリティポリシーや情報セキュリティシステムを確立し，セキュリティ対策を効果的に実施することも必要である。そして，例えば日本情報処理開発協会のＩＳＭＳ（information security management systems）認証のような外部機関の認証を得ることによって，情報や情報システムに対する信頼性を確保するという対応策も考えられる。

### （3）情報倫理の確立

　情報セキュリティの対策には，技術的なセキュリティシステムやマネジメントシステムの確立と同時に，情報を利用するユーザの意識改革も必要とされる。

　情報倫理とは「情報ネットワーク社会における個人および組織体が，情報技術を利用して行為する際の規範となるもの」である[29]。

　例えば，顧客情報の利用が認められている人社員が，自宅で仕事をしようとして不用意に情報をコピーして，自宅のＰＣから流出してしまうという事故は

起きかねない。あるいは他社のWebサイトの文書を不用意に使用して自社のWebサイトに掲載してしまい，著作権等の問題に発展することも考えられる。これらはいずれも情報利用者が，情報セキュリティや著作権問題等を考慮しながら情報を活用しているかどうかという，意識レベルの問題である。

　情報技術では処理が困難な情報があり，それらは人間が処理を行うということは，人間自身の行動にセキュリティに対する意識が十分に醸成されている必要がある。そのためにも，企業での情報や情報処理の利用規範である倫理規程を策定し，倫理規定を遵守するように十分教育することが早急に必要である。

## 【*Review exercise*】

1. なぜ経営情報システムは，情報技術の側面と，人間の側面との両面から認識する必要があるのか。
2. 今日的な経営情報システムの役割期待は何か。
3. EUC実践に，クライアント・サーバ・システムはどのように貢献するか。

考えてみよう！

## 【注】

（1）吉田民人『情報と自己組織性の理論』東京大学出版会，1990年。
（2）吉田は，社会科学で対象とする情報は狭義の情報であると指摘し，最狭義の情報からの拡張を強調している。
（3）野中郁次郎・竹内弘高『知識創造企業』東洋経済新報社，1996年。野中郁次郎「組織的知識創造の新展開」『Diamondハーバードビジネス』August-September, ダイヤモンド社，1999年。
（4）野中，同上書，40頁。
（5）伊丹敬之『場の理論とマネジメント』東洋経済新報社，2005年。
（6）遠山曉・村田潔・岸麻理子『経営情報論』有斐閣アルマ，2003年。
（7）遠山曉『現代　経営情報システムの研究』日科技連，1998年。

（ 8 ）安積淳「ソーシング環境におけるコラボレーション」遠山曉編『ソーシングイノベーション』第 4 章，日科技連，2003年。
（ 9 ）遠山・村田・岸，前掲書。
（10）ＭＩＳは現在でも経営情報システム（management information systems）を示す略語として使用されるが，ここで対象とするＭＩＳは1960年代中期に提唱されたものなので，あえて伝統的ＭＩＳという名称を使用している（遠山・村田・岸，前掲書）。
（11）ギャラガー，J. D.，岸本英八郎訳『ＭＩＳマネジメント・インフォメーション・システム』日本経営出版会，1967年。
（12）遠山・村田・岸，前掲書，56頁。
（13）Simon, H. A., "The New Science of Management Decision", 1997.
（14）Sprague, R. H., Carlson, E. D., "Building Effective Decision Support Systems", 1982.
（15）遠山・村田・岸，前掲書，64頁。
（16）宮川公男編『経営情報システム』第 3 版，中央経済社，2004年，163〜176頁。
（17）ワイズマン，C.，土屋守章・辻新六訳『戦略的情報システム』ダイヤモンド社，1989年，118頁。
（18）遠山，前掲書，81〜82頁。
（19）Barney, J. B., "Gaining and Sustaining Competitive Advantage" Second edition, 2002.
（20）ハマー，M.・チャンピー，J.，野中郁次郎監訳『リエンジニアリング革命』日本経済新聞社，1993年。
（21）同上書，61頁。
（22）遠山・村田・岸，前掲書，71頁。
（23）今岡善次郎『サプライチェーンマネジメント』工業調査会，1998年。
（24）単位時間当たりの処理能力。
（25）中西晶「ＣＲＭによるケイパビリティの革新」原田保編『カスタマーマイニング』第 1 章，日科技連，2003年。
（26）ネットワークに接続された端末からの処理要求をリアルタイムに順番に処理するシステム。
（27）ネットワークに接続された端末からの処理要求をリアルタイムに処理することはオンライン・リアルタイムシステムと同様だが，ある処理を一定時間実行したら，その処理が終了していなくても次の処理を一定時間実行する方式。
（28）中央のコンピュータにすべての端末を接続するスター型ネットワークと，すべての端

末を1対1で接続する強連結型ネットワークの中間形態（坂村健『痛快！コンピュータ学』2002年）。中央のコンピュータが故障するとすべてのネットワークの機能が停止するというリスクも回避でき，1対1で接続するほど回線数を必要とせず複雑にならない。

(29) 島田達巳・遠山曉編『情報技術と企業経営』学文社，2003年，217頁。

【勉強を深めるために参考となる文献】
伊丹敬之『場の理論とマネジメント』東洋経済新報社，2005年。
梅田望夫『ウェブ進化論』ちくま新書，2006年。
坂村健『痛快！コンピュータ学』集英社文庫，2002年。
島田達巳・遠山曉編『情報技術と企業経営』学文社，2003年。
遠山曉・村田潔・岸眞理子『経営情報論』有斐閣アルマ，2003年。
西垣通『こころの情報学』ちくま新書，1999年。
野中郁次郎・竹内弘高『知識創造企業』東洋経済新報社，1996年。
宮川公男編『経営情報システム』第3版，中央経済社，2004年。

## 《Coffee Break》

### ブログ，ＳＮＳとWeb2.0

　最近のインターネットの状況は，Web2.0という言葉に象徴される。Web2.0とは「ネット上の不特定多数の人々（や企業）を，受動的なサービス享受者ではなく能動的な表現者と認めて積極的に巻き込んでいくための技術やサービス開発姿勢（梅田，前掲書，120頁）」のことである。従来のWeb利用では情報の送り手と受け手が基本的に分離されていたが，Web技術の発展により，誰もが送り手，受け手双方の役割を担うことができるようになったということである。

　その代表例がブログである。ブログは，とくにＨＴＭＬやサーバの知識を必要とせず，簡単にWeb上に日記という形で情報を開示することができる。またトラックバックという形でブログ間のつながりも作ることもできる。

ＳＮＳ（ソーシャル・ネットワーキング・サービス）は，会員制という形で限定的にブログの閲覧を実施するサービスである。閉鎖的ではあるが，逆に信頼性が高いコミュニケーションが行われることも想定される。

　企業でも，Web2.0の技術を利用して，顧客1人ひとりに合わせたサービスを提供することで，従来は死に筋に追いやられていた商品やサービスの顧客を多く獲得したり（ロングテール現象），さまざまな技術を組み合わせて独自のビジネスを展開したり（マッシュアップ），新製品に関するブログやＳＮＳ内のコミュニティを立ち上げて，消費者の反応を確かめたりする取り組みも行われている。

　Web2.0の世界では，企業側が考えた顧客満足ではなく，企業と顧客との双方向のコミュニケーションを通じてともに新しい価値やサービスを作り上げていくという，より発展した顧客満足が追求できる可能性がある。また同時に，例えばWeb3.0のようなまったく新しい仕組みが突然提供される可能性もあるだろう。

ちょっと一息！

# 第12章 ▶ 経営の国際化

〈**Key word**〉
▶企業・経済の国際化
▶経営の国際化
▶海外直接投資
▶経営の現地化

このことばに注目！

## 1. 世界経済の国際化の過程

　経営の国際化の歴史はたいへん古いが，そのプロセスを世界経済と日本経済に分けて紹介したい。
　ここでは，世界経済の国際化の道筋を，その起源から国際化の分野ごとに説明する。

### （1）国民経済の優位性の過程による国際化

　太古の昔，人，地域，国家は，自己依存（セルフ・サフィシェント）型経済社会を営んでいたが，文明の発展にともない自己依存型経済社会が成立しなくなり，外部から物を調達する必要性が生じた。やがて，資源に恵まれていても自ら効率的に生産することができない商品については，個々のニーズに応じるため，比較的優位な条件を持ち，より生産性の高い場所から集めようという活動に結びついた。これが現在の流通や労働分業の歴史の始まりである。国際経済や国際ビジネス・経営学門の分野では，この過程を，古典的経済学の権威であ

るアダム・スミス（Smith, A.）の「絶対的優位論」とデヴィッド・リカード（Recardo, D.）の「比較的優位論」を使って分析している。前者は「ある国・地域が所与の資源から同一の品物を他の国・地域より多く生産し，それを他の国・地域に販売する」，後者は「ある国・地域は幾つかの品物を他の国・地域より低コストで生産できる場合でもすべてを生産せず，その中から最も安く生産できる品物に専念・特化し，同様の過程で他の品物に特化する国・地域から輸入し，双方の互いの優位性を図る」と考える。これらの理論は，現代においては，個人，企業，地域，国家を超えるグローバルな輸出入の基本的な考え方につながっている。ごく最近になって，生産の4要素（土地，労働，資本，組織），天然資源の賦存量，生産分業過程についての議論も活発になり，技術，熟練，情報，競争力などの要素にも注目が集まっている。

## （2）流通の機会と手段の発展過程による国際化

　モノの流通の変革を歴史上の出来事でとらえると，ヴァスコ・ダ・ガマ（Vasco da Gam）による喜望峰経由のインド航路開拓とその後の大船団交易，スエズ運河，パナマ運河の完成による大幅な海上航路短縮，航空機の発明がとくに画期的といえよう。いずれも，その時代において，ヒトとモノの大量輸送を幾何級数的に増大させた。羅針盤の発明，硬貨・紙幣の導入，金融機関と送金手段の発達，国際通貨機関の発展と革新などが個々のプロセスを一層加速した。

## （3）帝国主義植民地政策や政治経済的要因からの国際化

　18世紀から20世紀前半にかけて，イギリス，フランス，オランダ，ドイツ，ポルトガルなどの西ヨーロッパ諸国の植民地は世界中にひろがり，やがて日本も近隣のアジア諸国に植民地を設けるようになった。植民地には，設備投資，資源確保，商品市場開発を目的とする資本が本国から大量に投下された。これが現代の国際ビジネス経営の目に見えぬ基礎をつくったともいえる。
　第2次世界大戦以後1960年代までに，かつて植民地であった地域はほとんどが独立国家となり，アメリカを中心とする市場経済制度が拡大，定着した。一

方，共産社会主義諸国（現在のロシア，中国など）では国営企業による貿易が行われていた。現在とくに日本は，韓国，台湾，香港，アセアン諸国と連携を強め，カナダ，メキシコ，欧州に次ぐ経済圏を構築してボーダーレス・ビジネスの拡大を目指している。

## （4）企業の海外進出，海外投資による国際化

　企業はその所在地と近隣地域の市場ニーズを満たすことを第1の目標にしてビジネスを開始する。そして時間の経過とともに，企業や市場の規模拡大，ノウハウの蓄積が進むと市場シェアの拡張や安定的な持続を求めて地理的に展開していく。このプロセスのなかで，経営の国際化は一般的に，企業本部組織に所属する輸出や海外事業を担当する部署で行われるケースが多い。

　一口に国際化といってもいろいろなステップがあるが，果たして「真の国際化」と呼べる段階は，いつごろ訪れるのであろうか。真の国際化はビジネスが国境を越えた後に来ると考えるのが一般的である。真の国際化にいたるまでの経過をパターン化すると，①海外市場状況の調査・研究を実施し，他国の市場環境の把握につとめる，②国内産の商品を輸出する業務を開始する，③国外販売拠点や子会社設立を経て現地市場での販売を行う，④製造子会社の現地設立，現地生産，原材料の現地調達が可能になり，生産から販売まですべてが現地化する，⑤研究開発部門を海外に設立し，製品開発から製造，マーケティングなども合わせてフルセットでの経営を行う，となる。

　海外でのビジネス経営を行うには投資が不可欠である。ある程度の規模のビジネスを行うためには，必然的に多額の投資が必要になる。これを専門用語で「海外直接投資」と呼ぶ。広義では，「海外直接投資」は「ある国籍を持つ企業やその国内外の同族・系列企業および子会社が利権，株，財産などの長期所有権と支配権を求め，他の国籍を持つ企業・会社とその同族会社に行う投資の諸形態」を意味する。投資する側の企業を「本国本社」，「親会社」ともいい，投資を受ける側の企業を「海外子会社」，「現地子会社」ともいう。海外直接投資が実施された場合，投資する会社がその子会社の経営に対する支配権を持つ

ことになる。海外直接投資は，親会社と海外子会社（子会社の同族企業も含む）の間で発生するすべての取引が対象となる。海外直接投資には投資内容によって，①親会社からの自己資本金，②利益の再投資，③親会社・子会社間の長短期間におよぶ借入金，の3種類がある。

海外投資は，当該国が資本投資国か資本受入国によって，対内投資と対外投資に分類される。例えば，日本国籍企業がアメリカに投資をする場合，日本側からみると対外投資となり，アメリカ側からみると対内投資となる。さらに，グリーン・フィールド投資（green field investment）とブラウン・フィールド投資（brown field investment）という分類方法もある。前者は投資先に新規拠点（例：法人）を設立する形態の投資で，工場の新設，電力施設の整備，新技術導入などが含まれる。後者は現地の既存企業の買収や合併を含めて，新規生産のための既存プラントの拡張，近代化，リースなどを対象に行われる投資である。

企業が海外市場へ進出する場合，その方法や戦略はさまざまな形態をとる。主要な例をあげると，完全（100%）所有子会社の設立，現地企業（民間および国営）との提携による合弁会社，合併や買収，戦略的提携などがある。いずれの形態も，親企業の内部事情，海外進出の目的，経営・資本・技術面における優劣，本国の国際的影響力，現地市場の比較優位，進出先政府の外資系企業政策等によって，その内容が大きく異なる。

アメリカ系多国籍企業は概して，完全所有あるいは過半数株式所有の傾向が強いが，米国内で頻繁に行われるM＆Aによる外国企業の買収も海外市場進出の際によく用いられる戦略である。日本の場合はもともと完全所有が多かったが，平成2年（1990年）以降は合弁会社や少数所有のケースが増加した。また，国内外の企業による合併や買収および戦略的提携の件数も増えてきており，新聞のビジネス欄によく取り上げられている。外資系企業も含めた敵対買収もマスコミをにぎわせている。図表12－1にはいくつかの有名な買収の例を取り上げておく。

第 12 章 経営の国際化　273

**図表12-1　クロスボーダーM&A上位10案件（2003年から2005年上半期）**

| 年月 | 買収企業 | | | 被買収企業 | | | 金額(100万ドル) |
|---|---|---|---|---|---|---|---|
| | | 国籍 | 業種 | | 国籍 | 業種 | |
| 2003年3月 | HSBC Holdings | 英 | 金融銀行 | Household Int'l | 米 | 消費金融 | 15,294 |
| 1月 | RWE AG | 独 | 電気 | American Water | 米 | 水道 | 8,099 |
| 8月 | BP-Russian Assets | 英 | 石油精製 | Alfa, Renova-Rus | 露 | 石油ガス | 7,600 |
| 12月 | Alcan Inc. | 加 | 金属アルミ | Pechiney SA | 仏 | 金属アルミ | 7,065 |
| 4月 | Carnival Corp. | 米 | 運輸船舶 | P&O Princess Crui | 英 | 運輸船舶 | 6,881 |
| 12月 | News Corp. | 豪 | 出版印刷 | Hughes Electron- | 米 | 電気通信 | 6,877 |
| 9月 | P&G | 米 | 石鹸洗剤 | Wella AG | 独 | 化粧品 | 4,530 |
| 8月 | Silver SpA | 英 | 金融投資 | Seat Pagine Gialle- | イタ | 出版印刷 | 4,368 |
| 3月 | Cadbury-Schweppes | 英 | 食品菓子 | Pfizer Inc.-Adams | 米 | 食品菓子 | 4,200 |
| 11月 | Sprit Amber Bidco | 米 | 飲食店 | Scottish & Newcas | 英 | 飲料ビール | 4,174 |
| 2004年11月 | Santander C. Hispano SA | スペイン | 金融銀行 | Abbey National | 英 | 金融銀行 | 15,787 |
| 4月 | Manulife Financial Corp. | 加 | 金融生命保険 | John Hancock Fin. Svcs. | 米 | 金融生命保険 | 11,063 |
| 8月 | Citizens Financial Group | 英 | 金融銀行 | Character One Fin. Cl. OH | 米 | 金融銀行 | 10,530 |
| 4月 | GE | 米 | 電気電子機器 | Amersham PLC | 英 | 医薬品 | 9,972 |
| 5月 | Songbird Acquisition | 米 | 金融（投資） | Canar y Wharf Group | 英 | 不動産 | 8,676 |
| 8月 | Ambev | ブラジル | 飲料ビール | John Labatt Ltd. | 加 | 飲料ビール | 7,758 |
| 9月 | Fortress Deutschland | 米 | 金融（投資） | GAGFAH | 独 | 不動産 | 4,547 |
| 8月 | Interbrew SA | ベルギー | 飲料ビール | Braco SA | ブラジル | 金融投資 | 3,974 |
| 1月 | GE Capital Real Estate | 米 | 不動産 | Sophia SA | 仏 | 不動産 | 3,938 |
| 5月 | Investor Group（Int'l Power, Mitsui & Co.） | 英 | 金融（投資） | Edison Mission Energy Co. | 豪 | 電気ガス水道代替エネルギー | 3,900 |
| 2005年6月 | Metrovacesa SA | スペイン | 不動産 | Gecina SA | 仏 | 不動産 | 6,911 |
| 3月 | CEMEX UK Ltd. | メキシコ | 土石 | RMC Group PLC | 英 | 金属・同製品 | 5,763 |
| 6月 | Novartis AG | スイス | 医薬品 | Hexal AG | 独 | 医薬品 | 5,685 |
| 1月 | Novelis の株主 | 加 | 金融投資業 | Novelis Inc. | 米 | 金属・同製品 | 5,426 |
| 5月 | Purus Co. AS | スウェーデン | 金融投資業 | ISS A/S | デンマーク | ビジネスサービス | 5,142 |
| 2月 | Adolph Coors Co. | 米 | 飲料 | Molson Inc. | 加 | 飲料ビール | 5,140 |
| 1月 | Investor Group | 英 | 金融投資業 | Intelsat Ltd. | バミューダ | 電気通信 | 5,000 |
| 5月 | Vodafone Group | 英 | 電気通信 | Oskar Mobil as | チェコ | 電気通信 | 4,400 |
| 6月 | BAE Systems 北米 | 英 | 運送機械 | United Defense Industries Inc. | 米 | 運送機器 | 4,200 |
| 3月 | Ispat International NV | 英 | 金属・同製品 | International Steel Group Inc | 米 | 金属・同製品 | 4,060 |

出所：JETRO『ジェトロ貿易投資白書』，2004年・2005年版。

## (5) 多国籍企業の定義から見る国際化

　多国籍企業には国際，世界，超国籍，グローバル，無国籍，ボーダーレス，世界／万国企業などの同義語がいくつもあり，いまだ明確な定義がない。専門用語としての「多国籍企業」という言葉は昭和35年（1960年）にデービッド・リリエンソール（Lelienthal, D.）によって初めて紹介された。現在ではMultinational Corporation(s) と Transnational Corporation(s) の略語としてのMNC(s)やTNC(s) が広く知られている。酒井甫はデービッド・リリエンソールの定義を「一国に親会社が存在するが，他の国の法律や習慣のもとで経営活動に従事し，生存している企業」であると翻訳した[1]。

　その後，大勢の学者，研究者，国連をはじめとする国際機関が多国籍企業についてさまざまな角度から研究分析を行い，その定義や行動の理論化，経営や組織の特色，投資，技術移転などについて議論を続け，ハーバード大学，経済協力開発機構（OECD），国連などがそれぞれ独自の定義を行った。とくに国連は1970年代から国連多国籍企業センター（United Nations Centre for Transnational Corporations, すでに廃止）において，外部研究者や専門家と討議を行い，最近では「多国籍」より「超国籍」という表現を好んで使用している。1990年代から『世界投資報告書』や『世界投資総覧』などの刊行物や調査報告書では「超国籍」という表現が目立つ。

　国連は「多国籍企業とは本拠地のある国以外の国に生産やサービスの設備を所有あるいは支配する企業である。このような企業は必ずしも営利法人または民間企業の形態をとるとは限らない。協同組合や国営企業も多国籍企業に入りうる」と定義している。この定義の詳細については，"The Impact of Multinational Corporations on Development and International Relations（United Nations, 1974)" および "Transnational Corporations in World Development – A Reexamination（UNECOSCO, 1987)" を参照されたい。筆者がかつて所属していた国際連合地域開発センター「TNC研究プロジェクト」では，国際労働機構（ILO）の定義を採用し，アジア諸国の地域経済開発における超国籍企業の影響を調査した。国連は平成17年（2005年）の，『世界投資報告書』でつぎのような定義を

発表している$^{(2)}$。

　超国籍企業（TNCs）とは，法人，非法人を問わず，親企業と海外子会社によって構成される企業統一体を意味する。親会社とは，ある程度の自己資本金を所有することによって，自国外に存する資産および事業体を支配する企業を意味する。ここでいう「所有すべき自己資本金」とは，法人の場合は普通株の10％以上を，非法人の場合は議決権の10％以上もしくはこれに相当する資本を，その基準とする。

　海外子会社は法人，非法人のいずれでもかまわないが，非居住者である投資家がその企業経営において永続的な利益を獲得するに足る資本を保有していなければならない。「永続的な利益を獲得するに足る資本」とは，通常，資本の10％相当を意味する。

　上述の定義による海外子会社は，①子会社，②関連会社，③海外支店／事務所，のいずれかの形態を取ることになる。海外子会社は受入国における法人であり，親会社がその株主議決権の過半数を直接所有し，過半数の取締役を任命もしくは罷免する権利を有する。関連会社は受入国における法人であり，親会社が10％以上50％未満の議決権を所有する。海外支店／事務所は受入国における完全所有もしくは共同所有の非法人をさし，(a) 親会社の常設事務所／施設，(b) 親会社と第三者（子会社ではない）の間の共同経営もしくは合弁事業による非法人，(c) 外国企業が直接所有する不動産／設備，(d) 外国企業が一年以上にわたって直接所有する動産／設備，のいずれかに当てはまるものである。

　　（ＵＮＣＴＡＤ, *World Investment Report* 2005, 297頁を参照，一部改編。）


　以上のことを総括して，ここで筆者独自の「多国籍企業」の定義を試みてみよう。すなわち，多国籍企業とは，①大規模の企業である，②多数の国において生産拠点，サービス拠点，ビジネス拠点（子会社や同族会社を含む）を所有する，③経営全般の所有権と支配権を持つ，④巨額の資本と売上高を維持する，⑤親会社本国の国境を超えてビジネスを展開する，⑥高度な技術や経営ノウハウを持つ，⑦経営のあるゆる階層に国籍の異なる多数の人材が参加している，⑧法的には法人・非法人のいずれも問わない，以上の8要素を満たす企業組織である。

　多国籍企業は，経済，金融，貿易等の分野においてヒト・モノ・カネを流動

的に配分して利潤を追求する超国家的組織である。したがって，自国の国家経済政策／戦略にも多大な影響力を持つ。「多国籍企業　＝　国境を超えるビジネス活動　＝　国内外における企業経営の国際化」と表現することもできる。

## （6）プロダクト・ライフサイクルの過程から見る国際化

われわれ人間に寿命があって，誕生から死亡までのサイクルがある。製品の場合も同様に，市場への導入から撤廃までをひとつのサイクル（寿命）としてとらえることができる。これをプロダクト・ライフサイクルと呼ぶ。サイクルは導入期，成熟期，標準化期に分けられる，ともいわれる。米ハーバード大学のレイモンド・バノーン（Vernon, R.）が1960年代にこのサイクルを唱え，アメリカ企業とその製品の市場展開について分析を行った。山崎・竹田が翻訳した新製品のプロダクト・ライフ・サイクルのプロセスを以下に紹介する（図表12-3）。

**図表12-3　新製品のプロダクト・ライフサイクルのプロセス**

| ライフサイクル<br>国 | ←プロダクト・ライフサイクルの各段階→ |||
|---|---|---|---|
| | 新製品<br>の導入期 | 成熟期 | 標準期化 |
| アメリカ | 生産 | 輸出／消費 | 輸入 |
| 先進国 | 消費 | 生産 | 輸出 |
| 発展途上国 | 消費 | 輸入 | 輸出／生産 |

出所：山崎清・竹田志郎（2002）による Reymond Vernon, "International Investment and International Trade", *Quarterly Journal of Economics,* May 1966の翻訳を一部改編。

**図表12-2 世界トップランキング非金融分野の多国籍30社の基礎情報**

(単位:100万ドル,人)

| 順位 | 企業名 | 国籍 | 海外資産 | 海外売上高 | 海外雇用人数 | 海外関連・子会社 |
|---|---|---|---|---|---|---|
| 1 | ゼネラルエレクトリック インターナショナルインク(日本支社) | 米 | 258,900 | 54,086 | 150,000 | 1,068 |
| 2 | ボーダフォン㈱ | 英 | 243,839 | 50,070 | 47,473 | 71 |
| 3 | フォード・ジャパン・リミテッド | 米 | 173,882 | 60,761 | 138,663 | 524 |
| 4 | 日本ゼネラルモーターズ㈱ | 米 | 154,446 | 51,627 | 104,000 | 177 |
| 5 | BPジャパン㈱ | 英 | 141,551 | 192,875 | 86,650 | 60 |
| 6 | エクソンモービル7(有) | 米 | 116,853 | 166,926 | 53,748 | 218 |
| 7 | 昭和シェル石油㈱ | 英・蘭 | 112,587 | 129,864 | 100,000 | 454 |
| 8 | トヨタ自動車株式会社 | 日本 | 94,164 | 87,353 | 89,314 | 124 |
| 9 | トタル・ルブリカンツ・ジャパン㈱ | 仏 | 87,840 | 94,710 | 60,931 | 419 |
| 10 | フランステレコム・ロングディスタンス・ジャパン㈱ | 仏 | 81,370 | 21,574 | 88,626 | 118 |
| 11 | スエズ | 仏 | 74,147 | 33,715 | 111,445 | 605 |
| 12 | フランス電力 | 仏 | 67,069 | 16,062 | 51,847 | 204 |
| 13 | E. On | 独 | 64,033 | 18,659 | 29,651 | 478 |
| 14 | ドイツテレコム株式会社 | 独 | 62,624 | 23,868 | 75,241 | 97 |
| 15 | RWEグループ | 独 | 60,345 | 23,729 | 53,554 | 377 |
| 16 | ハチソン・ワンポア (和記黄埔有限公司) | 香港 | 59,141 | 10,800 | 104,529 | 1,900 |
| 17 | シーメンス㈱ | 独 | 58,463 | 64,484 | 247,000 | 753 |
| 18 | フォルクスワーゲン グループ ジャパン㈱ | 独 | 57,853 | 71,190 | 160,299 | 203 |
| 19 | 本田技研工業株式会社 | 日本 | 53,113 | 54,199 | 93,006 | 102 |
| 20 | ヴィヴェンディ(2003年~ヴェオリア・ウォーター) | 仏 | 52,421 | 15,764 | 32,348 | 106 |
| 21 | シェブロン ジャパン㈱ | 米 | 50,806 | 72,227 | 33,843 | 93 |
| 22 | ニューズ・コーポレーション | 豪州 | 50,803 | 17,772 | 35,604 | 213 |
| 23 | ファイザー㈱ | 米 | 48,960 | 18,344 | 73,200 | 73 |
| 24 | テレコムイタリア | 伊 | 46,047 | 6,816 | 14,910 | 33 |
| 25 | ビー・エム・ダブリュー㈱ | 独 | 44,948 | 35,014 | 26,086 | 129 |
| 26 | Eniグループ | 伊 | 43,967 | 29,341 | 36,658 | 154 |
| 27 | ロシュ ファーマ (ジャパン) | スイス | 42,926 | 22,790 | 57,317 | 139 |
| 28 | ダイムラー・クライスラー日本㈱ | 独・米 | 41,696 | 55,195 | 76,993 | 281 |
| 29 | フィアットオートジャパン㈱ | 伊 | 41,552 | 36,078 | 88,684 | 339 |
| 30 | ネスレ日本㈱ | スイス | 41,078 | 44,308 | 247,506 | 471 |

出所:UNCTAD『世界投資報告書』,2005年版,267頁。

先進国の企業は，まず製品開発に着手し完成した製品を国内市場へ導入する。独占市場においてクリーム（利益）を収穫した後，その製品を他の先進国へ輸出し，市場や利益の最大化を求める。この時期を「導入期」という。やがて製品が「成熟期」を迎えるようになると競争相手が登場する。市場競争が激化し，新しい製品市場を求めて発展途上国への進出が始まる。製品の優位性を図るために，企業や国家（市場）間において，製品の機能や利便性，品質，技術などの各分野で競争，協力，規制が始まり，製品は一定の標準化を施される。これが「標準化期」である。製品の市場展開を単純化すると，「製品の開発・製造 ⇒ 国内での生産・販売 ⇒ 輸出 ⇒ 海外での生産・販売 ⇒ 輸出入」という形態になる。同様に地理的展開は，「先進国 ⇒ 先進国 ⇒ 発展途上国」となる。製品の市場展開プロセスのなかで経営，資本，技術が移動することによって，ヒト・モノ・カネは国から国へと流入していく。その結果，人材，製造，製品開発，財務，流通などの側面から国際化が進む。日本企業の国際化を分析する場合もこの理論が用いられることが多い。

　さてここで，日本の家電製品を例にして，第2次世界大戦後の日本企業の発展と国際化を簡単に探ってみよう。

　戦争で日本の企業活動，生産活動は破壊されつくした。国内市場のニーズを満たすために，まず海外市場からの輸入が開始された。経済再建が進み，高度成長期に入ると家電製品のニーズがいっそう高まり，日本の各家電メーカーは競って自社組織の再強化を図った。わずかな期間で製造が国内ニーズを上回るようになった。新しい製品市場を求めて欧米先進国向けに輸出，やがて現地生産や現地販売の段階に至った。1970年代からはアセアン諸国向けにも輸出が行われるようになり，現地での生産販売も始まった。そして現在では，先進国，発展途上国に限らず世界中どの市場でも日本製家電品を目にすることができるようになった。日本の研究者は日本企業の国際化のこのプロセスを「雁行形態」と呼ぶ。市場を求めて製品，資本，技術などが海外市場へ飛び出し，利益・利潤として再流入する過程が飛雁の列に似ていることから，こういうふうに名づけられた。

## （7）国民経済の競争的優位性の過程による国際化

　経済発展から生じる特定国の競争的優位性がその国のみならず近隣諸国，同盟国，競争相手国の企業経営に国際化をもたらすこともある。戦後の日本経済の高度成長が，アジアの新経済国（韓国，台湾，香港，シンガポール，ＮＩＥｓ）の経済発展を促進し，最近ではタイ，マレーシア，中国の経済発展にも多大な刺激与えていることはその好例である。国家規模で競争が起こると，当該国の企業間の競争も当然激しくなる。

　一般的に，競争的経済発展のプロセスには4段階がある。生産要素促進段階（factor driven），投資促進段階（investment driven），イノベーション促進段階（innovation driven），富促進段階（wealth driven）である[3]。この4つの段階を経て国家経済は，持続的発展を成し遂げる。最初の3段階においては，国家経済が比較競争力を保ちながら競争力を向上させていくが，第4段階に入ると競争力が停滞する。停滞期においては，とくに大企業は自国の競争力に依存して国外市場進出や海外での競争を試みる。政府が国際規模の企業経営のサポート役を担うことになる。企業が国境を超えてビジネス活動を行う場合，戦略，組織，技術，投資などの計画策定には自国の持つ競争力が成功の鍵を握る。企業の競争力よりも国家経済の競争的優位性が企業の国際化をもたらす。この「競争優位」という考え方は，ハーバード・ビジネス・スクールのマイケル・ポーター（Porter, M.）が主張するものである。

## （8）経済や市場の自由化とボーダーレス化の過程による国際化

　ここでは，国境を超えるビジネス活動の歴史的展開のなかでもとくに20世紀後半のいくつかの出来事に触れたい。

　第2次世界大戦後の昭和21年（1946年）に国際連盟が現在の国際連合に引き継がれた。国際平和の維持と，教育，福祉，経済発展などを大目的にして国家レベルでの協力が開始された。現在では「国連組織システム」と呼ばれる国連傘下の組織ネットワークが広がり，各方面で世界規模の活動が進行している。

　ビジネスに関しては，国連多国籍企業センター（すでに廃止），世界銀行，国

連開発企画，国際通貨基金，ガット（GATT），国際労働機構などがヒト・モノ・カネの流れをスムーズにする目的でさまざまなプロジェクトや条約をとりまとめ，加盟国の了承を得てきた。貿易に関してはその監督機関として国際連合貿易開発機構がある。貿易交渉の場としては前述のガットから引き継がれた世界貿易機構（昭和61年（1986年）のウルグアイ・ラウンドにおいて設立合意，WTO）が機能している（平成18年（2006年）7月現在，ドーハ・ラウンド交渉継続中）。地域レベルでの貿易・投資協定や自由貿易協定の締結がさかんになり，ボーダーレス・ビジネスが実現されつつある。WTOは国家間貿易摩擦の解消や不公平条約の撤廃などにも従事する。

　優良企業は，組織規模にかかわらず，人的経営資源，技術，研究開発機関などを海外へ移転し，製造からマーケティングまでの全経営活動の効率化を図ることが可能となった。企業の最大目標－利潤，利益，市場シェアの拡大－を地球規模で達成できる時代が到来したといえる。1990年代初頭が世界経済国際化の幕開けであり，ビジネス経営において「think locally, act globally」のスローガンが広まった。グローバルな経験のローカル化（glocalization）が企業経営における最新の動きとして注目を浴びている。

## 2. 日本経済および日系企業の国際化の過程

### （1）日本経済国際化の歴史

　日本は世界第2位の経済大国であり，先進35カ国中，アメリカに次ぐ中心的な存在である。17世紀の初頭，江戸幕府は外国との往来を禁止する「鎖国」を行っていた。嘉永6年（1853年）に米国のペリー提督が浦賀沖に来航し，当時欧米諸国ではごく当たり前の「砲艦外交」によって開国を要求した。これが日本が世界へ踏み出すための最初の一歩となる。慶応3年（1867年）の明治維新後，日本経済の国際化が急ピッチで進み，日本はアジア諸国に植民地をつくり，鉄道，絹，綿，繊維，造船，鉱山などの分野での生産・商取引・貿易を拡

大した。国家経済の近代化を国の第1目標に掲げ，政治，経済，文化，法律，行政などの制度を欧米から学び，国力を培った。第2次世界大戦ですべての近代的産業基盤や経済手段を失ったが，1950年代から工業発展や経済近代化が再開された。

## （2）第2次世界大戦後の再建と政府指導型国際化

日本経済は1950年代前半までに戦前の発展水準を回復し，1950年代後半から高度成長が進展，1970年代には安定成長期に入った。日本経済の基盤である大企業はまず，最先端の機械技術や経営ノウハウを欧米から導入して経営の近代化を行い，同時に自己の技術や経営ノウハウを積み重ねた。当時日本になかった生産要素（技術とノウハウ）の移転は日本国内向けに急速に進んだ。この時期には，①日本企業が技術調達をする場合の政府による保証，②経済企画庁（現内閣府），科学技術庁（現文部科学省），通産省（現在，経済産業省）による技術情報の提供，③技術調達に必要な稀少外貨の柔軟的，優先的配分制度，④人的資源管理，品質管理，労使関係の分野における日本生産性本部（現在，財団法人社会経済生産本部），日本科学技術連盟などの指導が，日本企業の国際化を下支えした。他方，企業経営者に対しては「企業の近代化」に関する関心を煽り，経営改善を政府主導で支援した。

## （3）天然資源の不足から生じる国際化

日本は天然資源に恵まれていない。したがって，資源を海外に依存しなければ工業化を図ることはできない。基礎原材料はほぼすべて，海外からの輸入に頼らざるを得ないのが現状である。昭和55年（1980年）現在の主要資源の対外依存度は，アルミニウム，ニッケル，綿花，羊毛，とうもろこしが100％，すず98.4％，石炭81.8％，石油99.8％，天然ガス90.7％，鉄鉱石98.7％，銅96％，鉛83.9％，亜鉛68.5％，木材68.3％，大豆95.8％，小麦90.5％となっており，その後も大きな変動はない。資源調達目的で日本の商社や企業が広く海外市場に進出している。

## （4）市場を求めた国際化

　日本は島国であるため，国内市場の規模は小さい。1950年代後半から海外市場の開拓に乗り出したものの，伸び悩みの時期もあった。朝鮮戦争，ベトナム戦争の最中は，戦時景気の影響もあって，米軍相手に輸出を伸ばした日本企業も少なくなかった。固定為替制度が導入されていた当時には，昭和24年（1949年）対ドル360円，昭和46年（1971年）末対ドル308円という為替レートの恩恵をうけ，日本製品はアメリカをはじめとする先進諸国の国内市場に急速に浸透していった。昭和39年（1964年）に日本がＩＭＦ第8条約に加盟し，貿易や非貿易経常取引について原則として管理を行わない国となった後，対外貿易はより活発になった。アメリカとの間には貿易摩擦が生じ，昭和48年（1973年）2月から変動相場制（市場相場が為替レートを決定する）を導入し，市場経済が定着した。輸入代替や輸出志向型経済発展政策を実行していた東南アジア諸国等の発展途上国への日本企業の進出が相次いだのもこの時期である。昭和60年（1985年），先進5カ国によるプラザ合意が発表されると，世界の主要通貨に対して円高が加速し，貿易はいっそう拡大した。中小企業もアセアン諸国，中国，台湾，韓国，スリランカ，インド，バングラデシュなどへ進出するようになった。

## （5）海外直接投資と経営の国際化

　安定した経済成長，貿易黒字，国際収支黒字，過剰資本に加えて，外貨管理の段階的自由化の結果，1950年代から日本は対外直接投資を開始した。図表12－4は昭和26年（1951年）度から平成16年（2004年）度まで日本の対外直接投資の状況を示すものである。累計投資額合計915,556億ドルの大陸別内訳は，北米38.1％，中南米12.5％，アジア17.4％，ヨーロッパ25.5％，大洋州4.5％，アフリカおよび中東諸国2％弱となる。ホスト（投資受け入れ）国の上位は，米国36.6％，ＥＵ15カ国24.4％，イギリス10.6％，オランダ6.9％，ドイツ1.9％，アジアＮＩＥｓ（韓国・台湾・香港・シンガポール）6.4％，ＡＳＥＡＮ4国（タイ・マレーシア・インドネシア・フィリピン）7％，中国3.4％，ブラジル1.8％となってい

**図表12-4　日本の国・地域別対外直接投資**

(単位：件，100万ドル，%)

| | 2002年度 | | 2003年度 | | 2004年度 | | 1951－2004年度累計 |
|---|---|---|---|---|---|---|---|
| | 件数 | 金額 | 件数 | 金額 | 件数 | 金額 | 金額 |
| 北米 | 223 | 8,449 | 206 | 10,680 | 197 | 4,836 | 349,252 |
| 米国 | 224 | 8,215 | 198 | 10,577 | 191 | 4,677 | 334,960 |
| カナダ | 9 | 234 | 8 | 103 | 6 | 159 | 14,291 |
| 中南米 | 187 | 5,746 | 179 | 5,262 | 223 | 6,371 | 114,431 |
| ケイマン諸島（英領） | 48 | 4,036 | 25 | 2,123 | 50 | 3,947 | 38,073 |
| パナマ | 107 | 882 | 136 | 1,216 | 135 | 1,282 | 33,787 |
| ブラジル | 11 | 406 | 10 | 1,551 | 6 | 198 | 16,095 |
| メキシコ | 8 | 84 | 2 | 140 | 7 | 337 | 5,818 |
| アジア | 538 | 5,669 | 607 | 6,399 | 662 | 9,388 | 160,508 |
| 中国 | 263 | 1,766 | 332 | 3,143 | 361 | 4,567 | 31,487 |
| アジアNIEs | 134 | 1,961 | 116 | 1,154 | 163 | 2,678 | 58,877 |
| 韓国 | 44 | 626 | 39 | 284 | 60 | 845 | 10,993 |
| 台湾 | 24 | 375 | 18 | 152 | 30 | 479 | 7,774 |
| 香港 | 32 | 208 | 36 | 396 | 42 | 639 | 21,366 |
| シンガポール | 34 | 752 | 23 | 322 | 31 | 715 | 18,745 |
| ASEAN 4 | 127 | 1,523 | 139 | 1,936 | 114 | 1,938 | 64,507 |
| タイ | 52 | 504 | 65 | 69 | 52 | 1,184 | 18,069 |
| マレーシア | 11 | 80 | 6 | 463 | 10 | 125 | 10,499 |
| インドネシア | 44 | 529 | 47 | 648 | 40 | 311 | 28,124 |
| フィリピン | 20 | 410 | 21 | 196 | 12 | 317 | 7,814 |
| インド | 7 | 310 | 7 | 87 | 7 | 97 | 2,518 |
| ベトナム | 6 | 60 | 11 | 70 | 17 | 109 | 1,554 |
| 欧州 | 1,167 | 15,428 | 1,370 | 12,623 | 1,605 | 12,963 | 233,256 |
| EU 15 | 1,129 | 15,067 | 1,337 | 12,034 | 1,564 | 12,481 | 233,806 |
| 英国 | 31 | 4,412 | 25 | 1,785 | 22 | 1,789 | 97,472 |
| オランダ | 887 | 3,295 | 1,162 | 6,869 | 1,305 | 8,058 | 63,372 |
| フランス | 17 | 3,547 | 16 | 1,561 | 15 | 161 | 17,841 |
| ドイツ | 30 | 381 | 30 | 694 | 37 | 661 | 13,612 |
| ルクセンブルク | 118 | 271 | 83 | 190 | 152 | 354 | 7,741 |
| スイス | 8 | 112 | 4 | 73 | 4 | 58 | 3,916 |
| 中欧・東欧（5カ国） | 25 | 201 | 22 | 472 | 27 | 342 | 2,443 |
| ロシア | 2 | 23 | 3 | 7 | 6 | 51 | 250 |
| 中東 | 3 | 37 | 2 | 17 | 3 | 4 | 5,956 |
| アフリカ | 13 | 194 | 7 | 105 | 13 | 115 | 10,505 |
| 大洋州 | 23 | 1,335 | 40 | 1,006 | 30 | 1,869 | 41,646 |
| 合計 | 2,164 | 36,858 | 2,411 | 36,092 | 2,733 | 35,548 | 915,556 |

出所：JETRO『貿易投資白書』2005年，400頁。

る。租税回避地のケイマン諸島（4.2%）やパナマ（3.7%）経由の投資も1990年代の後半から増加傾向にある。

　アセアン諸国は資源が豊富で労働力が安価なうえに，現地政府が税金，人材，設備，外貨送金などにおいて優遇措置を導入したためにとくに投資が集中した。地理的に日本に近いこと，アジア生産拠点からマーケティングをすることによって欧米との貿易摩擦を解消できること，日本向けの輸出に有利であることなども，アセアン諸国が秘める大きな魅力である。近頃では，さらに安価な労働力と巨大市場を抱える中国，インドへの投資が急速に伸びている。

　昭和39年（1964年）のIMF8条約国への移行と経済協力開発機構（OECD）への加盟によって日本は先進工業国の仲間入りをし，名実ともに国際社会の一員となった。2度の石油ショック，強調的円高ドル安を求めたプラザ合意，国内市場依存型経済成長への呼びかけ，国内市場開放など，日本経済が直面したさまざまな障害が日本企業の経営革新や合理化を促進し，海外市場進出を強力に推し進めた。「海外進出企業総覧2004」（東洋経済）によると，平成16年（2004年）3月現在，海外で現地法人（子会社）を所有する日本国籍の親企業は4,149社にのぼる（金融・保険・不動産業を除く）。これらの企業は最低2社以上の現地法人を所有し，現地法人1社当たりの出資額は20％以上である[4]。

　経済の地域化とグローバル化が進むなか，日本はすでにシンガポールとマレーシアと自由貿易協定を締結，韓国，インドネシア，インド，中国，アセアン各国と包括的協定を交渉中である。交渉中の全協定の締結を完了すると，日本を中心とする大アジア経済圏が形成されることになる。貿易や投資の規制緩和，関税の引き下げや撤廃などで合意が進めば，日本－アジア間における生産要素の移行が一気に加速すると予想される。

第 12 章　経営の国際化　285

**図表12－5　日本のトップランキング多国籍企業30社の基礎情報**

（単位：100万ドル，人）

| 順位 | 企業名 | 資産 | 売上高 | 雇用数 | 関連・子会社 |
|---|---|---|---|---|---|
| 1 | トヨタ自動車株式会社 | 94,164 | 87,353 | 89,314 | 124 |
| 2 | 本田技研工業株式会社 | 53,133 | 54,199 | 93,006 | 102 |
| 3 | ソニー株式会社 | 35,257 | 44,366 | 96,400 | 236 |
| 4 | 三菱商事株式会社 | 31,258 | 20,054 | 14,765 | 170 |
| 5 | 日産自動車株式会社 | 28,517 | 42,002 | 50,836 | 58 |
| 6 | 三井物産株式会社 | 26,262 | 47,508 | 10,826 | 198 |
| 7 | 株式会社日立製作所 | 16,296 | 21,177 | 80,226 | 309 |
| 8 | 松下電器産業株式会社 | 14,739 | 42,025 | 170,965 | 274 |
| 9 | 丸紅株式会社 | 12,819 | 25,175 | 1,723 | 161 |
| 10 | 株式会社みずほフィナンシャルグループ | 1,115,081 | － | 27,900 | 41 |
| 11 | 株式会社三菱東京ファイナンシャル・グループ | 995,403 | － | 37,000 | 49 |
| 12 | 株式会社三井住友ファイナンシャルグループ | 967,978 | － | 22,431 | 27 |
| 13 | 株式会社UFJホールディングス | 782,330 | － | 17,565 | 25 |
| 14 | 日本生命保険相互会社 | 424,700 | － | 70,073 | 3 |
| 15 | 株式会社りそなホールディングス | 377,342 | － | 16,090 | 12 |
| 16 | キヤノン株式会社 | 11,737 | 4,997 | 47,177 | － |
| 17 | 住友商事株式会社 | 11,672 | 10,135 | 9,153 | － |
| 18 | 日商岩井株式会社 | 10,672 | 19,496 | 1,951 | － |
| 19 | 日本たばこ産業株式会社 | 9,959 | 3,760 | － | － |
| 20 | 伊藤忠商事株式会社 | 9,894 | 18,736 | － | － |
| 21 | 株式会社ブリヂストン | 9,756 | 10,894 | 89,754 | － |
| 22 | 富士通株式会社 | 9,476 | 15,275 | 71,000 | － |
| 23 | 三菱自動車工業株式会社 | 8,169 | 15,084 | 2,091 | － |
| 24 | 新日本石油 | － | － | － | － |
| 25 | 株式会社東芝 | － | － | － | － |

出所：UNCTAD『世界投資報告書』，2005年版，273頁，および2002年版，86～88頁．

図表12-5は親企業が日本籍であるトップランキング多国籍企業とその基礎情報を示す。企業が海外で経営を行う際，しばしば異文化と接触，調和しながらビジネス活動を行わねばならない。多国籍企業は，異文化接触 ⇒ 異文化との調和 ⇒ 本国本拠経営における調整 ⇒ 企業全体の国際化，というプロセスを歩むのが一般的である。

## （6）外国籍企業の対内進出と経営の国際化

最初に外資系企業が日本に進出したのは150年以上も前にさかのぼる江戸時代末期である。まず，英国貿易商が中国の広州に設立した貿易商社ジャーディン・マセソン商会が安政6年（1859年）に横浜支店を設立した。このほか，英国保険団体，オランダ貿易商会（ネーデルランシュ・ハンデル・マスカパイ，オランダ銀行の前身）が長崎の出島に商館を開設した。これが在日外資系企業の歴史の幕開けである。英国企業の進出は，安政5年（1858年）の日英修好通商条約締結によって加速した。日本の鎖国中も長崎県平戸や出島で貿易を許可されていたオランダは，金融業において早くから日本に進出していた。アメリカからは明治35年（1902年）シティ銀行，大正6年（1917年）アメリカンエクスプレスが進出，昭和12年（1937年）コンピュータのアイ・ビー・エム（IBM）と続いた。自動車メーカーでは，フォード自動車（Ford Mortor），ゼネラル・モーターズ（GM）が1900年代半ばまでに日本に支店を開設した。スイスの食品会社ネスレ（Nestle），ドイツの化学・医薬品メーカーバイエル（Bayer）も1910年代に日本市場に登場した。

図表12-6は，平成17年（2005年）現在の日本国内の多国籍企業の推移を示すものである。平成15年（2003年）3月現在，4,710社の外国籍企業（金融・保険・不動産企業を除く）が日本法人（子会社）を所有している。外国籍親企業による日本法人1社当たりの出資割合は3分の1以上となっている[5]。

第12章 経営の国際化 287

**図表12-6 日本に在籍する多国籍企業の業界別推移**

●コンピュータ
日本IBM、日本ヒューレット・パッカード、コンパック、日本サン・マイクロシステムズ、アップルコンピュータ、日本ユニシス、日本NCR、日本デジタル、イクシプント、日本リバーシティ、日本タンデムコンピュータズ、クレイ、日本ゲートウェイ2000

●ソフトウェア
マイクロソフト、日本オラクル、ノベル、ロータス

●半導体
インテルジャパン、日本モトローラ、日本テキサス・インスツルメンツ、三星ジャパン（韓国）、東北セミコンダクター、日本セミコンダクター

●通信
日本AT&T、日本ケーブル・アンド・ワイヤレス（英）

●自動車
日本ゼネラルモーターズ、フォード自動車（日本）、ビー・エム・ダブリュー（GE）、ダイムラー・ベンツ、フォルクスワーゲングループジャパン（独）、マツダ・オートラマ、ファーレーン東京、いすゞ自動車

●石油
昭和シェル石油（英・蘭）、ゼネラル石油、東燃、モービル石油

●精密機器
富士ゼロックス、ジョンソン・エンド・ジョンソンメディカル、日本ベクトン・ディッキンソン

●機械
シーメンス（独）、ABB（スイス）、日本オーチス・エレベーター、新キャタピラー三菱

●化学
デュポン、ヘキストジャパン（独）、バイエル（独）、BASFジャパン（独）、ダウ・ケミカル日本、住友スリーエム、スミソライナ

●アルミニウム
東洋アルミニウム、日本軽金属

●外食
日本マクドナルド、日本ケンタッキーフライドチキン

●電気
山水電気、新日本無線、日本マランツ、日本ゼネラル・エレクトリック（GE）、日本フィリップス（蘭）、山武ハネウエル

●ファッション・アパレル
シャネル（仏）、ベネトングループ・ジャパン（伊）、トリンプ・インターナショナル・ジャパン、リーバイ・ストラウスジャパン、ルイ・ヴィトンジャパン（仏）、東レ・デュポン

●医薬品
日本ロシュ（スイス）、バイエル薬品（独）、日本ベーリンガーインゲルハイム（独）、萬有製薬、ノバルティスファーマ（スイス）、日本グラクソ（英）

●食品・たばこ
ネスレ日本（スイス）、フィリップ・モリス日本、味の素ゼネラルフーズ、日本カーコーラ、ペプシコインク、カーギルジャパン

●航空・運輸
アメリカン、ユナイテッド、デルタ、英国航空、エールフランス、ルフトハンザ、大韓航空、フェデラル・エクスプレス

●洋酒・ビール
ジャーディンワインアンズスピリッツ（仏・英）、キリンシーグラム、ハイネケン・ジャパン（蘭）、バドワイザージャパン

●小売・飲売
住商オットー、日本トイザらスジャパン、ウェル・セーブ

●化粧品・トイレタリー
日本アムウェイ、エイボン・プロダクツ、ニッポンリーバ（蘭）、P&G、ジョンソン・エンド・ジョンソン

●旅行
地中海クラブ（仏）、ミキツーリスト（英）、ガリバー・トラベル・エージェンシー（英）

●ホテル
ヒルトン、シェラトン、インターコンチネンタル

●音楽
タワーレコード、東芝EMI（英）、ヴァージン・メガストアーズ・ジャパン（英）、HMVジャパン（英）

●銀行
シティコープ、ドイツ銀行、ソシエテ・ジェネラル銀行（仏）、スイス・ユニオン銀行、上海香港銀行（英）

●証券
メリル・リンチ、モルガン・スタンレー、ソロモン・ブラザーズ・アジア、パリバ証券（仏）

●保険
アメリカンファミリー生命保険、アリコジャパン、セブン生命保険、AIU

●広告
ジェイ・ウォルター・トンプソンジャパン、マッキャンエリクソン

●調査・コンサルタント
D&B、データクエスト、マッキンゼー・ジャパン、ベリングポイント、アーサー・アンダーセン

出所：東洋経済新報社『外資系企業総覧2006』（ジャパンタイムズ社編著『1998-1999 外資系企業就職ハンドブック』5～6頁を参考にして作成。）

東洋経済新報社の平成17年（2005年）度調査では，外資系企業3,514社（製造業806社，非製造業2,708社）が回答した。業種別内訳を見ると，製造業は化学153社，電気・同部品128社，機械・同部品123社，医薬品61社，自動車部品61社，食品30社，精密機器30社，医療機器22社，金属製品20社，非製造業はソフトウェア261社，サービス238社，その他卸売230社，機械・同部品卸売228社，電気・同部品卸売211社，運輸通信145社，情報サービス141社，化学卸売119社，コンサルティング105社，精密機械卸売90社，食品88社，銀行80社，小売業83社，保険55社，投信・投資顧問55社となっている[6]。

　同調査対象の企業を地域別・国籍別に見ていくと，北米地域からアメリカ1,543社，カナダ44社，アジア大洋州地域から韓国83社，中国71社，台湾51社，香港61社，オーストラリア29社，シンガポール26社，インド13社，欧州地域ではドイツ391社，イギリス277社，フランス241社，スイス173社，オランダ82社，イタリア70社，スウェーデン59社，デンマーク33社，フィンランド30社，オーストリア20社，ノルウェー18社，ベルギー28社，となっている[7]。いかに多くの国々が日本経済に影響を与えているかがうかがえる。

　外資系企業は大都会に集中する傾向が強い。東京都だけで約2,650社，横浜や川崎市を中心とする神奈川県に290社，愛知県に47社，大阪市を中心とする大阪府に162社，神戸市を中心とする兵庫県に89社，埼玉県に34社，静岡県に32社，福岡県に15社，広島県に14社，北海道に9社の外資系企業がある[8]。これは日本の人口密度や工業地域の地理的配分と関連があると考えられる。外資企業上位100社では合計で約38万人，外資系企業3,500社は合計で，673,067人を雇用している。混合型人事採用，従業員の対内・対外派遣，諸機関との関係，労働市場への参入などによって，外資系企業は日本社会に多方面で影響力を持つものと予測される。

## 3. 課題と結論

　海外進出する日本企業が最も不安に感じるのは人事管理の問題である。コミュニケーション上の問題をはじめとして，雇用環境の違い，仕事に対する姿勢，社会・教育・宗教・文化の違いなどが円滑な経営の妨げになるケースが多い。プライベートな時間を優先する文化圏では，日本と同じように残業や会社を通じての社会活動を従業員に課すことが難しいのも事実である。従業員の海外派遣には，単身赴任の可否，子供の教育問題，帰国後の生活など従業員の家族を巻き込まざるを得ない要素が常にともなう。最近では，企業機密漏洩防止の観点から，現地採用の従業員を機密データを取り扱う部署に配置することを手控える企業が増えている。

　現地生産の部品や原材料の品質向上が望めない地域では，生産部門の現地下請け化は依然として容易ではない。こうした場合，国内の下請け会社を海外へ連れて行くことが効率的かどうか，入念な検討が必要である。発展途上国においては，中間管理職，経験豊富なエンジニアが恒常的に不足しており，機械の修理や入替えの際には，本社に頼らざるを得ない。

　日本企業は世界のどの国においても歓迎されるが，これは高度な技術と生産管理，政府による積極的な海外進出企業支援，本社派遣社員と現地社員の待遇を差別しない平等主義的人事管理などが理由である。しかし，実際には，日本人従業員とその家族が現地住民と進んで交流をしているかどうかは疑問である。日本人同士の付き合いには積極的であるが，現地との交流は少ないという批判もよく聞かれる。

　日系企業は一般的に，組合活動を歓迎しない，戦略的意思決定へ現地従業員の参加を求めない。インドネシア，フィリピン，マレーシア，インドなどの多国籍企業全体では，組合活動を通して賃金アップ，早期昇格，福利厚生制度の改善を求めても会社側は否定的である。コスト軽減のための海外進出であっても，やはり，現地の労働条件の改善にも努めるべきだと考える。

政治的環境においては，中国の反日デモを筆頭に，アジア各地で反日運動が散発しているため，日系企業の経営は必ずしも安泰というわけではない。国際的テロ組織と反テロ行動の対立が企業の海外展開にかつてなかった不安要素をもたらしたといえる。また，世界貿易機構（WTO），G7の会合など国際協議の場では，日本を間接的に責める発言もたびたび聞かれるようになり，新たな摩擦が生じつつある。

　歴史から見ると，昭和60年（1985年）のプラザ合意後に日本の電機，エレクトロニクス，ソフト，半導体，機械，自動車，造船など産業の構造的転換の課題が浮かび上がった。円高不況下でのコストダウン・合理化の要望も発生した。ほとんどの組み立て産業が海外へ進出し，近隣の資源や労働力の安価な市場へ製造拠点を創立し，部品の現地調達率を引き上げた。これが，国内での産業空洞化を生み出した。進出先政府による現地調達の制限などから国内部品メーカーの東南アジア進出要請も激化された。

　平成2年（1990年）以降のバブル経済崩壊は，あらゆる産業分野で構造的不況の影響が色濃くなり，国内需要も減少した。円高がさらに進んだため，中国，インド，ブラジル，ロシアといった人口の多い発展途上国への進出に拍車がかかり，国内産業の空洞化がさらに深刻した。平成12年（2000年）以降は経済構造改革が国の中心課題となり，終身雇用制，年功序列制の改善あるいは段階的廃止論議が盛んになった。西欧型人事・リストラ，労働者の組織化の抑止などが進む一方，国内外における日系企業のM&Aや戦略的提携が増加した。外国から日系企業の撤退や移転，外資企業の日本撤退，敵対買収などが目立ち始めた。

　こうした厳しい状況のなかでも，さらなる発展と市場を求める優良企業の海外進出は絶えない。時々刻々と環境変化が進む現代社会においては，新たな環境，突発的な出来事に即座に対応できる経営戦略を持続的に打ち出すことが成功の鍵となる。

## 【*Review exercise*】

1. 日本法人を所有する著名な外資系多国籍企業20社の名前をあげて、その国籍、日本法人の所在地、主なビジネス分野を調べよ。
2. トヨタ自動車、ホンダ、松下電器産業、ソニー、三洋電機のホームページを検索し、各会社の海外進出先（国名）、海外子会社数、現地採用者数、現地で製造する主要製品を調べよ。
3. 国際化が進むなか、日本的経営がかかえる諸問題は何か。その問題の解決策を述べよ。
4. 在日外資系企業に就職をしようとする学生にはどのような準備や姿勢が必要であるか、検討をせよ。
5. 日本企業が海外子会社へ派遣する従業員が直面する問題をどのようにすれば解決することができるか議論せよ。

考えてみよう！

## 【注】

（1）酒井甫「多国籍企業の定義」絹巻康史編『国際経営－多国籍企業の貿易・投資・海外事業』文眞堂、2007年、32頁。
（2）国連貿易開発機構の定義を参考にしてまとめたものである。自己の革新的定義ではないが、経営学初心者に興味を持ってもらいたいという願いで執筆したものである。
（3）Porter, M., *The Competitive Advantages of Nation,* Free Press, 1990.
（4）ＵＮＣＴＡＤ『世界投資報告書』2005年版、264～266頁。
（5）同上書。
（6）東洋経済新報社『外資系企業総覧2005』。
（7）同上書。
（8）同上書。

【勉強を深めるために参考となる文献】

United Nations Conference on Trade and Development, *"World Investment Report 2002"*, New York: United Nations, 2002.

酒井甫「多国籍企業の定義」，絹巻康史編『国際経営— 多国籍企業の貿易・投資・海外事業』文眞堂，2001年。

山崎清・竹田志郎『テキストブック　国際経営「新版」』有斐閣ブックス，2002年。

大橋昭一・小田章編『日本的経営の解明』千倉書房，1995年。

## 《Coffee Break》

　日本自動車産業界を代表するトヨタは，乗用車，トラック，産業用車両，バスの各分野で圧倒的な強さを誇り，世界の乗用車市場を牽引する。海外進出は1936年7月にＧ１トラック４台を中国北東部へ輸出したことに始まる。1950年には南米コスタ・リカに第一ＳＢ３型トラックを出荷した。乗用車輸出は1957年以降，エチオピア，インド，アメリカと広がった。

　海外アセンブリー・生産拠点建設は，1959年ブラジル，62年南アフリカ共和国，63年オーストラリア，68年ポルトガル，84年アメリカと進んだ。1984年アメリカに設立されたニュー・ユナイテッド・モーターズ・マニュファクチュアリング（株）は注目を集めた。2007年4月現在トヨタは26カ国に生産拠点，170カ国にディストリビューターを構え，生産子会社52社と連結子会社528社を所有する。生産子会社の所有形態は，北米，欧州，オセアニアでは100％と出資が主流で，アジアでは合弁会社が多い。

　2006年末にトヨタは2007年度の世界自動車生産台数目標を942万台に設定すると発表した。もしこの目標が実現すれば，ＧＭの生産台数を上回り，トヨタが首位に躍進することになる。

ちょっと一息！

# 索　引
// Index

## [A – Z]

CSR ······················148, 216, 218, 219
　———報告書 ································148
DCF 法 ············································234
GOT ···················································9
GRI（Global Reporting Initiative）········148
ISO ················································170
ISO14001 ································139〜141
IT 革命 ············································217
M&A ···············································47
MBO ···············································48
PDCA サイクル ·································140
POS ·················································7
PPM ·········································81, 84
PR ················································195
QC サークル ·····································160
recycle ····································144, 146
reduce ·····································144, 145
reuse ······································144, 145
ROA ··············································236
RoHS 指令 ·······································142
SBU ···············································84
SBU2 ··············································95
SPA ·················································4
SRI（socially responsible investment：
　社会的責任投資）···························216
SWOT 分析 ·······································76
TOB ···············································47
WCED（World Commission Environment
　and Development：環境と開発に関する
　世界委員会）································137

## [ア]

アダム・スミス ································269
暗黙知 ···········································246
委員会設置会社 ································41
委員会等設置会社 ······························41
育成制度 ········································103
意思決定支援システム（DSS）············251
イタイイタイ病 ································209
イノベーション促進段階（innovation
　driven）·······································279
インターネット（the Internet）··········262
運転資本 ········································231
営利性 ············································26
エクソンモービル ·······························33
エルキントン（Elkington, J.）··············218
エンドユーザ・コンピューティング
　（EUC）·······································254
オフィス系ソフトウェア ·····················259
卸売り ···········································178

## [カ]

海外直接投資 ··································271
会社 ···············································24
　———は誰のものか ··························21
科学的管理法 ····································63
カスタマー・リレーションシップ・マネジ
　メント（CRM）····························258
株券 ···············································35
株式 ···············································35
　———会社 ······································26
　———譲渡制限会社 ··························43

| | | | |
|---|---|---|---|
| 株主主権論 | 214 | 経営の三権分立 | 41 |
| 環境会計 | 149 | 経営理念 | 11 |
| 環境性 | 218, 219 | 経済協力開発機構（OECD） | 284 |
| 環境報告書 | 146, 147 | 経済性 | 218 |
| 雁行形態 | 278 | 形式知 | 246 |
| かんばん | 167 | 原価管理 | 156 |
| 幹部職層 | 107 | 顕在需要 | 190 |
| 官僚制 | 64 | 公開会社 | 43 |
| 企業 | 24 | 公害問題 | 133, 134 |
| ───価値 | 234 | 合資会社 | 26 |
| ───市民（Corporate Citizenship） | 213 | 工程管理 | 157 |
| ───戦略 | 75 | 合同会社 | 26 |
| ───の社会的責任 | 62, 172 | 行動科学 | 70 |
| 機能別戦略 | 75, 90 | 合名会社 | 26 |
| 基本給 | 126 | 小売り | 178 |
| キャッシュフロー | 226 | 5S | 159 |
| ───計算書 | 229 | 顧客関係性管理 | 197 |
| キャンペーンGM | 210 | 小口配送システム | 9 |
| 旧会社法 | 28 | 国連環境開発会議 | 137, 216 |
| 共益権 | 45 | 国連環境計画（UNEP） | 136 |
| 業種 | 185 | 国連人間環境会議 | 136 |
| 競争戦略 | 77 | コスト・リーダーシップ | 86 |
| 競争優位 | 279 | 5％クラブ | 211 |
| 業態 | 185 | 個別生産 | 162 |
| 京都議定書 | 137, 138 | コーポレート・ガバナンス | 57 |
| 京都メカニズム | 138 | コンシューマリズム | 210 |
| クライアント・サーバ・システム | 261 | コンプライアンス | 61, 209〜211 |
| グリーン調達 | 141, 142 | | |
| ───基準 | 143 | **[サ]** | |
| グリーン・フィールド投資（green field investment） | 272 | サスティナビリティ社 | 218 |
| | | サプライチェーン・マネジメント | 171, 257 |
| 経営管理過程論 | 64 | 差別化戦略 | 86, 87 |
| 経営管理論 | 63 | 3R | 144 |
| 経営権 | 47 | 3C | 192 |
| 経営者支配 | 55 | 参入障壁 | 77 |
| 経営情報システム | 248, 250 | 三方よし | 207 |
| 経営戦略 | 59 | | |

| | |
|---|---|
| 自益権 | 45 |
| 事業戦略 | 75 |
| 事業部制 | 10 |
| ――― 組織 | 94 |
| 資源生産性 | 145 |
| 市場創造活動 | 194 |
| 市場分析 | 192 |
| 持続可能な開発に関する世界サミット | 137 |
| 持続可能な発展 | 137 |
| 執行役 | 41 |
| 執務職層 | 107 |
| 自働化 | 167 |
| シナジー効果 | 95 |
| 社員 | 23 |
| 社会性 | 218, 219 |
| ジャスト・イン・タイム（JIT） | 167 |
| 社団性 | 26 |
| 集権 | 91 |
| 集中化戦略 | 86, 87 |
| 受注生産 | 161 |
| 小集団活動 | 159 |
| 少品種多量生産 | 162 |
| 情報（information） | 243 |
| 情報技術（IT） | 242 |
| ――― による情報システム | 248 |
| 情報セキュリティ | 263 |
| 情報通信技術（ICT） | 242 |
| 情報の意味的側面（意味情報） | 245 |
| 情報の形式的側面（形式情報） | 245 |
| 情報倫理 | 264 |
| 賞与 | 127 |
| 商流 | 177 |
| 職務外開発 | 120 |
| 職務開発 | 120 |
| ジョブショップ型生産 | 164 |
| 新会社法 | 25 |

| | |
|---|---|
| 水道哲学 | 208 |
| スタッフ組織 | 92 |
| 生産条件 | 153 |
| 生産性 | 152 |
| 生産要素 | 153 |
| ――― 促進段階（factor driven） | 279 |
| 成熟期 | 276 |
| 製造小売り | 4 |
| 成長の限界 | 137 |
| 製品・市場マトリクス | 80 |
| 責任と権限の原則 | 97 |
| 石油ショック | 284 |
| 絶対的優位論 | 270 |
| 絶対評価 | 114 |
| セル生産方式 | 17, 145, 169 |
| 潜在需要 | 190 |
| 専門化の原則 | 97 |
| 専門経営者 | 54 |
| 戦略的情報システム（SIS） | 255 |
| 戦略的フィランソロピー | 211 |
| 相互会社 | 30 |
| 相対評価 | 114 |
| 損益計算 | 223 |

### [タ]

| | |
|---|---|
| ダイエー | 2 |
| 第3者評価 | 147 |
| 貸借対照表 | 221 |
| 退職金 | 129 |
| 多国籍企業 | 274〜276 |
| 多品種少量生産 | 162 |
| 地球温暖化 | 134, 135 |
| 地球環境問題 | 133, 135, 136 |
| 知識（knowledge） | 243 |
| 超国籍企業（TNCs） | 275 |
| 直販 | 180 |
| 提案制度 | 159 |

デジタル・デバイド……………………212
データ（data）………………………243
電子データ処理システム（EDPS）……250
等級制度…………………………………102
投資促進段階（investment driven）……279
統制範囲の原則…………………………97
道徳経済合一主義………………………207
導入期……………………………………276
特例有限会社……………………………31
トップ・マネジメント…………………58
富促進段階（wealth driven）……………279
トヨタ自動車……………………………16
トヨタ生産方式…………………16, 166
トリプル・ボトム・ライン……148, 217

【ナ】

中抜き……………………………………4
日産自動車………………………………16
人間関係論………………………………64
人間による情報システム………………248
ネーダー（Nader, R.）…………………210
年俸制……………………………………128

【ハ】

パターナリズム（家父長主義経営）……207
発生主義…………………………………226
バーノン…………………………………276
販売競争…………………………………2
比較的優位論……………………………270
ビジネス・プロセス・リエンジニアリング
　（BPR）………………………………256
1株1議決権の原則………………………45
評価制度…………………………………103
標準化……………………………………152
　────期……………………276, 278
平等主義的人事管理……………………289
費用配分の原則…………………………226

品質管理…………………………………156
ファクター10……………………………145
ファクター4……………………………145
フィランソロピー………………………211
フェアトレード…………………………213
フォード・システム……………165, 208
プッシュ生産……………………………163
物流………………………………………178
ブラウン・フィールド投資
　（brown field investment）……………272
プラザ合意………………………284, 290
ブランド…………………………………198
　────崩壊…………………………199
フリー・キャッシュフロー……………233
フリードマン……………………214, 215
プル生産…………………………………164
プロジェクト組織………………………95
フローショップ型生産…………………164
プロダクト・ライフサイクル…81, 85, 276
分権………………………………………91
ポイント制度……………………………4
報酬制度…………………………………103
法人………………………………………24
　────性………………………………26
ポジショニング戦略……………………88
募集設立…………………………………38
ポーター…………………………………279
発起設立…………………………………38

【マ】

マーケティング…………………………191
松下幸之助………………………………10
松下電器産業……………………………10
マトリックス組織………………………96
見込生産…………………………………161
水俣病……………………………………209
無店舗型販売……………………………3

命令一元化の原則 …………………97
メセナ ……………………………211
目標管理制度 ……………………116
持分 …………………………………34
　　──会社 ………………………34

## [ヤ]

屋台生産方式 ………………………17
有限会社 ……………………………26
有限責任 ……………………………39
　　──事業組合 …………………37
ユニクロモデル …………………183
4 P ………………………………192

## [ラ]

ライフサイクル・アセスメント（LCA）
　………………………………143
ライン・アンド・スタッフ組織 …93
ライン生産方式 ……………………16
ライン組織 …………………………92
利益 ………………………………224
リカード …………………………270
流通 ………………………………177
例外の原則 …………………………97
連続生産 …………………………162
ロット生産 ………………………162

《著者紹介》

**海野　博**（うみの・ひろし）〈担当章：第1章・第2章・第8章〉
　※編著者紹介参照のこと。

**籠　幾緒**（かご・いくお）〈担当章：第3章〉
　現　在　浜松学院大学現代コミュニケーション学部教授，同学部長

**葛西和廣**（かさい・かずひろ）〈担当章：第4章〉
　現　在　松本大学総合経営学部教授

**飯野峻尾**（いいの・みねを）〈担当章：第5章〉
　現　在　公益財団法人 日本生産性本部主席コンサルタント

**所　伸之**（ところ・のぶゆき）〈担当章：第6章・第9章〉
　※編著者紹介参照のこと。

**飛田幸宏**（とびた・ゆきひろ）〈担当章：第7章〉
　現　在　白鷗大学経営学部准教授

**大西清彦**（おおにし・きよひこ）〈担当章：第10章〉
　現　在　玉川大学経営学部教授，同学部長，マネジメント研究科長　博士（会計学）

**安積　淳**（あづみ・じゅん）〈担当章：第11章〉
　現　在　拓殖大学商学部准教授

**コンダカル・ミザヌル・ラハマン**（Khondaker Mizanur Rahman）〈担当章：第12章〉
　現　在　南山大学総合政策学部教授

《編著者紹介》

**海野　博**（うみの・ひろし）

1948年生まれ。
玉川大学経営学部教授を経て，2013年4月より常葉大学経営学部長，特任教授。博士（経営学）

[主要著書]

『賃金の国際比較と労働問題』（ミネルヴァ書房，1997年）
『新版労働経済』（共著）（ミネルヴァ書房，1997年）
『はじめて学ぶ経営学』（編著）（玉川大学出版部，2009年）他

**所　伸之**（ところ・のぶゆき）

1960年生まれ。
日本大学商学部教授。博士（経営学）

[主要著書]

『ドイツにおける労働の人間化の展開』（白桃書房，1999年）
『進化する環境経営』（税務経理協会，2005年）
『環境問題の経営学』（共著）（ミネルヴァ書房，2005年）他

（検印省略）

| | |
|---|---|
| 2007年4月20日 | 初版発行 |
| 2008年3月20日 | 二刷発行 |
| 2010年5月20日 | 三刷発行 |
| 2012年5月20日 | 四刷発行 |
| 2013年5月20日 | 五刷発行 |

略称－やさしい経営

# やさしい経営学

| | |
|---|---|
| 編著者 | 海野　博・所　伸之 |
| 発行者 | 塚田尚寛 |
| 発行所 | 東京都文京区春日2-13-1　株式会社　創成社 |

電　話 03（3868）3867　FAX 03（5802）6802
出版部 03（3868）3857　FAX 03（5802）6801
http://www.books-sosei.com　振替 00150-9-191261

定価はカバーに表示してあります。

©2007 Hiroshi Umino, Nobuyuki Tokoro
ISBN978-4-7944-2260-6　C3034
Printed in Japan

組版：トミ・アート　印刷：S・Dプリント
製本：宮製本所
落丁・乱丁本はお取り替えいたします。

——————————— 経営選書 ———————————

|  |  |  |
|---|---|---|
| やさしい経営学 | 海野 博之／所 伸之 編著 | 2,600円 |
| 現代経営学要論 | 佐久間信夫／三浦 庸男 著 | 2,700円 |
| 経営戦略論 | 佐久間信夫／芦澤 成光 編著 | 2,400円 |
| CSRとコーポレートガバナンスがわかる事典 | 佐久間信夫／水尾 順一／水谷内 徹也 編著 | 2,400円 |
| eビジネスの教科書 | 幡鎌 博 著 | 1,900円 |
| 経営と情報 | 志村 正仁／竹田 仁／幡鎌 博 著 | 2,200円 |
| 広告と情報 | 横内 清光 著 | 2,600円 |
| デジタル映像論 —世紀を超えて— | 髙島 秀之 著 | 2,400円 |
| 転職とキャリアの研究 —組織間キャリア発達の観点から— | 山本 寛 著 | 3,000円 |
| 昇進の研究 —キャリア・プラトー現象の観点から— | 山本 寛 著 | 3,200円 |
| 起業モデル —アントレプレナーの学習— | 越出 均 著 | 2,100円 |
| 経営学の視点 —社会科学としての経営学入門— | 裵 富吉 著 | 2,500円 |
| うわさとくちコミマーケティング | 二瓶 喜博 著 | 2,500円 |
| モチベーション理論の新展開 —スポーツ科学からのアプローチ— | G. C. Roberts／中島 宣行 監訳 | 3,600円 |
| 人的資源管理論 | 鈴木 好和 著 | 2,200円 |
| 経営情報システム論 | 立川 丈夫 著 | 2,700円 |
| 新・経営行動科学辞典 | 髙宮 晋男 監修／小林 末男 責任編集 | 6,602円 |
| 経営学概論 —アメリカ経営学と日本の経営— | 大津 誠 著 | 2,200円 |
| 近代経営の基礎 —企業経済学序説— | 三浦 隆之 著 | 4,200円 |
| すらすら読めて奥までわかるコーポレート・ファイナンス | 内田 交謹 著 | 2,800円 |
| 広告の理論と戦略 | 清水 公一 著 | 3,800円 |
| 共生マーケティング戦略論 | 清水 公一 著 | 4,150円 |

（本体価格）

——————————— 創成社 ———————————